Israel Meyer Japhet

Die Accente der heiligen Schrift

Israel Meyer Japhet

Die Accente der heiligen Schrift

ISBN/EAN: 9783744617468

Hergestellt in Europa, USA, Kanada, Australien, Japan

Cover: Foto ©ninafisch / pixelio.de

Weitere Bücher finden Sie auf **www.hansebooks.com**

מורה הקורא.

Die Accente

der heiligen Schrift

(mit Ausschluß der Bücher אֶ טֶ מֹ)

von

J. M. Japhet.

Frankfurt a. M.
Verlag von J. Kauffmann.
1896.

Vorwort des Verfassers.

Die biblische Accentenlehre, wie wichtig und unentbehrlich ihre Kenntniß für das Verständniß der heiligen Schriften, im Interesse der Bibelkunde ebensowohl, wie für das Bedürfniß des Laien, auch erscheint, und ein wie wesentliches Erforderniß für den praktischen Dienst unserer Cultusbeamten sie auch bildet, wurde doch bisher nur als ein Lieblingsstudium einzelner Fachgelehrten gepflegt und ist der Mehrzahl gebildeter Glaubensgenossen nur oberflächlich bekannt, auch von nebensächlichem Interesse geblieben. Noch heute ist sie Vielen ein in der Ferne gelegenes, schwer zugängliches Kunstgebäude, von dessen Dasein man zwar durch Hörensagen weiß, und von dessen Schönheiten unserm Blicke hin und wieder auch ein unsre Aufmerksamkeit fesselndes Bild vorgeführt wird, über dessen Zweck und planvolle Einrichtung wir aber schwer nur einen belehrenden und befriedigenden Aufschluß zu erlangen vermögen.

Zwar hat es glücklicher Weise zu keiner Zeit gänzlich an Kunstfreunden gefehlt, die aus Liebe oder Beruf der Betrachtung und dem Studium jenes kunstvollen Baues Zeit und Kräfte weihten und die Bekanntschaft ihres Wesens vermittelten; wie reichlich aber auch die Freude an dem Kunstgenuß ihre Mühe lohnte, das Ergebniß ihrer Forschung ist doch niemals in weitere Kreise des Volkes gedrungen, noch zum Gemeingute Vieler geworden: sie entzückt auch weiterhin nur in der Stille die wenigen Jünger dieser bescheidenen Kunst.

Die Gründe dafür sind naheliegend. Die Wirksamkeit der jüdischen Hochschulen beschränkte sich durch das ganze Mittelalter nur auf die rabbinische Ertüchtigung ihrer Besucher. Vorzugsweise wurde das Studium des Talmuds und der daraus resultirenden Wissenschaften in öffentlichen, wie in Privatanstalten betrieben. Den übrigen Disciplinen wurde ein untergeordneter Werth zuerkannt, der hebräischen Grammatik speciell nur insoweit Berechti-

gung eingeräumt, als sie das Talmudstudium nicht beeinträchtige*).
Daß unter solchen Umständen kaum an die Theorie der Accentuation gedacht wurde, und man noch weniger besondere Bildungs=
anstalten für den Cantorendienst einrichtete, kann uns daher um
so weniger Wunder nehmen, als ja nicht einmal in unserer Zeit
auf den jüdischen Lehrerseminarien diesem Bedürfniß Rechnung
getragen wird.

Ein Ausweg blieb allerdings noch übrig, der auch von
manchem strebsamen Laien mit Glück versucht wurde, nämlich das
Privatstudium; er ist aber ein sehr mühsamer und führt nicht
Jeden zu dem gewünschten Ziel. Denn die Erlangung ausreichen=
der Kenntnisse in der Accentenlehre durch das vorhandene Schrift=
thum hat ihre großen Schwierigkeiten, da — abgesehen von dem
engen Umfang der einschlägigen Literatur und der davon herrüh=
renden Kostspieligkeit einzelner Werke, — dieselben in einem eigen=
thümlichen (hebr.) Lapidarstil gehalten sind, der häufig eines Com=
mentars erst selbst noch bedarf. Ohne Anleitung sind die mit
masoretischer Kürze geschriebenen Lehren oft schwer zu enträthseln,
und wenn auch Belesenheit und natürlicher Scharfsinn über ein=
zelne dunkle Stellen hinwegzuhelfen vermögen, so vermißt der Ge=
bildete wie der minder Gebildete doch immer ein mit Klarheit ge=
schriebenes und auf wissenschaftlicher Grundlage ruhendes Werk,
welches die wichtigsten Regeln in ihrer Gesammtheit als abge=
rundetes Ganzes zusammenfassend darstellt.

Daran aber fehlt es eben. Denn die alten Punktatoren
pflegten ihre Lehren in Form von zum Theil ausführlichen Mo=
nographien einzukleiden, wie die Ueberschriften der einzelnen Ab=
handlungen darthun; (z. B. ‏שער הגעיא‎, ‏שער על הטעמים‎, ‏שער שוא‎
‏(שער קמץ חטף‎, ‏שער משה וכלב‎, ‏שער יהוא‎, ‏שער המקומות המשרתים‎;
und die Arbeiten der neueren Gelehrten, denen es zumeist an
der Vertrautheit mit den Quellen fehlte, und denen nur mangel=
hafte Vorarbeiten zu Gebote standen, blieben unvollständig und

---

*) Die Approbation (‏הסכמה‎) zu einer neuen Ausgabe des ‏בחור‎ von
E. Levita ertheilte Rabbi Ezechiel Landau in Prag mit der aus=
drücklichen Mahnung, auf die grammatischen Uebungen nur möglichst wenige
Zeit zu verwenden aus dem angeführten Grunde.

lückenhaft. — Selbst die Leistungen eines Ewald, welcher doch
Heidenheims משפטי הטעמים mit Erfolg benutzte,*) bieten uns kein
klares anschauliches Bild, es ist vielmehr meine pädagogische
Ueberzeugung, daß schon die stilistische Fassung seiner Abhandlung
über die Accente eher geeignet ist, den Anfänger abzuschrecken und
den Forscher zu verwirren, als ermuthigend auf sie einzuwirken.

Darum dürfte die Herstellung einer solchen Arbeit in unse=
rer Zeit, die so Manches schon gethan, um vernachläffigte Zweige
unsrer Literatur zu pflegen oder der Vergessenheit zu entreißen,
dem Publikum keine unwillkommene Gabe sein, und es möge der
Hinblick auf das Moment mir zu Rechtfertigung dienen, wenn ich das
vorliegende Werk der Oeffentlichkeit übergebe, in welchem ich ver=
sucht, die Elemente der Accentenlehre methodisch zusammenzustellen.
Ich habe bei Abfassung desselben den Zweck verfolgt, dieser Wif=
senschaft bequemere Wege anzubahnen, um Anfängern das Ein=
bringen in dieselbe zu erleichtern, aber auch Kennern genügen=
des Material zuzuführen, um, — wenn auch nicht durch Nachweis,
so doch durch andeutende Winke, — die Accentuation als wohl=
durchdachtes, organisches Ganzes erscheinen zu lassen, und ihrem
Studium eine gewisse Stütze zu gewähren.

Diesen Zweck habe ich auch dadurch zu fördern geglaubt,
einmal daß ich, im Gegensatz zu Ewald die analytische Methode
anwandte, welche sich hierbei um so eher empfiehlt, als die Kennt=
niß der Grammatik ja bereits vorausgesetzt werden darf; ferner
daß ich den Inhalt mancher Gesetze an den darauf bezüglichen
Stellen wiederholt besprach, wodurch sich derselbe leichter dem Ge=
dächtniß einprägt und das Nachschlagen erleichtert wird; und end=
lich, daß ich bemüht war, durch vereinfachte Gruppirung des
Materials die Uebersicht über das Ganze zu vereinfachen. Aus
diesem letztern Grunde sind auch viele wissenswerthen Bestimmungen
in die unterfügten Noten verwiesen, damit der Haupttext, minder

---

*) Dieselben sind freilich vielfach von E. mißverstanden worden; auch
hat er die anderen Werke Heidenheims, namentlich sein שום, הבנות המקרא
שכל, die zerstreuten, gehaltvollen Bemerkungen zum הקורא עין, seine lehr=
reichen Abhandlungen in den vier von ihm edirten Pentateuchausgaben, seine
Gloffen zu den הפטרות und פיוטים wohl nicht gekannt, wenigstens nicht
benutzt.

complicirt, nicht an Klarheit und Faßlichkeit einbüße. Ueberflüssig freilich werden es Viele finden, daß die Beispiele, welche den Regeln als Belege dienen, zahlreicher sind, als sie eigentlich nöthig erscheinen; doch glaube ich, daß gerade dadurch die Kenntniß der betreffenden Lehren an Sicherheit gewinnt und der Leser von der Richtigkeit derselben sich überzeugen kann. — Ich habe übrigens die Beispiele meist dem Pentateuch und dem Buche Esther entnommen, weil uns deren Text am correctesten vorliegt, und habe nur da zu Belegen aus anderen Büchern gegriffen, wo es eben nöthig war.

Die Bearbeitung der Accente der poëtischen Bücher איוב, תהלים, משלי, (א ת ם ח), deren Gesetze bereits von der Hand einer anerkannten Autorität auf diesem Gebiet, des Herrn Dr. S. Bär, behandelt sind, blieb in diesem Werke ausgeschlossen, da ich zunächst von dem Bestreben geleitet wurde, dasselbe für den praktischen Gottesdienst nutzbar zu machen. Wie berechtigt dasselbe ist, wird jeder des Hebräischen einigermaßen Kundige einsehen, der es weiß, wie kläglich es in vielen Synagogen in dieser Beziehung bestellt ist, indem es einer großen Zahl von Cantoren geradezu an dem nöthigen Wissen fehlt, um die allsabbathlichen Perikopen aus dem Pentateuch correct vorzulesen. Die Kenntniß der Accentenlehre soll ja kein Monopol der Gelehrtenwelt sein oder bleiben. Wenn daher das Interesse für diese Wissenschaft allen Gebildeten zugänglich gemacht werden soll, so kann dies nur durch eine volksthümliche Bearbeitung erreicht werden. Dahin geht die Aufgabe des מורה הקורא. Er möchte von Allem den Sinn für Correctheit bei jüngern Berufsgenossen und Dilettanten wecken und durch hinreichendes Material ihre Wißbegierde befriedigen, damit der קורא im Stande sei, das, was er an Wissen sich erworben, im Kreise der Andächtigen gebührend zu verwerthen auch als ausübender Künstler.

Frankfurt a. M., im October 1892.

J. M. Japhet.

Vorwort des Herausgebers.

Dem Werke, das hiermit der Oeffentlichkeit übergeben wird, waren die letzten Lebensjahre des vor nunmehr 3 Jahren heimgegangenen Verfassers gewidmet, und es bildet gewissermaßen den Schlußstein seines so harmonisch gestalteten Lebens und Wirkens. Neben der praktischen Thätigkeit im Dienste der Jugendbildung, welche er im 17ten Lebensjahre übernahm und der erst sein im 74ten Jahre erfolgter Tod ein Ziel setzen konnte, hatte er es sich zur Lebensaufgabe gemacht, durch schriftstellerische Wirksamkeit für die Förderung des religiösen Wissens und des religiösen Sinnes seiner Glaubensgenossen einzutreten, und alle seine Arbeiten auf diesem Gebiete, das פי עוללים, eine der ersten nach wahrhaft pädagogischen Grundsätzen geordneten Lesefibeln, die שירי ישרון, durch welche er den Gottesdienst verherrlichte, der מתק שפתים, in welchem der so spröde Stoff der hebräischen Grammatik in angenehmer und fesselnder Weise dem jugendlichen Gemüthe zugeführt wurde, endlich die הגדה של פסח, welche die Feier des schönsten jüdischen Familienabends mit neuer Weihe zu verklären bestimmt war, zeigen aufs deutlichste, mit welchem Erfolge er diese Aufgabe zu lösen bemüht war. Ein praktisches Bedürfniß war es denn auch zunächst, das ihn an die vorliegende Arbeit herantreten ließ. Mit tiefem Schmerze hatte er beobachtet, wie oft die נגינות zum Gegenstande schalen Gespöttes gemacht wurden und die Beseitigung der an sie sich anschließenden Vortragsweise als eine Forderung zur Herstellung des würdevollen Gottesdienstes bezeichnet wurde, hatte aber auch die Wahrnehmung gemacht, daß selbst in den Kreisen, wo man ihnen die Geltung im Gottesdienste nicht entzogen hatte, es an einer Werthschätzung und Anerkennung ihrer Bedeutung fehlte. Als geboten erschien es ihm also, zu ihrer Würdigung dadurch zu führen, daß er den wunberbar durchdachten und planmäßig aufgeführten Bau, als welcher das Accentuationssystem dem Auge des Kenners sich darstellt, auch dem Unkundigen im richtigen Lichte zeige, und diesem Bestreben nach einer populären Darstellung erwuchs der מורה הקורא. Aber in dem er sich in mehrjähriger, mit der höchsten Sorgfalt durchgeführter Arbeit in den weiten Stoff versenkte, zwar an Heidenheims Forschungen sich anlehnend, aber überall auf die Quellen zurückgehend, hat er nicht allein eine klare Darstellung der schon gewonnenen Resultate geliefert, sondern auch für die Beurtheilung des Systems soviel Originelles geschaffen, daß sicher auch der Fachmann viel des Neuen und Wissenswerthen finden wird.

Es war dem Verfasser vergönnt, die Accentenlehre fast vollständig herzustellen, selbst die Vorrede, in der er seine eignen Ansichten über Zweck und Anlage des Werkes eingehend darlegt, fand sich in seinem litterarischen Nachlaß vollendet vor. Sehr zu bedauern bleibt es, daß die Lesefehre, die er als zweiten Theil des Werkes in Aussicht genommen hatte, nicht über die Vorarbeiten hinausgekommen ist*). Auch die Einleitung, die seinen Intentionen gemäß zwar keine eigentliche Geschichte des Accentuationssystems und seiner schriftlichen Fixirung geben, aber im Allgemeinen die hierüber aufgestellten Ansichten darstellen sollte, war nicht vollendet; ich habe geglaubt, von ihrer Veröffentlichung um so eher absehen zu können, da seit dem Tode des Verfassers mehrere Werke erschienen sind, in denen diese vielfach umstrittenen Fragen eine weit eingehendere Behandlung gefunden haben, als es in dem hier vorgezeichneten engen Rahmen möglich gewesen wäre, und derjenige, der Aufschluß hierüber gewinnen will, ihn leicht aus jenen Specialschriften schöpfen kann.

Nun noch ein Wort über meine persönliche Stellung zu dem Werke. Ich übergebe es der Oeffentlichkeit im Wesentlichen so, wie es aus der Hand des Verfassers hervorgegangen ist, und habe mich auf eine sorgfältige Correctur und einige leichte stilistische Aenderungen beschränkt, wie sie der verewigte Verfasser selbst vorgenommen hätte, wenn es ihm verstattet gewesen wäre, das

---

*) Im מתק שפתים S. 16 ff. sind übrigens die Grundbegriffe derselben in übersichtlicher Weise dargestellt.

Werk herauszugeben. Zu sachlichen Aenderungen dagegen habe ich mich selbst dann nicht berechtigt gehalten, wenn, wie in einigen wenigen Fällen, meine Ansichten sich nicht mit denjenigen des Verfassers deckten; die Pietät schien es mir zu gebieten, sein Werk so in die Welt hinaustreten zu lassen, wie er es selbst entsandt haben würde. Möge es zur Anerkennung eines so wenig gekannten Zweiges der geistigen Thätigkeit Israels führen.

Frankfurt a. M., im November 1895

Dr. H. Heinemann.

Inhaltsverzeichniß.

Erstes Kapitel.
Allgemeine Vorbemerkungen über die Tonaccente.

Zweites Kapitel.

Drittes Kapitel.

Viertes Kapitel.

Fünftes Kapitel.

Sechstes Kapitel.

Siebentes Kapitel.

Achtes Kapitel.

Erstes Kapitel.

Allgemeine Vorbemerkungen über die Tonaccente.

---

§ 1. Das Accentuationssystem.

Die dem Text der heiligen Schrift unterlegten Accente sind keineswegs vereinzelte, von den Accentuatoren ohne weitere sorgfältige Erwägungen hinzugefügte Zeichen, einfach, um das Lesen der Bibel zu erleichtern; sie bilden vielmehr ein wohldurchdachtes, mit bewundernswerther Umsicht und Aufmerksamkeit angelegtes, harmonisch zusammenhängendes Ganzes, in welchem jedes einzelne Zeichen der mit feinfühligem Takte ihm zugewiesenen eigenthümlichen Bestimmung entspricht.[1] Dies kunstvolle System kann nur das Werk einer vieljährigen, mit unbeschreiblichem Fleiße ausgeführten Thätigkeit gelehrter Männer sein, welche, ihrer hohen Aufgabe sich voll bewußt, deren Lösung mit ebenso großem Scharfsinn, als mit der ernstesten Hingebung und Gewissenhaftigkeit ausführten.

§ 2. Zweck desselben.

Das Accentuationssystem ist daher eine Zusammen= stellung von verschiedenen, in wechselwirkender Beziehung zu ein= ander stehenden Schrift=Zeichen, welche dazu dienen:

---

[1] Im ספר התקונים wird das organische Verhältniß der Buchstaben, Vocale und Accente zu einander mit dem Gesammtleben,= fühlen und =denken der Wesen verglichen. יחס הטעמים אל הנקודות כיחס הנשמה אל הרוח, ויחס הנקודות אל האותיות כיחס הרוח אל הנפש :

Kusari II, 80., schließt die Besprechung der Vocal= und Accentenlehre mit den Worten: ולמחבר החכמה הזאת הדקה סודות נעלמים ממנו, ואפשר שעמדנו על קצתם .... ולא הראיתי לך כ"א מעט מהחכמה הזאת הדקה, ושאיננה מופקרת אבל היא בעלות ובמסורות :

1

1., Die grammatisch oder ästhetisch gebotene Tonstärke der Sylben anzudeuten, wie sie den Sprachgesetzen des Hebräischen eigenthümlich ist.

2., die syntaktischen Bezeichungen der Wörter, ganzer Sätze oder einzelner Satztheile zu einander anzugeben.

3., zusammenwirkend die Erreichung beider Zwecke vereint zu ermöglichen.

Eine größere Mannichfaltigkeit der Accente war übrigens darum nothwendig, um eine angemessene Abwechslung in der Melodie zu ermöglichen, die mit dem Vortrag des accentuirten Textes verknüpft ist[2].) S. הבנת המקרא zu I. M. 16,4.

Aus diesem Grunde mußte auch die Anzahl dieser Accente eine größere sein, als die der in anderen Sprachen üblichen Interpunktionszeichen.

§ 3. Autorität der Accente.

Da die alten Punktatoren und Sopherim nicht nur mit dem Geist und dem Inhalt der biblischen Schriften, sondern auch mit dem ganzen Organismus der Sprachgesetze inniger vertraut waren und dieselben genauer kannten, als die Gelehrten der nachfolgenden Zeiten, so waren sie auch vor Allen befähigt und berufen, die Accentuation zu regeln und festzusetzen. Ihr Ansehen ist daher auch zu allen Zeiten ein außerordentlich hohes gewesen, und ihr Urtheil von den Koryphäen jüdischer Wissenschaft als entscheidend anerkannt worden. Die bedeutendsten Commentatoren berufen sich zur Bestätigung ihrer Ansichten auf das Zeugniß der Accente, und Aben Esra stellt schlechthin den Grundsatz auf, daß jede den טעמים widersprechende Erklärung zu verwerfen sei.[3]) Ohne diese

---

[2]) הטעמים לא נעשו להורות על ההפסקה או על המשכת הענין לבד, כמו שחשבו רבים, כי גם להורות על הניגון ועל השיר להנעים את הקריאה, כי ידוע שהשיר והנגון מעוררים את רוח השכל והעיון, כמו שאמר הפילוסוף הטבע ימשך אחרי הפלגת השיר ומתפעל בזרותו לכן אין מלה שאין לה טעם טלך או טשרת להורות על ניגונו המיוחד לו כו': טוב טעם דף ה'.

[3]) כל פירוש שאיננו על דעת בעלי הטעמים לא תאבה לו ולא תשמע אליו: (ספר מאזנים) S. u. A. auch Raschi zu II M. 15,17; V M. 11,30; I K. 10,28; Jeremiah 3,8, Ezechiel 1,11, u. a. m.

1*

Zeichensetzung hätten wir in der That keinen sichern Maßstab mehr
für die richtige Auslegung irgend einer zweifelhaften Stelle.

§ 4. Namen der Tonaccente und deren Zeichen.

Die heute gebräuchlichen Namen für die Accente der heiligen
Schrift[4]) und die Tonzeichen dafür sind in der üblichen Reihen=
folge die nachstehenden:

זַרְקָא סֶגּוֹל (מוּנַח) ׀ מוּנַח רְבִיעַ מַהְפַּךְ פַּשְׁטָא זָקֵף־קָטֹן
זָקֵף־גָּדוֹל מֵרְכָא טִפְחָא מוּנַח אֶתְנַחְתָּא פָּזֵר תְּלִישָׁא־קְטַנָּה
תְּלִישָׁא־גְדוֹלָה קַדְמָא וְאַזְלָא (אַזְלָא) גֵּרֶשׁ גֵּרְשִׁיִם דַּרְגָּא
תְּבִיר יְתִיב פְּסִיק ׀ סוֹף פָּסוּק :

Seltenere Accente sind:

שַׁלְשֶׁלֶת קַרְנֵי־פָרָה מֵרְכָא־כְפוּלָה יָרֵחַ־בֶּן־יוֹמוֹ :

§ 5. Unterscheidung gleichgeformter Accente.

Es giebt Accente, die, obwohl ungleich von Namen und ver=
schieden an Werth und Bedeutung, doch durch einerlei Formen
bezeichnet werden und nur durch ihre Stellung von einander
zu unterscheiden sind. So haben פשטא und קדמא ein gemeinsames
Zeichen [׳]; sie sind daran erkennbar, daß פשטא stets über dem
letzten Buchstaben des Wortes steht, קדמא aber auf der betonten
Silbe; z. B. I. M. 2,14: וְשֵׁם הַנָּהָר הַשְּׁלִישִׁי חִדֶּקֶל Das Zeichen
auf der Silbe שְּׁ ist ein קדמא, das am Ende von השלישי stehende
ein פשטא.

Aehnliche Bewandtniß hat es mit dem יתיב und dem מהפך
[﹤], welche sich dadurch von einander unterscheiden, daß ersteres
immer vor dem Vocal am Anfang eines Wortes steht, während
das letztere dem Vocal der betonten Silbe folgt. In (I. M. 25, 34)

---

4) Mit Ausnahme der Bücher איוב, משלי, תהלים welche unter der
Abreviatur אֱמֹת ספרי bekannt sind und auf andere Art accentuirt werden.

לֶחֶם וּגְזֵיר עֵרָשִׂים hat demnach לחם ein יתיב; in (III. M. 3, 16) לֶחֶם אִשֵּׁה רֵיחַ נִיחֹחַ dagegen ein מהפך.[5] (S. § 59).

Auch אולא unterscheidet sich von גרש [ˈ], indem ersterem immer ein קדמא vorangeht, und גרש selbständig ist. Auf כְּחֶסֶר (I. M. 21,24) steht גרש; auf וַיֹּאמֶר אַבְרָהָם (daf. 22,5) קדמא ואולא.

§ 6. Doppelzeichen für einen Accent.

Die Accente, welche theils über der Linie (טעם עליון), theils unter derselben (טעם תחתון) stehen, werden in der Regel zu d e n Silben gesetzt, auf welchen der Ton ruht; z. B. I. M. 27,37.

וַיַּעַן יִצְחָק וַיֹּאמֶר לְעֵשָׂו הֵן גְּבִיר שַׂמְתִּיו לָךְ וְאֶת־כָּל־אֶחָיו נָתַתִּי לוֹ לַעֲבָדִים יִרְגֵּן וְתִירֹשׁ סְמַכְתִּיו Fünf Accente jedoch machen von dieser Regel eine Ausnahme, nämlich: das im vorigen Paragraphen erwähnte פשטא, ferner תלישא קטנה, סגול, זרקא, welche stets am Ende, und תלישא גדולה, welches nur am Anfang des Wortes steht. Wenn daher die Silbe, auf welche einer dieser Accente kommt, n i c h t die betonte ist, so wird, um einer falschen Leseart vorzubeugen, das Zeichen dafür von den meisten סופרים verdoppelt, d. h. dasselbe Zeichen wird auch auf die betonte gesetzt; z. B. וְהָאָרֶץ הָיְתָה תֹהוּ (I. M. 1,2). Das פשטא gehört nach obiger Regel auf וּ; da aber תהו milël zu lesen ist, so kommt ein weiteres פשטא auf תֹ.

Dieselbe Bewandtniß hat es ferner mit זרקא und סגול. In dem Satze (daf. 3,3.) וּמִפְּרִי הָעֵץ אֲשֶׁר בְּתוֹךְ־הַגָּן steht nur e i n זרקא auf הָעֵץ und nur e i n סגול auf הַגָּן, weil beide Wörter מלרע sind. In den Sätzen dagegen כִּי שָׁמַעְתָּ לְקוֹל אִשְׁתֶּךָ (daf. 3,17) und טֶרֶם יִשְׁכָּבוּ (daf. 19,4) sind sowohl זרקא als סגול verdoppelt, da die betreffenden Wörter מלעיל zu lesen sind.

Aus demselben Grunde hat (I. M. 8,9) וְלֹא־מָצְאָה nur ein תלישא קטנה, weil das Wort מלרע ist; verdoppelt ist der Accent auf

---

[5] Selten folgt מהפך auf יתיב, z. B. Jer. 40,4: בָּא וְאָשִׂים אֶת־עֵינִי עָלֶיךָ S. u. יתיב.

לְמַעַן אֲשֶׁר יְצַוֶּה (baf. 18,19) unb וַיֵּעַל לוֹט מִצֹּעַר (baf. 19,30), weil
die betreffenden Wörter מלעיל finb. תלישא גדולה endlich, welches,
wie erwähnt, nur am Anfang des Wortes steht, pflegt man der
Genauigkeit wegen faft immer zu verdoppeln, gleichviel, ob das
Wort milël oder milra ift, wie wir aus folgenden Beiſpielen
erſehen: (I. M. 7,2) וַיְשְׁכוּ (14,7) וּמִכָּל־הַחַי (6,19.) אֲשֶׁר לֹא טְהוֹרָה,
(10,5) מֵאֵלֶּה (17,8) וְנָתַתִּי לָךְ — Nur bei einſilbigen Wörtern,
die keinen Irrthum zulaſſen, genügt e i n e תלישא גדולה; z. B. (baf.
8,21.) כִּי יֵצֶר לֵב הָאָדָם (19,2) סוּרוּ נָא.—

§ 7. Mehrnamige Accente.

Den Fällen gegenüber, in welchen gleichgeformte Zeichen
verſchiedene Accente repräſentiren, (§ 5) kommt es auch vor,
daß ein und derſelbe Accent mit verſchiedenen Namen bezeichnet
wird. So wird [ܒ] bald מוּנח, bald עִלּוּי oder מְכַרְבֵּל genannt; —
['], welches zwei Wörter trennt, heißt entweder פָּסִיק oder לְגַרְמֵיהּ;
für [~] wird der Name זַרְקָא wie auch der Name צִנּוֹר gebraucht,
[،] wird טִפְחָא, auch טַרְחָא und דְּחִי genannt, ['] גֶּרֶשׁ, ["]
גֵּרְשַׁיִם und אַזְלָא haben den gemeinſchaftlichen Namen טֶרֶם.

Die Anwendung dieſer verſchiedenen Namen iſt aber keines=
wegs immer willführlich, ſondern hängt oft von der Stellung ab,
welche dieſe Accente in ihrer Verbindung mit anderen einnehmen,
und von der Beſtimmung, zu welcher ſie dienen, wie dies ſpäter
bei der Beſprechung der einzelnen Accente (Kap. 4, 5) erläutert
werden ſoll.⁶)

§8. Urſprung der Namen und Einführung von Doppelnamen.

Die Namen der Accente ſind ſehr alt und früh ſchon in Ge=
brauch geweſen. — Da ſie in ihrer Mehrzahl aramäiſchen und
nur zum Theil hebräiſchen Wurzelwörtern entſtammen, (wie
זָקֵף יוֹמוֹ יָרֵחַ בֶּן צִנּוֹר), ſo wird angenommen, daß ſie in den Zeiten

---

⁶) Daß auch nach חיוג (Gramm. S. 127ff.) manche Accente je nach ihrer
Stellung andere Namen tragen, ſei hier noch erwähnt. —

Esra's und seiner Nachfolger eingeführt wurden, da damals hebrai= sirende Idiome mit aramäischen gemischt die Umgangssprache bildeten. Die Namen beziehen sich theils auf ihre schriftliche Form, theils auf die melodische Figur, die ihr gesanglicher Vortrag bildet, wie dies bei den betreffenden Accenten speciell ausgeführt werden wird. — Die Doppelnamen, welche viele führen, sind ihnen unzweifelhaft von competenten Meistern, wohl unabhängig von einander, beigelegt und sind sowohl in der Massorah, als bei den alten Punktatoren gebräuchlich. Sie rühren vermuthlich aus verschiedenen Zeiten oder verschiedenen provinzialen Sprachgebieten her.

Die genauere Prüfung dieser historischen Verhältnisse liegt unserer gegenwärtigen Aufgabe fern; wir betrachten die Accente hier als gegeben und gehen zur Erörterung der bei ihrer Anwendung vorwaltenden Grundprinzipien über.

§ 9. Verhältniß der Accente zu einander.

Es giebt 26 Tonaccente. (§ 4). Ihr Verhältniß zu einander ist entweder ein verbindendes, sich an einander anschließendes, oder ein mehr oder minder von einander trennendes.

§ 10. Eintheilung der Accente.

Die Tonaccente zerfallen demgemäß in zwei Hauptklassen:

I. Trennende Accente, (Domini,[7]) Distinctivi) מַפְסִיקִים (oder טעמים in engerem Sinne) genannt. Sie gliedern sich hinsichtlich ihres Werthes in folgende vier Abstufungen:

A. 2 Kaiser (סוֹף פָּסוּק), אַתְנַחְתָּא (קֵיסָרִים),

B. 4 Könige סֶגּוֹל עָקֶף קָטֹן עָקֵף גָּדוֹל טִפְחָא (מְלָכִים),

C. 6 Fürsten זַרְקָא פַּשְׁטָא יָתִיב תְּבִיר שַׁלְשֶׁלֶת רְבִיעַ (מִשְׁנִים)

D. 6 Grafen תְּלִישָׁא גְדוֹלָה קַרְנֵי פָרָה גֵּרְשַׁיִם (אַזְלָא) גֵּרֶשׁ (שָׁרָשִׁים) פָּזֵר, פָּסִיק ׀

II. Verbindende Accente, (servi[7]) conjunctivi) מְשָׁרְתִים, auch טעמטפים genannt.

---

[7] Die trennenden Accente heißen darum Domini, weil sie mehr oder minder den Gedankengang im Satze beherrschen, während die verbinden= den Accente (servi) nur im Dienste der Hauptaccente stehen.

Es gibt deren folgende acht:

תְּלִישָׁא קְטַנָּה מוּנַּח יָרֵחַ בֶּן יוֹמוֹ מַהְפַּךְ מֵרְכָא־כְפוּלָה מֵרְכָא דַרְגָּא קַדְמָא מֵרְכָא קַדְמָא

(Abgekürzt durch die Anfangsbuchstaben: ת׳ מ׳ י׳ מ׳ מ׳ ק׳ ד׳ מ׳)

Anmerkung. קדמא und תלישא קטנה erhalten vermöge ihrer Stellung zuweilen den Werth eines trennenden Accents, mehrere trennende den eines verbindenden (§ 29.)

§ 11. Fortsetzung.

Die trennenden Accente werden noch anderweitig geschieden, und zwar hinsichtlich ihrer wiederholten Aufeinanderfolge. Einige von ihnen nämlich: זרקא ,וקף קטן, וקף גדול, פשטא, פסיק, פור, יתיב, תביר können zwei oder mehrere Male unmittelbar nach einander vorkommen, d. h. nach זרקא kann nochmals זרקא, nach פשטא noch ein anderes פשטא stehen u. s. w., wie dies bei der speciellen Besprechung der betreffenden Accente erwähnt werden wird. Diese acht Accente werden von den Accentuatoren מִתְרַדְּפִים „die sich einander nachfolgenden" genannt. Bei den übrigen trennenden Accenten, nämlich: תלישא גדולה, שלשלת, קרני פרה, סוף פסוק, אתנחתא, סגול, טפחא, רביע, גרש, גרשים welche אינם מתרדפים heißen, ist eine solche Aufeinanderfolge nicht zulässig.

§ 12. Eigenthümlichkeit der trennenden Accente.

Von den verbindenden Accenten משרתים unterscheiden sich die trennenden מפסיקים dadurch, daß letztere, auch ohne daß ein משרת vorangeht, gesetzt werden können, ein משרת aber nie ohne darauf folgenden מפסיק steht. In dem Halbvers (I. M. 2,2.) וַיִּשְׁבֹּת בַּיּוֹם הַשְּׁבִיעִי מִכָּל־מְלַאכְתּוֹ אֲשֶׁר עָשָׂה׃ steht der trennende Accent פשטא auf מְלַאכְתּוֹ und טָפְחָא auf וַיִּשְׁבֹּת ohne vorangehenden משרת. Dem verbindenden Accente מוּנַּח unter בַּיּוֹם und dem מֵרְכָא unter אֲשֶׁר hingegen folgen die betreffenden מפסיקים, nämlich סוף פָּסוּק (unter עָשָׂה) und (הַשְּׁבִיעִי) auf סוף פסוק

Ein מפסיק kann einen, auch mehrere משרתים haben.

§ 13. **Von einander abhängige trennende Accente.**

Wie die משרתים‎ nie ohne einen darauf folgenden טעם מפסיק‎ stehen können (§ 12), so gibt es auch einige מפסיקים‎ unterer Stufe, die nur in direktem oder indirektem Anschluß an den entsprechenden מפסיק‎ höherer Stufe vorkommen und zwar im Verhältniß der Subordination zu ihm stehen. In einem solchen Verhältniß steht a., חביר‎ zu c., זקף קטן‎ zu (יתיב)‎ פשטא‎ b., סגול‎ zu זרקא‎; d., טפחא‎ זו טפחא‎ und סוף פסוק זו אתנחתא‎; e., גרש‎, גרשים‎ (אולא)‎ טפחא‎; — .[8]‎רביע‎, זרקא‎, פשטא‎, תביר‎ zu

Beispiel von direktem   und   indirektem Anschluß.

ab a.	וּלְיִשְׁמָעֵאל֙ שְׁמַעְתִּ֔יךָ‎ I M. 17,20.	חֶ֤רֶם כִּלָּ֣ה לְדַבֵּ֔ר‎ I M. 24,15.	
ab b.	בְּעֶצְבֽוֹן֙ תֹּֽאכְלֶ֔נָּה‎ daſ. 3,17.	אֲשֶׁר֙ מִתַּ֣חַת לָרָקִ֔יעַ‎ daſ. 2,17.	
ab c..	הַאַ֤ף אָמְנָ֣ם אֵלֵ֔ד‎ daſ. 18,13.	וְאֵת כָּל־רֶ֤מֶשׂ הָאֲדָמָ֔ה‎ daſ. 1.25.	
ab d.,	לְהַשְׁקֽוֹת֙ אֶת־הַגָּ֔ן‎ daſ. 2,10.	וְחֹ֖שֶׁךְ עַל־פְּנֵ֣י תְה֑וֹם‎ daſ. 1,2.	
	וּלְיָמִ֖ים וְשָׁנִֽים‎ daſ. 1,14.	וְהָע֣וֹף יָרֹ֣ב בָּאָ֑רֶץ‎ daſ. 24	
ab. e.	אַלּוּפֵ֤י אָהֳלִֽיבָמָ֔ה‎ daſ. 36,19.	בְּאֵ֤בָה סְדוֹטָה וַעֲמֹרָ֔ה‎ daſ. 10,19.	
"	וַיְהִ֞י גְּב֣וּל הַֽכְּנַעֲנִ֗י‎ III M. 9,7.	וַעֲשֵׂ֥ה אֶת־חַטָּאתְךָ֙‎ daſ.	
II 3,16.	וְאֶת־פִּתְרֹנִ֖ים וְאֶת־הַסַּלְחִ֔ים‎ I M 10,14.	וָאֶסְפָּ֤ה אֶת־זִקְנֵ֣י יִשְׂרָאֵ֔ל‎ daſ.	
I 32,8.	וְלִכְמֽוֹ֙רַ֔דְתֻּ֣נוּ לֵאמֹ֑ר‎ I M. 43,7	וַיַּ֣חַץ אֶת־הָעָ֔ם אֲשֶׁר־אִתּ֖וֹ‎	
	וַתַּשְׁקֶ֤יןָ גַּם בַּלַּ֣יְלָה הַה֔וּא‎ daſ. 19,35.	זֶה־לִּ֤י עֶשְׂרִ֣ים שָׁנָ֔ה‎ daſ. 31,41.	
II M. 1,11.	וְאֶֽר־פֶּ֨תַח אַחֲ֤רֵי מֽוֹעֵ֔ד‎ III M. 17,4.	וַיִּ֤בֶן עָרֵ֣י מִסְכְּנ֔וֹת‎	

---

[8] D. h. a., nach jeder זרקא‎ muß ein סגול‎ folgen; b., nach פשטא‎ u. יתיב‎ kommt gewöhnlich ein זקף קטן‎; c., nach תביר‎ kommt stets ein טפחא‎; d., auf טפחא‎ folgt stets ein אתנחתא‎ oder סוף פסוק‎; und e., nach גרשים‎ (תפור)‎. Nur selten kommt nach פשטא תביר‎ und זרקא רביע‎ einer der vier Accente: גרש‎ (אולא)‎ אַזְלָא‎; nach גרשים תלישא גדולה‎ eine VM. 26,12 חֶבְלָ֥ה לַעֲשֽׂוֹ֙ר‎; dagegen öfter: III M. 4,7. הַֽהַבָּ֥הַן מִן־הַדָּ֖ם עַל־קַרְנֹ֥ת‎; daſ. 13,57 וְאִם‎ תֵּֽרָאֶ֤ה ע֣וֹד בַּבֶּ֔גֶד‎ u. a. m.

Zweites Kapitel.

Die Accente im Dienste der Satzverbindung.

§ 14 Verhältniß der Abstufungen in dem Satze.

Die Accente präcifiren nicht nur die Verbindung einzelner Wörter und Begriffe mit einander (§ 26), sondern sie regeln auch ganze Sätze nach ihren Gliedern (§ 20) und deren Satzbestimmungen (§ 18.), sowie das Verhältniß eingefügter Sätze zu den Hauptsätzen und das der beigeordneten Sätze zu einander (§ 15).

Die verschiedenen Stufen der Accente lehnen sich daher genau an die Ordnung an, in welcher die Glieder eines Satzes neben einanderstehen, und gilt es als Regel, daß da, wo in einem zusammenhängenden Satz zur Verbindung oder Abgrenzung seiner Abtheilungen Accente von verschiedener Stärke erforderlich sind, der Accent der niedern Stufe dem Accent der höhern Stufe gewöhnlich vorangeht, sowie die משרתים den מפסיקים (§ 12).

Die vor סגול und זקף קטן (זרקא) gebrauchten Accente folgen einander in der Regel zwar ebenfalls in steigender Linie, was aber nicht ausschließt, daß die Accentenfolge sich wiederholen kann; dabei stehen jedoch die Trennaccente immer über dem Text; z. B. vor זקף קטן:

I M. 29,13. וַיְהִי כִשְׁמֹעַ לָבָן אֶת־שֵׁמַע יַעֲקֹב בֶּן־אֲחֹתוֹ נָגָץ לִקְרָאתוֹ וַיְחַבֶּק־לוֹ וַיְנַשֶּׁק־לוֹ

II M. 3,18 וּבָאתָ אַתָּה וְזִקְנֵי יִשְׂרָאֵל אֶל־מֶלֶךְ מִצְרַיִם וַאֲמַרְתֶּם אֵלָיו ה׳ אֱלֹהֵי הָעִבְרִיִּים נִקְרָה עָלֵינוּ

oder vor סגול

IV M. 11,16 וַיֹּאמֶר ה׳ אֶל־מֹשֶׁה אֶסְפָה־לִּי שִׁבְעִים אִישׁ מִזִּקְנֵי יִשְׂרָאֵל
V M. 12,18 כִּי אִם־לִפְנֵי ה׳ אֱלֹהֶיךָ תֹּאכְלֶנּוּ בַּמָּקוֹם אֲשֶׁר יִבְחַר ה׳ אֱלֹהֶיךָ בּוֹ

Vor den Schlußaccenten סוף פסוק und אתנחתא stehen die vorangehenden Accente טפחא und חביר unter dem Text z. B.

III ‏מ‎.19,13 ‏ובת בֵּהֶן כִּי תִהְיֶה לְאִישׁ זָר‎ III‏מ‎.22,12 ‏ולא־תָלִין פְּעֻלַּת שָׂכִיר‎ ‏אִתְּךָ עַד־בֹּקֶר‎

‏מ‎. 37,32 I ‏וְכָל־זֶה אֵינֶנּוּ שׁוֶה לִי‎ ‏הַכֶּר־נָא הַכְּתֹנֶת בִּנְךָ הִיא אִם־לֹא‎ Cſth. 5,13

So ſteht in dem Satze III ‏מ‎. ‏וְהִנֵּה מֻדָּם הַפָּר עַל־קִיר הַמִּזְבֵּחַ‎ vor dem ‏זָקֵף קָטֹן‎ (2. Stufe) ein ‏פַּשְׁטָא‎ (3. Stufe); dieſem geht ein ‏גֵּרְשַׁיִם‎ (4. Stufe) voran; — und I ‏מ‎. 1,12 ‏וְעֵץ עֹשֶׂה־פְּרִי אֲשֶׁר‎ ‏זַרְעוֹ־בוֹ י לְמִינֵהוּ‎ ſteht vor ‏אֶתְנַחְתָּא‎ (1. Stufe) ‏טִפְּחָא‎ (2. Stufe) und vorher ein ‏תְּבִיר‎ (3. Stufe).

§ 15. Coordination der gleichartigen Accente.

Oft folgen in einem Verſe gleichartige und gleichwerthige Accente auf einander, ſodaß die betreffenden Satztheile als in einem coordinirten Verhältniß ſtehend angeſehen werden können. Indeſſen iſt in ſolchen Fällen eine völlige Coordination in Wirklichkeit nirgends vorhanden, da alle Satzglieder in ſtetem lebendigem Wechſel verbindend oder trennend ſich zu bewegen pflegen. Von gleichartigen Accenten beſitzt vielmehr der erſte immer eine ſtärkere Trennkraft als der zweite, welcher ſubordinirend dem Folgenden ſich anſchließt. Dies ſehen wir unter allen ‏מתרדפים‎ (§ 11) am deutlichſten bei den ‏זקפים‎; z. B.

I ‏מ‎. 11,3 ‏וַתְּהִי לָהֶם הַלְּבֵנָה לְאָבֶן וְהַחֵמָר הָיָה לָהֶם לַחֹמֶר‎
II. ‏מ‎. 3,6 ‏וַיַּסְתֵּר מֹשֶׁה פָּנָיו כִּי יָרֵא מֵהַבִּיט אֶל־הָאֱלֹהִים‎
II ‏מ‎. 4,8 ‏וְהָיָה אִם־לֹא יַאֲמִינוּ לָךְ וְלֹא יִשְׁמְעוּ לְקֹל הָאֹת הָרִאשׁוֹן‎
III ‏מ‎.19,14 ‏לֹא־תְקַלֵּל חֵרֵשׁ וְלִפְנֵי עִוֵּר לֹא תִתֵּן מִכְשֹׁל‎
IV ‏מ‎. 21,5 ‏אֵין לֶחֶם וְאֵין מַיִם וְנַפְשֵׁנוּ קָצָה בַּלֶּחֶם הַקְּלֹקֵל‎
V ‏מ‎. 3,6 ‏וַנַּחֲרֵם אֹתָם כַּאֲשֶׁר עָשִׂינוּ לְסִיחֹן מֶלֶךְ חֶשְׁבּוֹן‎
Cſther 3,5 ‏וַיַּרְא הָמָן כִּי־אֵין מָרְדֳּכַי כֹּרֵעַ וּמִשְׁתַּחֲוֶה לוֹ‎

In allen vorſtehenden Beiſpielen ſchließt das erſte ‏זקף‎ den Gedanken ſelbſtändig ab, das zweite aber neigt ſich dem folgenden Schlußaccenten zu, und alle dazu gehörigen Wörter ſind zu einem beſonderen Satz vereinigt.*)

---

*) Daher heißt es V. 5,19 ‏וַיִּכְתְּבֵם עַל־שְׁנֵי לֻחֹת אֲבָנִים‎ u. nicht ‏וַיִּכְתְּבֵם‎. weil ‏אבנים‎ der ſtärker trennende Accent zukommt, von 2 ‏זקפים‎ aber, wie oben erwähnt, das zweite geringere Trennkraft beſitzen würde.

Daraus ergibt sich dann auch der Grund, warum V M. 6,3 uns die Punktation וְשָׁמַרְתָּ לַעֲשׂוֹת אֲשֶׁר יִיטַב לְךָ entgegentritt, während in demselben Kapitel V. 18 es heißt לְמַעַן יִיטַב לָךְ. Im ersten Falle ist das zweite זקף durch das erste zu sehr geschwächt, um die später genauer zu erörternde Pausalwirkung ausüben zu können.

Folgerichtig ist das Verhältniß ein ähnliches, wenn 3 זקפים aufeinander folgen, wo die meist trennende Kraft regelmäßig auf dem e r st e n ruht, das dritte aber dem zweiten an Kraft nachsteht; z. B.

I M. 3,1 וַיֹּאמֶר אֶל־הָאִשָּׁה אַף כִּי־אָמַר אֱלֹהִים לֹא תֹאכְלוּ מִכֹּל עֵץ הַגָּן

II M. 18,3 אֲשֶׁר שֵׁם הָאֶחָד גֵּרְשֹׁם כִּי אָמַר גֵּר הָיִיתִי בְּאֶרֶץ נָכְרִיָּה

III M.4,21 וְהוֹצִיא אֶת־הַפָּר אֶל־מִחוּץ לַמַּחֲנֶה וְשָׂרַף אֹתוֹ כַּאֲשֶׁר שָׂרַף אֵת הַפָּר הָרִאשֹׁן

IV M. 35,6 וְאֵת הֶעָרִים אֲשֶׁר תִּתְּנוּ לַלְוִיִּם אֵת שֵׁשׁ־עָרֵי הַמִּקְלָט אֲשֶׁר תִּתְּנוּ לָנֻס

V M.30,16 וְחָיִיתָ וְרָבִיתָ וּבֵרַכְךָ ת' אֱלֹהֶיךָ בָּאָרֶץ*) אֲשֶׁר־אַתָּה בָא־שָׁמָּה לְרִשְׁתָּהּ

Esth. 6,11. וַיַּרְכִּיבֵהוּ בִּרְחֹב הָעִיר וַיִּקְרָא לְפָנָיו כָּכָה יֵעָשֶׂה לָאִישׁ אֲשֶׁר

Wie mit זקף קטן verhält es sich auch mit der Aufeinanderfolge von (יתיב פשטא) פשטא, זקף גדול, זרקא, תביר, פור, wie wir aus folgenden Beispielen ersehen:

I M. 33,5 עֵרֹב וַיִּבְעָתֶם II M. 16,6 וַיֹּאמֶר הַיְלָדִים אֲשֶׁר

III M. 4,7 וְהָיוּ לָךְ יְמֵי שֶׁבַע שַׁבְּתוֹת III M. 25,8 וְאֵת־כָּל־דַּם הַפָּר

יִשְׁפֹּךְ אֶל־יְסוֹד מִזְבַּח הָעֹלָה

IV M. 11,26 וַיִּשָּׁאֲרוּ שְׁנֵי־אֲנָשִׁים בַּמַּחֲנֶה שֵׁם הָאֶחָד אֶלְדָּד

IV M. 9,5 וַיַּעֲשׂוּ אֶת־הַפֶּסַח בָּרִאשֹׁון בְּאַרְבָּעָה עָשָׂר יוֹם לַחֹדֶשׁ

V M. 6,10 אֲשֶׁר נִשְׁבַּע לַאֲבֹתֶיךָ לְאַבְרָהָם V M. 3,27 וְשָׂא עֵינֶיךָ יָמָּה וְצָפֹנָה

I M. 42,21 נֹחַ הִכָּה כָל־בְּכוֹר II M. 12,29 בְּאֶרֶץ מִצְרַיִם אֲבָל אֲשֵׁמִים

אֲנַחְנוּ עַל־אָחִינוּ

*) Mit זקף גדול und זקף קטן. Hinsichtlich ihres Werthes sind nämlich זקף גדול vollständig gleich, und nur die Formbildung des Wortes ist maßgebend für die Anwendung derselben. (s. § 44—46). Dem zuerst stehenden ist daher allenthalben eine stärkere Trennkraft eigen, gleich viel ob ז"ק oder ז"ג vorangeht; z. B.

I M. 24,8. וְאִם־לֹא תֹאבֶה הָאִשָּׁה לָלֶכֶת אַחֲרֶיךָ וְנִקִּיתָ מִשְּׁבֻעָתִי זֹאת

II M. 2,19. וַתֹּאמַרְןָ אִישׁ מִצְרִי הִצִּילָנוּ מִיַּד הָרֹעִים

Auf gleichwerthige, d. h. auf der 2. 3. oder 4. Rangstufe stehende Accente läßt sich jedoch diese Regel nicht immer anwenden, da ihre Trennkraft nicht völlig gleich ist, der Sinn des Textes aber ihre Verwendung bestimmt.

§ 16. Allgemeine Normen der Zeichensetzung.

Für die Zeichensetzung ist nicht nur die Rücksicht auf den Satzbau, sondern auch, und noch mehr, der Redeinhalt von entscheidendem maßgebendem Einfluß. Man hat bei der Analyse eines Verses auch wohl zu unterscheiden zwischen der grammatischen und der logischen Auffassung der darin enthaltenen Gedanken. Nicht immer fallen beide Begriffe zusammen. Der Vers I. M. 28,10 וַיֵּצֵא יַעֲקֹב מִבְּאֵר שָׁבַע וַיֵּלֶךְ חָרָנָה besteht nur aus einem Satz, faßt aber zwei Gedanken in sich: den der Abreise und den der Wanderung. Das אתנחתא am Schluß des ersten rechtfertigt sich daher nach diesem Verhältniß.

In dem Verse I. M. 13,12 אַבְרָם יָשַׁב בְּאֶרֶץ־כְּנָעַן וְלוֹט יָשַׁב בְּעָרֵי הַכִּכָּר וַיֶּאֱהַל עַד־סְדֹם sind hingegen zwei Sätze, aber dreierlei Gedankenverhältnisse enthalten. Hier steht das אתנחתא schon am Schluß des ersten Gedankens, weil gleichzeitig auch der Satz mit ihm schließt; die beiden anderen, welche nur ein Subject haben, werden auch durch ein זקף קטן von einander getrennt.

§ 17. Accentuirung verbundener Prädikate.

Den vorwiegenden Einfluß der logischen Auffassung auf die Accentuation erkennen wir auch da, wo noch mehrere Prädikate auf einander folgen, die nur auf ein Subjekt sich beziehen. I M. 25,34 folgen fünf Prädikate nach einander. וַיֹּאכַל וַיֵּשְׁתְּ וַיָּקָם וַיֵּלַךְ וַיֶּבֶז sind durch die Accente verknüpft, ebenso וַיֵּשְׁתְּ וַיֹּאכַל וַיֵּלַךְ (die טפחא hat hier, als vor der אתנחתא stehend, den Werth eines משרת). Vor וַיֶּבֶז steht ein אתנחתא, weil mit diesem Worte ein neuer Gedanke beginnt, indem es keine Handlung, sondern die in den zuletzt erwähnten Handlungen sich aussprechende Gesinnung ausdrückt.

§ 18. **Accentuirung adverbialer Nebenbestimmungen.**

Als selbständigen Gedanken fassen die Accentuatoren überall auch die adverbialen Nebenbestimmungen auf, welche demgemäß durch trennende Accente, ja manchmal, wie die Hauptabtheilung eines Verses, durch אתנחתא begrenzt werden, wie wir aus folgenden Beispielen ersehen:

I M. 19,24 יַהֵ֣ הִמְטִ֣יר עַל־סְדֹ֤ם וְעַל־עֲמֹרָה֙ גָּפְרִ֣ית וָאֵ֔שׁ מֵאֵ֥ת ה֖' מִן־הַשָּׁמָֽיִם

daf. 20,18 כִּֽי־עָצֹ֨ר עָצַ֤ר ה֙' בְּעַ֣ד כָּל־רֶ֔חֶם לְבֵ֖ית אֲבִימֶ֑לֶךְ עַל־דְּבַ֥ר שָׂרָ֖ה אֵ֥שֶׁת אַבְרָהָֽם

§ 19. **Accentuirung einzelner Satztheile.**

Endlich werden auch, wo die Wortfolge es gestattet, die grammatischen Satztheile, (nämlich Subjekt, Objekt), — wenn auch nur durch untergeordnete Accente, — geschieden, wodurch mit Genauigkeit und Schärfe der Gedankeninhalt festgestellt wird·

Nehmen wir I M. 29,29: וַיִּתֵּ֤ן לָבָן֙ לְרָחֵ֣ל בִּתּ֔וֹ אֶת־בִּלְהָ֖ה שִׁפְחָת֑וֹ לָ֖הּ לְשִׁפְחָֽה׃

als Beispiel. Dieser Satz[9]) wird in der deutschen Sprache nicht durch die Interpunktion getheilt; im Bibeltext aber haben Subjekt (לָבָן) Terminativ (לְרָחֵל בִּתּוֹ) Objekt (אֶת־בִּלְהָה) Apposition (שִׁפְחָתוֹ) und Adjekt (לְשִׁפְחָה) trennende Accente.

Das **Prädikat** hat in der Regel einen **verbindenden** Accent. (משרת) (S. § 27). So sind I M. 42,24 sämmtliche Prädikate mit den zu ihnen gehörenden Satztheilen durch Accente verbunden: וַיִּסֹּ֤ב מֵֽעֲלֵיהֶם֙ וַיֵּ֔בְךְּ וַיָּ֥שָׁב אֲלֵהֶ֖ם וַיְדַבֵּ֣ר אֲלֵהֶ֑ם וַיִּקַּ֤ח מֵֽאִתָּם֙ אֶת־שִׁמְע֔וֹן וַיֶּאֱסֹ֥ר אֹת֖וֹ לְעֵינֵיהֶֽם׃ — Nur wenn ihm mehrere dem Sinne nach zu einander gehörige Wörter folgen, erhält auch das Prädikat einen trennenden Accent (מַפְסִיק); z. B. I M. 28,11

וַיִּשְׁכַּב֙ בַּמָּק֣וֹם הַה֔וּא und וַיִּקַּ֤ח מֵֽאַבְנֵי֙ הַמָּק֔וֹם

Aus dem Gesagten erklärt es sich, warum u. A. in dem Vers

---

[9]) „Laban gab seiner Tochter Rahel seine Magd Bilhah (ihr) zur Magd." Das scheinbar überflüssige לָהּ ist nicht ein wiederholter Terminativ und vom Prädikat abhängig, sondern es bezieht sich auf das Adjekt und ist „für sie zur Magd" zu übersetzen. Vergl. die ähnliche scheinbare Verdoppelung in Vers **23** und Vers **27.**

(I M. 45,23). וּלְאָבִיו שָׁלַח כְּזֹאת עֲשָׂרָה חֲמֹרִים נֹשְׂאִים מִטּוּב מִצְרָיִם : וְעֶשֶׂר אֲתֹנֹת נֹשְׂאֹת בָּר וָלֶחֶם וּמָזוֹן לְאָבִיו לַדָּרֶךְ alle Satztheile, (auch die Prädikate נֹשְׂאֹת ,נֹשְׂאִים) trennende Accente haben. Denn dieser Vers bildet eigentlich nur einen zusammengezogenen Satz, da er nur ein Prädikat (שׁלח) enthält, das sich auf das Subjekt (יוסף) bezieht, während die Partizipien (נשאת, נשאים), vor welche die Partikel אֲשֶׁר hinzugedacht werden muß, von Objekten abhängig und gewissermaßen als Attribute zu betrachten sind. In's Deutsche übertragen, würde der Wortlaut folgender sein: „Und seinem Vater sandte er desgleichen zehn von dem Besten Mizraims tragende Esel und zehn Getreide, Brod und Speise tragende Eselinnen für seinen Vater auf dem Wege;[10]" es bedarf also auch dieser Satz keiner Interpunktionszeichen. Im Hebräischen aber haben sämmt= liche Satztheile trennende Accente; auch das als Prädikat figuri= rende נֹשְׂאִים, weil die darauf folgenden Wörter מִטּוּב מִצְרָיִם zusammen= gehören, und נֹשְׂאֹת, weil die verbundenen Objekte בר ולחם ומזון darauf folgen.

Nach diesem Gesetze regelt sich die Accentuirung auch der kleineren Satztheile und Wörterverbindungen, wie in dem folgenden Kapitel dargelegt werden wird.

§ 20. Eintheilung der Verse in Satzglieder.

Wir haben nun zunächst die Grundsätze kennen zu lernen, nach welchen die Satzglieder in einem Verse geordnet werden.

Unter Satzglied ist eine Reihe von Wörtern zu verstehen, welche durch den darin enthaltenen Gedanken zu einem selbständigen Ganzen verbunden sind. — Wie die Verse nun nicht von gleicher Länge sind, so ist auch die Zahl ihrer Satzglieder nicht immer die gleiche. Man unterscheidet in Rücksicht hierauf:

     a., eintheilige,

     b., zweitheilige,

     c., dreitheilige Verse.

---

[10] Um den Stil minder schwerfällig erscheinen zu lassen, löst man freilich meistens die als attributive Adjektive gebrauchten Participien נֹשְׂאֹת ,נֹשְׂאִים in Relativsätze auf, also: „welche Getreide tragen." „welche von dem Besten Mizraims tragen."

Jede dieser Hauptabtheilungen kann wieder Unterabtheilungen haben.

§ 21. a., **Eintheilige Verse.**

Besteht ein Vers aus **einem** Hauptgedanken (מאמר), so ist er **eintheilig,** d. h, er bildet dann auch nur ein einziges Satzglied und ist nicht durch den Hauptaccent (אֶתְנַחְתָּא), sondern nur durch Accente zweiten und dritten Ranges theilbar; z. B.

I M. 26,6 תּוֹשָׁב וְשָׂכִיר לֹא־יֹאכַל בּוֹ׃ II M. 12,45 וַיֵּשֶׁב יִצְחָק בִּגְרָר׃

III M.10,20 לִיהוּדָה נַחְשׁוֹן בֶּן־עַמִּינָדָב׃ IV M. 1,7 וַיִּשְׁמַע מֹשֶׁה וַיִּיטַב בְּעֵינָיו׃

V M. 14,3 וַיַּגִּידוּ לְמָרְדֳּכַי אֵת דִּבְרֵי אֶסְתֵּר׃ Eſt. 4,12 לֹא חֹאכַל כָּל־תּוֹעֵבָה׃

Auch Verse von größerem Umfang bleiben eintheilig, wenn sie nur einen Hauptgedanken enthalten; z. B.

I M. 7,22   כֹּל אֲשֶׁר נִשְׁמַת־רוּחַ חַיִּים בְּאַפָּיו מִכֹּל אֲשֶׁר בֶּחָרָבָה מֵתוּ׃

II M. 28,7   שְׁתֵּי כְתֵפֹת חֹבְרֹת יִהְיֶה־לּוֹ אֶל־שְׁנֵי קְצוֹתָיו וְחֻבָּר׃

III M. 6,6   אֵשׁ תָּמִיד תּוּקַד עַל־הַמִּזְבֵּחַ לֹא תִכְבֶּה׃

IV M. 7,15   פַּר אֶחָד בֶּן־בָּקָר אַיִל אֶחָד כֶּבֶשׂ־אֶחָד בֶּן־שְׁנָתוֹ לְעֹלָה׃

V M. 34,3   וְאֶת־הַנֶּגֶב וְאֶת־הַכִּכָּר בִּקְעַת יְרֵחוֹ עִיר הַתְּמָרִים עַד־צֹעַר׃

Eſther 9,11   בַּיּוֹם הַהוּא בָּא מִסְפַּר הַהֲרוּגִים בְּשׁוּשַׁן הַבִּירָה לִפְנֵי הַמֶּלֶךְ

§ 22. b., **Zweitheilige Verse.**

Die bei Weitem größere Anzahl der Verse ist aber **zweitheilig,** d. h. es sind darin 2 selbständige Hauptgedanken vorherrschend, zu welchen die übrigen darin vorkommenden Gedankenverbindungen in einem nachgeordneten Verhältniß stehen. Solche Verse zerfallen daher in zwei Satzglieder, wovon das erste mit einem אתנחתא schließt.

Oft sind diese beiden Glieder von gleicher Länge:

I M. 27,44   וְיָשַׁבְתָּ עִמּוֹ יָמִים אֲחָדִים עַד אֲשֶׁר־תָּשׁוּב חֲמַת אָחִיךָ׃

III.16,15 וְשָׁחַט אֶת־שְׂעִיר הַחַטָּאת אֲשֶׁר לָעָם וְהֵבִיא אֶת־דָּמוֹ אֶל־מִבֵּית לַפָּרֹכֶת

וְעָשָׂה אֶת־דָּמוֹ כַּאֲשֶׁר עָשָׂה לְדַם הַפָּר וְהִזָּה אֹתוֹ עַל־הַכַּפֹּרֶת וְלִפְנֵי הַכַּפֹּרֶת׃

Eſther 5,8 אִם־מָצָאתִי חֵן בְּעֵינֵי הַמֶּלֶךְ וְאִם־עַל־הַמֶּלֶךְ טוֹב לָתֵת אֶת־

שְׁאֵלָתִי וְלַעֲשׂוֹת אֶת־בַּקָּשָׁתִי יָבוֹא הַמֶּלֶךְ וְהָמָן אֶל הַמִּשְׁתֶּה אֲשֶׁר אֶעֱשֶׂה

לָהֶם וּמָחָר אֶעֱשֶׂה כִּדְבַר הַמֶּלֶךְ׃

Die kürzere zweitheilige Gliederung kommt besonders in der poetischen Redeweise vor:

I 49,2   הִקָּבְצוּ וְשִׁמְעוּ בְּנֵי יַעֲקֹב וְשִׁמְעוּ אֶל־יִשְׂרָאֵל אֲבִיכֶם׃

II 15,4   מַרְכְּבֹת פַּרְעֹה וְחֵילוֹ יָרָה בַיָּם וּמִבְחַר שָׁלִשָׁיו טֻבְּעוּ בְיַם־סוּף׃

IV 24,5   מַה־טֹּבוּ אֹהָלֶיךָ יַעֲקֹב מִשְׁכְּנֹתֶיךָ יִשְׂרָאֵל׃

V 32,16   יַקְנִאֻהוּ בְּזָרִים בְּתוֹעֵבֹת יַכְעִיסֻהוּ׃

In ungleichmäßig getheilten Versen kann sowohl das erste als auch das letzte Glied das kürzere sein; z. B.

I M. 18,7   וְאֶל־הַבָּקָר רָץ אַבְרָהָם וַיִּקַּח בֶּן־בָּקָר רַךְ וָטוֹב וַיִּתֵּן אֶל־הַנַּעַר
וַיְמַהֵר לַעֲשׂוֹת אֹתוֹ׃

II M. 1,10   הָבָה נִתְחַכְּמָה לוֹ פֶּן־יִרְבֶּה וְהָיָה כִּי־תִקְרֶאנָה מִלְחָמָה וְנוֹסַף
גַּם־הוּא עַל־שֹׂנְאֵינוּ וְנִלְחַם־בָּנוּ וְעָלָה מִן־הָאָרֶץ׃

Dagegen I M. 13,8   וַיֹּאמֶר אַבְרָם אֶל־לוֹט אַל־נָא תְהִי מְרִיבָה בֵּינִי וּבֵינֶךָ
וּבֵין רֹעַי וּבֵין רֹעֶיךָ כִּי־אֲנָשִׁים אַחִים אֲנָחְנוּ׃

III M. 5,9   וְהִזָּה מִדַּם הַחַטָּאת עַל־קִיר הַמִּזְבֵּחַ וְהַנִּשְׁאָר בַּדָּם יִמָּצֵה אֶל־
יְסוֹד הַמִּזְבֵּחַ חַטָּאת הוּא׃

In einigen Fällen besteht das erste oder das letzte Glied nur aus e i n e m Worte:

IV M. 10,28   אֵלֶּה מַסְעֵי בְנֵי־יִשְׂרָאֵל לְצִבְאֹתָם וַיִּסָּעוּ׃

V M. 11,27   אֶת־הַבְּרָכָה אֲשֶׁר תִּשְׁמְעוּ אֶל־מִצְוֹת ה' אֱלֹהֵיכֶם אֲשֶׁר
אָנֹכִי מְצַוֶּה אֶתְכֶם הַיּוֹם׃

§ 23. c., Dreitheilige Verse.

Sehr zahlreich sind auch die Beispiele, in welchen die Verse aus drei Hauptgliedern bestehen. In Anschluß an die bereits § 14 angeführte Regel, wonach die Accente der oberen Stufe denen der untern Stufe folgen, ist auch bei dreitheiligen Versen das Rang=verhältniß so geordnet, daß der erste Theil mit סָגוֹל, der zweite mit אֶתְנַחְתָּא, der dritte mit סוֹף פָּסוּק schließt; z. B.

I M 24,15   וַיְהִי־הוּא טֶרֶם כִּלָּה לְדַבֵּר וְהִנֵּה רִבְקָה יֹצֵאת אֲשֶׁר יֻלְּדָה
לִבְתוּאֵל בֶּן־מִלְכָּה אֵשֶׁת נָחוֹר אֲחִי אַבְרָהָם וְכַדָּהּ עַל־שִׁכְמָהּ׃

II M. 12,48   וְכִי־יָגוּר אִתְּךָ גֵּר וְעָשָׂה פֶסַח לַה' הִמּוֹל לוֹ כָל־זָכָר וְאָז יִקְרַב
לַעֲשֹׂתוֹ וְהָיָה כְּאֶזְרַח הָאָרֶץ וְכָל־עָרֵל לֹא־יֹאכַל בּוֹ׃

III M. 8,25. וַיִּקַּח֙ אֶת־הַחֵ֔לֶב וְאֶת־הָ֣אַלְיָ֔ה וְאֶת־כָּל־הַחֵ֖לֶב אֲשֶׁ֣ר עַל־הַקֶּ֑רֶב
וְאֵת֙ יֹתֶ֣רֶת הַכָּבֵ֔ד וְאֶת־שְׁתֵּ֥י הַכְּלָיֹ֖ת וְאֶת־חֶלְבְּהֶ֑ן וְאֵ֖ת שׁ֥וֹק הַיָּמִֽין ׃

IV M. 13,22. וַיַּעֲל֣וּ בַנֶּגֶב֮ וַיָּבֹ֣א עַד־חֶבְרוֹן֒ וְשָׁ֤ם אֲחִימַן֙ שֵׁשַׁ֣י וְתַלְמַ֔י יְלִידֵ֖י
הָעֲנָ֑ק וְחֶבְר֗וֹן שֶׁ֤בַע שָׁנִים֙ נִבְנְתָ֔ה לִפְנֵ֖י צֹ֥עַן מִצְרָֽיִם ׃

V M. 32,3. וַכֵ֤ן תַּעֲשֶׂה֙ לַחֲמֹר֔וֹ וְכֵ֣ן תַּעֲשֶׂה֮ לְשִׂמְלָתוֹ֒ וְכֵ֣ן תַּעֲשֶׂ֗ה לְכָל־
אֲבֵדַ֨ת אָחִ֜יךָ אֲשֶׁר־תֹּאבַ֥ד מִמֶּ֛נּוּ וּמְצָאתָ֑הּ לֹ֥א תוּכַ֖ל לְהִתְעַלֵּֽם ׃

Esther 4,14. כִּ֣י אִם־הַחֲרֵ֣שׁ תַּחֲרִישִׁי֮ בָּעֵ֣ת הַזֹּאת֒ רֶ֣וַח וְהַצָּלָ֞ה יַעֲמ֤וֹד לַיְּהוּדִים֙
מִמָּק֣וֹם אַחֵ֔ר וְאַ֥תְּ וּבֵית־אָבִ֖יךְ תֹּאבֵ֑דוּ וּמִ֣י יוֹדֵ֔עַ אִם־לְעֵ֣ת כָּזֹ֔את הִגַּ֖עַתְּ לַמַּלְכֽוּת ׃

Der erste Theil eines dreigliedrigen Verses kann aus zwei Wörtern bestehen wie I M. 32,10. וַיֹּ֣אמֶר֔ יַעֲקֹ֔ב. Mit סגול und זרקא kann aber auch nach einer größeren Folge von Wörtern der erste Satztheil schließen, wie Esther 8,9. וַיִּקָּרְא֣וּ סֹפְרֵֽי־הַמֶּ֣לֶךְ בָּעֵֽת־הַהִ֡יא
בַּחֹ֣דֶשׁ הַשְּׁלִישִׁי֩ הוּא־חֹ֨דֶשׁ סִיוָ֜ן בִּשְׁלוֹשָׁ֤ה וְעֶשְׂרִים֙ בּ֔וֹ

§ 24. Untergeordnete Satzglieder.

Jeder Haupttheil eines Verses kann, wie bereits § 20 erwähnt ist, wieder in Unterabtheilungen zerfallen, welche durch Accente nachgeordneter Rangstufen in der Weise weiter abgegrenzt werden, wie dies § 14 angedeutet ist. — Die beiden letzten, mit אתנח und ף"ס endenden Verstheile werden durch זקף oder andere auf gleicher oder niedriger Stufe stehende Accente gegliedert.:

I M. 49,6 בְּסֹדָם֙ אַל־תָּבֹ֣א נַפְשִׁ֔י בִּקְהָלָ֖ם אַל־תֵּחַ֣ד כְּבֹדִ֑י
כִּ֤י בְאַפָּם֙ הָ֣רְגוּ אִ֔ישׁ וּבִרְצֹנָ֖ם עִקְּרוּ־שֽׁוֹר ׃

II M. 19,4. אַתֶּ֣ם רְאִיתֶ֔ם אֲשֶׁ֥ר עָשִׂ֖יתִי לְמִצְרָ֑יִם
וָאֶשָּׂ֤א אֶתְכֶם֙ עַל־כַּנְפֵ֣י נְשָׁרִ֔ים וָאָבִ֥א אֶתְכֶ֖ם אֵלָֽי ׃

III M. 23,32. שַׁבַּ֨ת שַׁבָּת֥וֹן הוּא֙ לָכֶ֔ם וְעִנִּיתֶ֖ם אֶת־נַפְשֹׁתֵיכֶ֑ם
בְּתִשְׁעָ֤ה לַחֹ֙דֶשׁ֙ בָּעֶ֔רֶב מֵעֶ֣רֶב עַד־עֶ֔רֶב תִּשְׁבְּת֖וּ שַׁבַּתְּכֶֽם ׃

Esther 6,3. וַיֹּ֣אמֶר הַמֶּ֔לֶךְ מַה־נַּעֲשָׂ֞ה יְקָ֧ר וּגְדוּלָּ֛ה לְמָרְדֳּכַ֖י עַל־זֶ֑ה
וַיֹּ֨אמְר֜וּ נַעֲרֵ֤י הַמֶּ֙לֶךְ֙ מְשָׁ֣רְתָ֔יו לֹא־נַעֲשָׂ֥ה עִמּ֖וֹ דָּבָֽר ׃

Dem סגול hingegen, mit welchem nur der erste Verstheil schließt, kann höchstens ein im Werthe ihm nachstehender Accent wie

2

רביע‎, טרם‎, גדולה תלישא vorangehen, wie das in gleichem Rang mit ihm ſtehende זקף‎ z. B.:

I M. 48,16.   הַמַּלְאָךְ הַגֹּאֵל אֹתִי מִכָּל־רָע יְבָרֵךְ אֶת־הַנְּעָרִים

II M. 39,5.   וְחֵשֶׁב אֲפֻדָּתוֹ אֲשֶׁר עָלָיו מִמֶּנּוּ הוּא כְּמַעֲשֵׂהוּ

III M. 8.25.   וַיִּקַּח אֶת־הַחֵלֶב וְאֶת־הָאַלְיָה וְאֶת־כָּל־הַחֵלֶב אֲשֶׁר עַל־הַקֶּרֶב

Nur einmal Job 1,8, folgt סגול‎ auf זקף‎, wo es heißt:

וַיֹּאמֶר ה' אֶל־הַשָּׂטָן הֲשַׂמְתָּ לִבְּךָ עַל־עַבְדִּי אִיּוֹב‎ Hier aber haben viele Editionen (z. B. Leipzig 1725, d. 1751, wobei ⌃ ⁓ als abweichende LeSart bezeichnet iſt, Warſchau 1864) die Accentuation: הֲשַׂמְתָּ לִבְּךָ עַל־עַבְדִּי אִיּוֹב‎, womit alle Schwierigkeiten wegfallen.

§ 25. **Die Parentheſe** (מַאֲמָר מוּסְגָּר‎)

Auch die der hebräiſchen Schrift fehlenden Zeichen für die Parentheſe hat man durch die Accente zu erſetzen verſtanden. Der eingeſchobene, den Zuſammenhang der Rede unterbrechende Satz wird nämlich dadurch hervorgehoben und iſt daran erkennbar, daß ein trennender Accent ihm vorangeht, und ein anderer von höherer Rangſtufe ihn ſchließt; z. B.

V M. 3,19.   רַק נְשֵׁיכֶם וְטַפְּכֶם וּמִקְנֵכֶם יָדַעְתִּי כִּי־מִקְנֶה רַב לָכֶם יֵשְׁבוּ בְּעָרֵיכֶם

Der Zuſammenhang der Rede erforderte, daß die Worte רַק נְשֵׁיכֶם וְטַפְּכֶם וּמִקְנֵכֶם יֵשְׁבוּ בְּעָרֵיכֶם‎ unmittelbar auf einander folgen. Der durch die beiläufige Erwähnung des Viehſtandes veranlaßte Zwiſchenſatz iſt offenbar als in Parentheſe ſtehend zu betrachten; daher ſteht vor demſelben ein Accent zweiten Ranges (סגול‎), und die Parentheſe ſelbſt ſchließt mit אתנחתא‎ unter לכם‎, alſo mit einem Accent erſten Ranges.

Ein weiteres Beiſpiel finden wir V M. 32,15., wo es heißt:

וַיִּשְׁמַן יְשֻׁרוּן וַיִּבְעָט שָׁמַנְתָּ עָבִיתָ כָּשִׂיתָ וַיִּטֹּשׁ‎ שטנת עבית כשית‎ Daß hier eine eingeſchaltete Anrede iſt, die, den Hauptgedanken וישמן ישרון‎ nebenbei beſtätigend, ihn gleichwohl unterbricht, erſieht man daraus, daß ſie in der zweiten Perſon, Vor- und Nachſatz aber in der dritten Perſon gehalten ſind. Daher erhält וַיִּבְעָט‎ ein זקף‎, כָּשִׂיתָ‎ hingegen ein אתנח‎.

Ein מאמר מוסגר kann auch von größerem Umfange sein,[11] z. B. das folgende:

I M. 14,17.   וַיֵּצֵא מֶֽלֶךְ־סְדֹם לִקְרָאתוֹ (אַחֲרֵי שׁוּבוֹ מֵֽהַכּוֹת אֶת־כְּדָרְלָעֹמֶר וְאֶת־הַמְּלָכִים אֲשֶׁר אִתּוֹ) אֶל־עֵמֶק שָׁוֵה כו׳

Dagegen besteht es zuweilen nur aus einem Worte; z. B.

I Sam. 9,27.   וּשְׁמוּאֵל אָמַר אֶל־שָׁאוּל אֱמֹר לַנַּעַר וְיַעֲבֹר לְפָנֵינוּ (וַֽיַּעֲבֹר) וְאַתָּה עֲמֹד כַּיּוֹם כו׳

Dem gleichen Accentuationsgesetz unterliegen alle Parenthesen, wie durch noch folgende Beispiele dargethan werden möge:

I M. 24,27.   אָנֹכִי בַּדֶּרֶךְ (נָחַנִי ה׳) בֵּית אֲחֵי אֲדֹנִי:

V M. 7,7.   לֹא מֵרֻבְּכֶם מִכָּל־הָעַמִּים חָשַׁק ה׳ בָּכֶם וַיִּבְחַר בָּכֶם (כִּי־אַתֶּם הַמְעַט מִכָּל־הָעַמִּים:) כִּי מֵאַהֲבַת ה׳ אֶתְכֶם כו׳

Dan. 8,2.   וָאֶרְאֶה בֶּחָזוֹן (וַיְהִי בִּרְאֹתִי וַאֲנִי בְּשׁוּשַׁן הַבִּירָה אֲשֶׁר בְּעֵילָם הַמְּדִינָה) וָאֶרְאֶה בֶּחָזוֹן וַאֲנִי הָיִיתִי כו׳

II Chr. 32,9.   אַחַר זֶה שָׁלַח סַנְחֵרִיב מֶֽלֶךְ־אַשּׁוּר עֲבָדָיו יְרוּשָׁלַיְמָה (וְהוּא עַל־לָכִישׁ וְכָל־מֶמְשַׁלְתּוֹ עִמּוֹ) עַל־יְחִזְקִיָּהוּ כו׳

Vgl. auch I Sam. 18,17, I K. 13,18.

Nur da, wo die Parenthese vor dem letzten Worte eines wesentlichen Versgliedes steht, weicht die Regel etwas ab, z. B.

V M. 5,5.   אָנֹכִי עֹמֵד בֵּין־ה׳ וּבֵינֵיכֶם בָּעֵת הַהִוא לְהַגִּיד לָכֶם אֶת־דְּבַר ה׳ (כִּי יְרֵאתֶם מִפְּנֵי הָאֵשׁ וְלֹא־עֲלִיתֶם בָּהָר) לֵאמֹר:

Dhf. 9,4 der erste Satz: אַל־תֹּאמַר בִּלְבָבְךָ (בַּהֲדֹף ה׳ אֱלֹהֶיךָ אֹתָם מִלְּפָנֶיךָ) לֵאמֹר

Der dritte Satz dieses Verses hingegen bildet wieder eine regelrechte Parenthese.[12]

---

11) Es kann sogar mehrere Verse enthalten, wie V M. Kap. 2. Hier wird die Anrede, welche mit dem 9. B. beginnt, durch die Erläuterungen der Verse 10,11 und 12 unterbrochen; ebenso sind B. 20—24 eingeschaltet.

12) Wie wichtig in dieser Beziehung für die Lösung des genauen Wort= sinnes die Zeichensetzung ist, ersieht man beispielsweise aus der Vergleichung der beiden Verse:

I M. 39,14.   רְאוּ הֵבִיא לָנוּ אִישׁ עִבְרִי לְצַחֶק בָּנוּ   und baſ. B. 17.   בָּא אֵלַי הָעֶבֶד הָעִבְרִי אֲשֶׁר־הֵבֵאתָ לָּנוּ לְצַחֶק בִּי:

Mit erheuchelter Entrüstung nennt (B. 14) die Hausherrin Joseph אִישׁ עִבְרִי, einen hebräiſchen „Mann“, den man in's Haus gebracht, um Muthwillen „mit uns“ (pl.) zu treiben, der alſo ein „uns allen gleich ge= fährlicher Menſch“ iſt; denn ihr, der Schuldbewußten, mußte Alles daran liegen, das Hausgeſinde auf ihre Seite zu bringen, damit deſſen Ausſage belaſtend für Joseph würde. Die בעלי הטעמים haben daher unter לָּנוּ ein תביר geſetzt, um den logiſchen Zuſammenhang der Worte הֵבִיא לָּנוּ לְצַחֶק בָּנוּ anzudeuten.

In der Anklage der Ehefrau hingegen, (B. 17), dem Gatten gegen= über, deſſen Rachegefühl ſie gegen den verwegenen „Knecht“ erregen will, gebraucht ſie mit Berechnung den Singular לְצַחֶק בִּי, und es ſchließen ſich dieſe beiden Worte dem erſten Prädikat בָּא אֵלַי an. Würden auch hier die Worte אֲשֶׁר הבאת לצחק בי zuſammengehören, ſo ſpräche ſie damit gegen ihren Gatten einen eben ſo unklugen als ungerechtfertigten Vorwurf aus, den ſie in keiner Weiſe beabſichtigen kann. Vielmehr iſt אֲשֶׁר הבאת לנו offenbar מאמר מוסגר, weshalb unter העברי das תביר, unter לנו aber ein טפחא geſetzt iſt, um die Parentheſe von dem Schluß des Satzes zu trennen. Wäre אֲשֶׁר הבאת לנו nicht Einſchaltung, ſo hätte ein ſtärker trennender Accent auf העברי geſetzt werden müſſen, wie z. B.: בָּא אֵלַי הָעֶבֶד הָעִבְרִי:

Ohne Kenntniß der Regel, nach welcher מאמר מוסגר accentuirt wird, kann man ebenſo den Sinn des Verſes 3 im 3. Kapitel des I B. Sam. וְנֵר אֱלֹהִים טֶרֶם יִכְבֶּה וּשְׁמוּאֵל שֹׁכֵב בְּהֵיכַל ה' אֲשֶׁר־שָׁם אֲרוֹן אֱלֹהִים: leicht mißverſtehen. Wer dieſen Vers ohne Accente lieſt, würde leicht den Sinn desſelben alſo auffaſſen: „Das Licht Gottes war noch nicht erloſchen, Samuel aber ruhte bereits im Tempel des Herrn, wo die Gotteslade war.“ Dieſe Wortdeutung kann jedoch den Leſer nicht befriedigen; denn wie ſollte Eli auf ſeinem gewöhnlichen Lager ruhen, der Jünger Samuel aber, der dem Prieſterſtamm nicht angehörte, an geweihter Stätte, wo die heilige Lade ſich befand?! Die Accente belehren uns indeſſen, daß die Worte וּשְׁמוּאֵל שכב בהיכל ה' gar nicht zuſammengehören, denn unter שֹׁכֵב ſteht ein אתנחתא; und da auf dem vorhergehenden יִכְבֶּה ein זקף ſteht, ſo ſehen wir, daß וּשְׁמוּאֵל שֹׁכֵב ein מאמר מוסגר iſt, als welches es auch Kibbuſchin 78b aufgefaßt wird. Mit den Accenten wird der Vers וְנֵר אֱלֹהִים טֶרֶם יִכְבֶּה וּשְׁמוּאֵל שֹׁכֵב בְּהֵיכַל ה' אֲשֶׁר־שָׁם אֲרוֹן אֱלֹהִים: in der Überſetzung lauten, wie folgt: „Das Licht Gottes war noch nicht erloſchen, — Samuel aber ruhte bereits, — in dem Tempel des Herrn, woſelbſt die Gotteslade war.“ Die Worte וְנֵר אֱלֹהִים טֶרֶם יִכְבֶּה בְּהֵיכַל ה' ſtehen alſo in unmittelbarem Zu= ſammenhang.

Drittes Kapitel.

Die Accente im Dienste der Wortverbindung.

§ 26. Verschiedene Fälle der Wortverbindung.

Um die Zusammengehörigkeit einzelner Wörter anzudeuten, sind eigentlich die verbindenden Accente bestimmt und werden unter einfachen Verhältnissen auch ausschließlich dazu verwandt. Die Verschiedenartigkeit der Wortstellung indessen und des Bestreben der Massoreten, den Wortsinn so genau als möglich zu präcisiren, bewirkt oft Ausnahmen von der Regel, sodaß unter gewissen Verhältnissen statt eines verbindenden ein trennender Accent gesetzt werden muß, welcher alsdann seinen Werth als solcher einbüßt. (S. auch § 17 u. 47).

In den folgenden §§ sollen nun die maßgebenden Fälle, die hierbei in Betracht kommen, näher besprochen werden.

§ 27. Wortverbindung durch משרתים (servi.)

Durch משרתים werden regelmäßig zwei Wörter verbunden (§ 73)

a., welche in status constructus zu einander stehen; z. B.

I M. 19,4 וַיְחַג הֶאָסִיף בְּצֵאת הַשָּׁנָה II M. 23,16 וְאַנְשֵׁי הָעִיר אַנְשֵׁי סְדֹם

III M. 25,50 חֹמֶץ יַיִן וְחֹמֶץ שֵׁכָר IV M. 6,3 כֶּסֶף מִמְכָּרוֹ בְּמִסְפַּר שָׁנִים

b., wenn das eine Wort das andere näher bestimmt, gleichviel, ob das Bestimmwort ein Adjectiv, ein Pronomen oder ein Numerale ist; z. B.

I M. 6,9 בַּיּוֹם הַהוּא II M. 1,14 בַּעֲבֹדָה קָשָׁה III M. 22,30 אִישׁ צַדִּיק

IV M. 7,17 וְהַיָּמִים הָאֵלֶּה Est. 9,28 לַיָּמִים הָרִאשֹׁנִים V M. 4,32 אֵילִים חֲמִשָּׁה

c., wenn beide Worte gleiche, (d. h. beigeordnete) Satztheile und durch ו verbunden sind; z. B.

zwei Subjecte I M. 31,14 הַעוֹד לָנוּ חֵלֶק וְנַחֲלָה II M. 12,45

הוֹשֵׁב וְשָׂכִיר לֹא־יֹאכַל בּוֹ

zwei Objecte III 8,17 וְאֶת־הַפָּר וְאֶת־עֹרוֹ וְאֶת־בְּשָׂרוֹ וְאֶת־פִּרְשׁוֹ

zwei Terminative IV 18,19 I 3,21 לְאָדָם וּלְאִשְׁתּוֹ וּלְבָנֶיךָ וְלִבְנֹתֶיךָ

zwei Prädikate V 3,1 Esther 3,2 כֹּרְעִים וּמִשְׁתַּחֲוִים וַיִּפֶן וַיַּעַל

zwei adverbiale Bestimmungen. I M. 13,14 צָפֹנָה וָנֶגְבָּה וָקֵדְמָה וָיָמָּה:

d., wenn das eine Wort ein Prädikat, das zweite ein anderer Satztheil ist; (§ 19) z. B.

I M. 19,15 דָּם יֵחָשֵׁב II 7,4 הַשַּׁחַר עָלָה III M. 17,4 וְנָתַתִּי אֶת־יָדִי IV M. 15,28 וְכִפֶּר הַכֹּהֵן V M. 20,19 לֹא־תַשְׁחִית אֶת־עֵצָהּ Esth. 5,2 כִּרְאוֹת הַמֶּלֶךְ

c., wenn beide Wörter im Appositionsverhältniß zu einander stehen; z. B.

I M. 27,11 אֶל־אַהֲרֹן אָחִיו II M. 3,1 יִתְרוֹ חֹתְנוֹ III 16,2 עֵשָׂו אָחִי

§ 28. Fortsetzung.

Sehr oft werden auch drei zusammengehörige, aufeinander-folgende Wörter durch משרתים verbunden, wie es eigentlich dem Accentuationsgesetz entspricht, und wie wir aus folgenden Beispielen ersehen.

I M. 14,12 רְכוּשׁ סְדֹם וַעֲמֹרָה   II 4,14 הֲלֹא אַהֲרֹן אָחִיךָ
III M. 23,14 וְלֶחֶם וְקָלִי וְכַרְמֶל   IV M. 14,25 פְּנוּ וּסְעוּ לָכֶם
V M. 7,9 שֹׁמֵר הַבְּרִית וְהַחֶסֶד   Esther 2,3 וַיַּפְקֵד הַמֶּלֶךְ פְּקִידִים

Solche Verbindungsformen sind überaus zahlreich. — Nicht selten sind auch solche Fälle, in welchen vier Wörter und mehr (durch משרתים) mit einander verbunden sind; z. B.

V M. 19,5 אֲשֶׁר הֵם עֹשִׂים תָּמוֹל שִׁלְשֹׁם   II M. 5,8 וַאֲשֶׁר יָבֹא אֶת־רֵעֵהוּ בַּיַּעַר

Die Besprechung der letzteren gehört jedoch in die Lehre von der Aufeinanderfolge der verbindenden Accente (שכונת המשרתים).

§ 29. Wortverbindung durch abgeschwächte מפסיקים (domini).

Das logische Gesetz, wonach die durch den Sinn verbunde-nen Wörter auch durch verbindende Accente bezeichnet werden müssen, unterliegt gleichwohl vielen Ausnahmen, die entweder von der Wortstellung bedingt sind, oder durch die Rücksicht auf die ge-naue Feststellung des Sinnes geboten erscheinen, wie bereits § 26 erwähnt ist, manchmal auch vom Wohllaut abhängig sind.

Die Wortstellung macht den Gebrauch eines trennenden Accentes an der Stelle eines verbindenden nur dann nöthig, wenn Wörtern mit אֶתְנַחְתָּא oder סוֹף פָּסוּק nur ein mit denselben verbundenes Wort vorangeht; z. B.

I M. 9,20 וַיִּטַּע כָּרֶם‎ II M. 4,31 וַיַּאֲמֵן הָעָם‎ III M. 5,19 אָשָׁם הוּא

Wir haben § 27 gesehen, daß in Beispielen, wie diese eben angeführten, eigentlich beide Wörter durch einen מְשָׁרֵת verbunden werden müßten. Die Ursache, daß dies vor אתנחתא und סוף פסוק nicht geschieht, liegt darin, daß, wie später in der Lehre über טפחא ausgeführt werden wird (§ 47), diesen Schlußaccenten nothwendig ein טִפְחָא vorangehen muß, und so steht dann letzterer Accent stellvertretend für einen מְשָׁרֵת, indem er freilich seine trennende Kraft verliert.

§ 30. Fortsetzung.

Mannichfacher jedoch sind die Fälle, in welchen bei einer Wortverbindung von drei oder mehreren Wörtern die Accentuatoren von der ausschließlichen Verwendung von משרתים abgesehen und zur genauen Feststellung des richtigen Sinnes die Mitanwendung von מפסיקים für nothwendig erachtet haben, um einer irrigen Auslegung des Wortsinnes vorzubeugen. Die Beweggründe dieses Verfahrens und die Erklärung solcher Stellen ist auch weniger geübten Laien leicht faßlich.

Als leitender Grundsatz gilt, daß die enger sich einander anschließenden Wörter einen משרת, die minder stark verbundenen einen מפסיק erhalten.

In nachstehenden §§ mögen die wichtigsten Wortverbindungen dieser Art angeführt und erörtert werden.

Die von dem Wohllaut abhängigen Fälle von Accenten und Abschwächungen sind § 49f. und § 59 (bei פשטא) besprochen.

§ 31. Abschwächung bei zweifachem status constructus.

Diese Ausnahmsregel kommt zunächst da zur Geltung, wo in einem Satze der status constructus zweimal unmittelbar aufeinander folgt, d. h. wo das erste Wort in Verbindung mit dem zweiten und das zweite in Verbindung mit dem dritten steht;

hier erhält der erste סְמִיכוּת stets einen trennenden Accent; z. B.

עַל־פְּנֵי רְקִיעַ הַשָּׁמַיִם, Unter פְּנֵי, welches im status constructus zu רְקִיעַ steht, müßte demnach eigentlich ein משרת gesetzt werden; da aber רְקִיעַ wieder mit הַשָּׁמַיִם in der Verbindungsform steht, so erhält פְּנֵי einen מפסיק und רְקִיעַ einen משרת, um anzuzeigen, daß der zweite סְמִיכוּת hier, wie überall, im engern Anschluß an das nachfolgende Wort steht, als an das vorhergehende. [13]

Diese Regel bestätigen folgende Beispiele:

I M. 4,10 רֵאשִׁית בִּכּוּרֵי אַדְמָתְךָ II M. 23,19 קוֹל דְּמֵי אָחִיךָ

III M. 2,13 מֶלַח בְּרִית אֱלֹהֶיךָ

IV M. 36,8 עָרֵי מַמְלֶכֶת עוֹג V M. 3,10 מִמַּטּוֹת בְּנֵי יִשְׂרָאֵל

Esth. 1,4 אֶת־עֹשֶׁר כְּבוֹד מַלְכוּתוֹ

I M. 23,19 אֶל־פֶּתַח אֹהֶל מוֹעֵד III M. 1,3 אֶל־מְעָרַת שְׂדֵה הַמַּכְפֵּלָה

§ 32., Abschwächung bei Vereinigung des status constructus mit einer Apposition.

Der status constructus erhält auch dann keinen verbindenden Accent, wenn ein mit einer Apposition verbundenes Wort darauf folgt,[14] weil dieses von dem vorhergehenden Worte in der Regel untrennbar ist; z. B.

I M. 24,30 אֶת־פְּנֵי ה' אֵלָיו II M. 32,11 אֶת־דִּבְרֵי רִבְקָה אֲחֹתוֹ

III M. 21,21 נַחֲלַת צְלָפְחָד IV M. 36,2 מִזֶּרַע אַהֲרֹן הַכֹּהֵן

---

[13] Die logische Wahrheit dieses Verhältnisses ist im Deutschen noch leichter erkennbar dadurch, daß die beiden letzten Genitive sich oft in ein zusammengesetztes Substantiv vereinigen lassen. So läßt sich „die Heilung der Krankheiten des Gemüthes" in „der Gemüthskrankheiten" zusammenziehen; ebenso: „Mitglieder des Vereins der Frauen", zusammengezogen: „des Frauenvereins" „Berathungen des Hauses der Abgeordneten" — „des Abgeordnetenhauses" u. s. w.

[14] In dem entgegengesetzten Falle jedoch, wenn nämlich die Apposition vorangeht, erhält der status constructus seinen verbindenden Accent; wie

I. M. 35,8 הַגֵּא Esth. 2,3 מֹשֶׁה עֶבֶד ה' Josua 1,1 דְּבֹרָה מֵינֶקֶת רִבְקָה סָרִים הַמֶּלֶךְ

§ 33. **Abſchwächung bei einem** status constructus **vor**
Subſtantiven mit einem Beſtimmwort.

Ferner erhält der status constructus einen trennenden Ac=
cent, wenn er mit einem Subſtantiv verbunden iſt, dem noch ein
Beſtimmwort, (Adjektiv oder Pronomen), folgt, um die Zuſammen=
gehörigkeit der beiden letzteren deſto mehr hervortreten zulaſſen; z. B.
I M. 7,11 רֹחַב הַקֶּרֶשׁ הָאֶחָד II M. 26,16 מַעְיְנוֹת תְּהוֹם רַבָּה

Wo dieſe Zuſammengehörigkeit jedoch nicht vorhanden iſt,
erhält der status constr. einen verbindenden Accent; z. B.
III M. 16,12 קְטֹרֶת סַמִּים דַּקָּה; denn das Adjectiv דַּקָּה bezieht
ſich auf קְטֹרֶת.

Einen Beleg für beide Fälle zugleich enthält der Vers V M. 13,4
אֶל־דִּבְרֵי הַנָּבִיא הַהוּא אוֹ אֶל־חוֹלֵם הַחֲלוֹם הַהוּא Das erſte ge=
hört zu הַנָּבִיא, deshalb ſind beide Worte durch die Accente ver=
bunden, das zweite הַהוּא bezieht ſich dagegen auf חוֹלֵם, darum iſt
es von הַחֲלוֹם getrennt.[15]

---

[15] Vgl. auch § 47. (Note zu Fall 4) über טִפְחָא. — Eine Ausnahme
von dieſer Regel ſcheint V M. 29,18 כְּשָׁמְעוֹ אֶת־דִּבְרֵי הָאָלָה הַזֹּאת zu
machen, da הָאָלָה הַזֹּאת, der Regel entgegen, durch die Accente getrennt iſt.
Dies erklärt ſich aber daraus, daß כשמעו wohl etwas von dem folgenden
zu trennen war, aber ein eigentlicher מפסיק daran nicht angebracht ſchien, um
das Prädikat nicht vom Objekt zu trennen. Es konnte alſo nur eine תלישא קטנה
verwandt werden, welche vor קדמא trennende Kraft beſitzen kann, wie
andrerſeits auch קדמא in dieſem Falle zum מפסיק werden kann. Das
Nähere hierüber wird § 77 erklärt werden, hier mögen einſtweilen folgende
analoge Beiſpiele erwähnt werden, a., in welchen קדמא den Werth eines
מפסיק erhält: I M. 14,13, וְהוּא שֹׁכֵן בְּאֵלֹנֵי II M. 13,21 הָלַךְ לִפְנֵיהֶם
III M. 5,2 אוֹ בְנִבְלַת חַיָּה טְמֵאָה (denn חַיָּה טְמֵאָה ſind eigentlich יוֹנָם
zu verbinden); IV M. 11,18 שָׁטוּ הָעָם וְלָקְטוּ V M. 7.15 וְכָל־מַדְוֵי מִצְרַיִם
Eſther 9,12 הָרְגוּ הַיְּהוּדִים וְאַבֵּד (vgl. mit B. 6). b., in welchen הָרָעִים
וְאַחֲרֵיכֵן קָבַר אַבְרָהָם trennende Kraft erlangt: I M. 23,19 תלישא קטנה

§ 34. **Der Status** constructus **vor zwei gleichartigen Satztheilen.**

Ein im סמיכות mit zwei Substantiven stehendes Wort erhält in der Regel einen verbindenden Accent; z. B. Maleachi 3,4 מִנְחַת יְהוּדָה וִירוּשָׁלָיִם· Hier sind die Worte מנחת יהודה verbunden, obgleich man eher die engere Verbindung der beiden gleichartigen Genitive hätte erwarten sollen; und doch ist jene Accentuation die normative. Weitere Beispiele sind u. a.

I. M. 2,4 תּוֹלְדוֹת הַשָּׁמַיִם וְהָאָרֶץ daf. 28,5 אִם יַעֲקֹב וְעֵשָׂו

III M. 27,32 וְכָל־מַעְשַׂר בָּקָר וָצֹאן IV M. 14,18 נֹשֵׂא עָוֹן וָפֶשַׁע

Dennoch gibt es auch Fälle, in welchen der סמיכות einen trennenden Accent erhält und die beiden Substantive verbunden sind; z. B.

I M. 3,5. daf. 18,20 יֹדְעֵי טוֹב וָרָע, IV. M. 16,14 זַעֲקַת סְדֹם וַעֲמֹרָה Efth. 9,22. יְמֵי מִשְׁתֶּה וְשִׂמְחָה Jeremiah 33,25. נַחֲלַת שָׂדֶה וָכָרֶם חֻקּוֹת שָׁמַיִם וָאָרֶץ

Solche Ausnahmen sind aber theils in der Wortstellung, theils durch anderweite Accentenstellung wohlbegründet.

In dem erſten Beiſpiel hat יֹדְעֵי darum einen trennenden Accent, weil es sich an וִהְיִיתֶם anschließt; denn כֵּאלֹהִים ist parenthetisch, und der Sinn des Satzes וִהְיִיתֶם כֵּאלֹהִים יֹדְעֵי טוֹב וָרָע ist eigentlich: „Ihr würdet, wie Gott, Erkenner des Guten und Bösen sein". So faßt es auch Siporno auf.[16]

In dem zweiten Beiſpiel: זַעֲקַת סְדֹם וַעֲמֹרָה כִּי־רָבָּה wird durch die Vereinigung der Wörter סְדֹם וַעֲמֹרָה hervorgehoben, daß רבה sich auf זעקת bezieht.[17]

II M. 28,1 וּפֶתַח אֹהֶל מוֹעֵד III M. 8,35 הַקְרֵב אֵלֶיךָ אֶת־אַהֲרֹן אָחִיךָ

IV M 4,27 עַל־פִּי אַהֲרֹן וּבָנָיו V M. 4,33 הֲשָׁמַע עָם קוֹל אֱלֹהִים Efth. 8,11 אֲשֶׁר נָתַן הַמֶּלֶךְ

[16] Nach Raſchi's Erklärung ist יֹדְעֵי allerdings Apposition und והייתם מאלהים mit „und ihr würdet wie Gott sein," zu übersetzen.

[17] Daher erhielten זעקת und עמורה trennende Accente, wie dies Geset

Die dritte Ausnahmsstelle נַחֲלַת שָׂדֶה וְכָרֶם läßt sich bei Betrachtung des Verses in seinem Zusammenhange leicht erklären. Wie wir oben (§ 27) gesehen haben, erfordert das Prädikat einen engeren Anschluß an das nachfolgende Subjekt oder Objekt, und wir hätten demnach auf וַתִּתֶּן־לָנוּ nicht ein זקף קטן, sondern nur ein תְּבִיר erwarten müssen, und ebenso den Anschluß der beiden auf נחלת folgenden Substantive.[18]) Dadurch hätte aber der zweite Satz eine affirmative Bedeutung gewonnen[19]). Die Punktatoren haben jedoch den richtigen Sinn genau präcisirt, indem sie auf הביאתנו und ותתן לנו je ein ז״ק gesetzt haben, um dadurch festzustellen, daß die Partikel לא auf beide Prädikate sich bezieht;[20]) durch das טפחא unter נחלת aber ist der nothwendige Anschluß des Prädikats an das Objekt hergestellt.

Auch bei der vierten Stelle לַעֲשׂוֹת אֹתָם יְמֵי מִשְׁתֶּה וְשִׂמְחָה ist eine Ausnahme erforderlich, um durch das פשטא das Objekt ימי näher an das Prädikat לעשות zu rücken; durch ein מהפך[21]) würde es gänzlich davon getrennt werden. Vgl. auch V. 17 u. 18. (יוֹם מִשְׁתֶּה וְשִׂמְחָה [22]),

Das Verhältniß des fünften Falles חְקוֹת שָׁמַיִם וָאָרֶץ ist dem des zweiten (וַעֲמֹרָה סְדֹם זַעֲקַת) gleich.

---

bereits § 33 an dem ähnlichen Beispiele קטרת סמים דקה und אֶל־חוֹלִם החלום ההוא hervorgehoben ist.

[18]) Nämlich. וַתִּתֶּן־לָנוּ נַחֲלַת שָׂדֶה וְכָרֶם Vgl. I 29,28, 45,21 auch 30,4

[19]) D. h. der Sinn desselben wäre gewesen: „Auch hast du uns nicht in ein Land gebracht, das von Milch und Honig fließt, (aber) du gabst uns ein Erbe von Feldern und Weinbergen."

[20]) also: „Du hast uns nicht in ein Land gebracht und uns nicht ein Erbe gegeben."

[21]) nämlich: לַעֲשׂוֹת אֹתָם יְמֵי מִשְׁתֶּה וְשִׂמְחָה.

[22]) In der Stelle V 10,18 מִשְׁפַּט יָתוֹם וְאַלְמָנָה, der ebenfalls das Prädikat עָשָׂה vorangeht, ist diese Ausnahme nicht nöthig, da das unter עָשָׂה stehende תְּבִיר ohnedies ein schwacher Accent, Prädikat und Objekt also nicht eigentlich geschieden sind.

§ 35. **Der** status constructus **durch Suffixe umschrieben.**

Eine eigne Art der Wortfolge findet im Hebräischen statt, wenn ein Genitiv von mehreren Substantiven abhängig ist.[23] In einer solchen Wortverbindung erhält nicht der status constructus, sondern das von demselben regierte Substantiv den trennenden Accent; z. B.

I M. 4,4. מַרְכְּבֹת פַּרְעֹה וְחֵילוֹ II M. 15,4. מִבְּכֹרֹות צֹאנוֹ וּמֵחֶלְבֵהֶן
III M. 4,11. זִקְנֵי הָעָם וְשֹׁטְרָיו IV M. 11,16. וְאֶת־עֹור הַפָּר וְאֶת־כָּל־בְּשָׂרוֹ

Die seltenen Ausnahmen werden auch hier von anderweiten Wortverhältnissen bedingt; z. B. in

מַבֹּות הָאָרֶץ הַהִוא וְאֶת־תַּחֲלֻאֶיהָ (V M. 29,21.) hat der status constr.
(מַבֹּות) einen מַפְסִיק, weil die Wörter הָאָרֶץ הַהִוא untrennbar sind; in פֶּשַׁע אַחֶיךָ וְחַטָּאתָם אַחֶיךָ I. 50,17 ist das erste regierte Substantiv mit dem folgenden verbunden, weil dies Wort zugleich als Subjekt für den Nachsatz: כִּי רָעָה גְמָלוּךָ dient.

Ähnliche Rücksichten sind überall genommen. Vgl. II M. 18,5. IV M. 3,36.

§ 36. **Vereinigung von Substantiven mit Bestimmwörtern.**

Wenn mehrere Bestimmwörter zu einem Substantiv gehören, so kann

a., das Substantiv, (§ 27 gemäß), mit dem ersten Bestimmwort verbunden bleiben; z. B.

I M, 18,18. לְגֹוי גָּדֹול וְעָצוּם V M. 28,59. וָחֳלָיִם רָעִים וְנֶאֱמָנִים
I. Sam. 25,36, דָּבָר קָטֹן וְגָדֹול Zeph. 3.12. עַם עָנִי וָדָל

oder es werden b., die Bestimmwörter verbunden, wo der Sinn es erfordert; z. B.

---

[23] z. B. Richter 13,12. „Das Verhalten und die Führung des Knaben." Eigentlich müßten beide Substantive in der Verbindungsform vor dem regierten Wort: „Des Knaben" stehen, also: מִשְׁפַּט וּמַעֲשֵׂה הַנַּעַר. Der Hebräer construirt aber מִשְׁפַּט הַנַּעַר וּמַעֲשֵׂהוּ „Das Verhalten des Knaben und seine Führung" (S. meine hebr. Sprachlehre I Abtheilung, Regel 34 und 2. Abtheilung § 12).

I M. 27,34.   צְעָקָה גְּדוֹלָה וּמָרָה   baſ. 41,33.   אִישׁ נָבוֹן וְחָכָם

V M. 4,38.   גּוֹיִם גְּדוֹלִים וַעֲצוּמִים   baſ. 6,10.   עָרִים גְּדוֹלוֹת וְטוֹבוֹת

Bezieht ſich aber ein Beſtimmwort auf zwei Subſtantive, ſo bleiben letztere in der Regel verbunden; z. B.

I M. 18,11. חֻקִּים וּמִשְׁפָּטִים צַדִּיקִם   V M. 4.8. וְאַבְרָהָם וְשָׂרָה זְקֵנִים

Neh. 9,13. חֻקִּים וּמִצְוֺת טוֹבִים

Auch bei drei und mehr Beſtimmwörtern iſt ſtets der Inhalt für die Zeichenſetzung maßgebend, wie V. M. 26,5. לְגוֹי גָּדוֹל עָצוּם וָרָב

V M. 1,13. בְּחַרְבּוֹ הַקָּשָׁה   Jeſajah 27,1. אֲנָשִׁים חֲכָמִים וּנְבֹנִים וִידֻעִים

וְהַגְּדוֹלָה וְהַחֲזָקָה׃

§ 37. Accentuirung größerer Wortverbindungen.
(Mehrfacher st. constr.)

Auch ſonſt folgen ſehr häufig drei und mehrere durch den Sinn verbundene Wörter nach einander, bei welchen ebenfalls ab= geſchwächte טעמים מפסיקים mit משרתים abwechſeln müſſen, um den Wortſinn getreu wiedergeben zu können. In ſolchen Fällen ſind bald die erſten, bald die ſpäteren Wörter durch verbindende Accente vereinigt, was, wie aus den bereits angeführten Regeln ſich ergiebt, von der größeren Zuſammengehörigkeit der betreffenden Wörter abhängt.

Von drei Genitiven erhalten gewöhnlich die beiden erſten, im סמיכות ſtehenden Wörter trennende Accente; z. B. III M. 7,15

וּבְשַׂר זֶבַח תּוֹדַת שְׁלָמָיו

I M. 41.10. וְאֶת־מַסַּךְ פֶּתַח אֹהֶל מוֹעֵד   IV 4,25. בְּמִשְׁמָר בֵּית שַׂר הַטַּבָּחִים

IV M. 10.15 וְעַל־צְבָא מַטֵּה בְנֵי־יִשָּׂשכָר   II K. 11,5 וְשֹׁמְרֵי מִשְׁמֶרֶת בֵּית הַמֶּלֶךְ

An folgender Stelle קַרְנֹות מִזְבַּח קְטֹרֶת הַסַּמִּים (III M. 4.7) erhält nur ein סמיכות, nämlich קַרְנֹות. den trennenden Accent, denn מִזְבַּח קְטֹרֶת ſind als Ein Begriff anzuſehen.

In מִזְבְּחֵי שַׁלְמֵי בְּנֵי יִשְׂרָאֵל (baſ. 10,14.) ſind die beiden erſten Wörter verbunden, weil זֶבַח שְׁלָמִים eine Begriffseinheit bilden. (Ebenſo: V M. 34,8 וַיִּמֵי בְכִי אֵבֶל מֹשֶׁה)

Ebenso hat in נֵ֫זֶר שֶׁ֣מֶן מִשְׁחַ֖ת אֱלֹהָ֑יו (III M. 21,12.) nur נֵ֫זֶר einen מפסיק, weil שֶׁ֣מֶן מִשְׁחַת zusammen gehören.

Auch in dem zu § 35 gehörigen Fall, daß mehr als zwei Substantive von einem status constructus abhängen, werden sämmtliche Wörter durch משרתים und abgeschwächte מפסיקים je nach dem Sinn verschieden verbunden, z. B.

II M. 34,7 בַּעֲשֹׂ֧ר דִּגְנֵ֛ךְ תִּֽירֹשְׁךָ֖ וְיִצְהָרֶ֑ךָ V M. 14,23 נֹשֵׂ֥א עָוֺ֛ן וָפֶ֖שַׁע וְחַטָּאָ֑ה
Esra 8,30 וּמַעֲשַׂ֣ר הַדָּגָ֗ן הַתִּיר֤וֹשׁ וְהַיִּצְהָר֙ Neh.13.5 מִשְׁקַ֤ל הַכֶּ֨סֶף֙ וְהַזָּהָ֔ב וְהַכֵּלִ֖ים
Vgl. auch: Hosea 2,7 נֹתְנֵ֤י לַחְמִי֙ וּמֵימַ֔י צַמְרִ֣י וּפִשְׁתִּ֔י שַׁמְנִ֖י וְשִׁקּוּיָֽי

§ 38. **Accentuirung mehrerer, gleichartiger Satztheile.**

Von drei auf einander folgenden Wörtern, welche gleichartige Satztheile darstellen, hat bald der erste, bald der zweite einen trennenden Accent.

In folgenden Beispielen sind die beiden ersten Wörter dem Sinne nach durch משרתים mit einander verbunden:

II M. 35,5 וְזָהָ֥ב וּנְחֹ֖שֶׁת I M. 30,39 עֲקֻדִּ֥ים נְקֻדִּ֖ים וּטְלֻאִ֑ים
V 21,35 וְלִבְנ֧וֹ וּלְכַתּ֛וֹ וּלְאָחִ֖יו III M. 21,2 אִתּ֣וֹ וְאֶת־בָּנָ֗יו וְאֶת־כָּל־עֵמּ֑וֹ
Esth. 4,3 אַל־תִּֽירְא֛וּ וְאַל־תֵּחַ֥פְּזוּ אַל־תֵּֽעָרְצ֖וּ V M. 20,3 וְצֹ֣א וּבְקָ֗ר וּמִסְפָּ֑ד

Die beiden letzten werden verbunden vermöge ihrer Begriffsverwandtschaft in nachfolgenden Stellen:

II 28,15 זָהָ֤ב תְּכֵ֨לֶת֙ וְאַרְגָּמָ֔ן I M. 6,16 תַּחְתִּיִּ֛ם שְׁנִיִּ֖ם וּשְׁלִשִׁ֑ים
IV 29,18 פָּרִ֧ים לְאֵילִ֛ם וְלַכְּבָשִׂ֖ים III M.25,6 לְךָ֤ וּלְעַבְדְּךָ֙ וְלַֽאֲמָתֶ֔ךָ
E. 7,4 כָּל־הַמִּצְוָ֤ה וְהַֽחֻקִּים֙ וְהַמִּשְׁפָּטִ֔ים V M. 5,28 לְהַשְׁמִ֖יד לַֽהֲרֹ֑ג
[24] וּלְאַבֵּ֑ד

Anmerkung: Zuweilen werden mit Rücksicht auf den Satzbau auch die 3 Wörter zusammen durch משרתים verbunden, wie

---

[24] Es ist auffallend, daß III M. 7,23 (שׁ֥וֹר וְכֶ֖שֶׂב וָעֵֽז) unter שׁוֹר ein verbindender Accent steht, da בֶּ֖שֶׂב וָעֵ֑ז als unter dem gemeinschaftlichen Begriff von צֹאן stehend, eigentlich vereint sein müßten. Es ist unzweifelhaft, daß die Punktatoren ihren Grund dafür hatten, denn auch bei anderen analogen Verbindungen finden wir ähnliche Zeichensetzung. Vgl. III M. 17.3 שׁ֨וֹר אֽוֹ־כֶ֥שֶׂב אֽוֹ־עֵ֛ז Jes. 1.11 דַּ֣ם פָּרִ֤ים וּכְבָשִׂ֖ים וְעַתּוּדִ֑ים·

II M. 22,9 שׁוֹר אוֹ־כֶשֶׂב אוֹ־עֵז III M. 22,27 חֲמֹר אוֹ־שׁוֹר אוֹ־שֶׂה

§ 39. **Aufeinanderfolge von mehr als drei gleichartigen Satztheilen.**

Aus diesen feststehenden Accentuationsregeln läßt sich auch leicht die Zeichensetzung bei mehr als drei gleichartigen Satz=theilen erklären. Vorwiegend kommt hierbei die in § 27 als nor=mal bezeichnete paarweise Vereinigung der Satztheile zur Geltung, wie aus folgenden Beispielen ersichtlich ist:

I M. 24,35. צֹאן וּבָקָר וְכֶסֶף וְזָהָב וַעֲבָדִים וּשְׁפָחֹת וּגְמַלִּים וַחֲמֹרִים

II M. 1,7. פָּרוּ וַיִּשְׁרְצוּ וַיִּרְבּוּ וַיַּעַצְמוּ III M. 8,17. וְאֶת־הַפָּר וְאֶת־עֹרוֹ וְאֶת־בְּשָׂרוֹ וְאֶת־פִּרְשׁוֹ

IV. M. 31,22. אֶת־הַזָּהָב וְאֶת־הַכֶּסֶף אֶת־הַנְּחֹשֶׁת וְאֶת־הַבַּרְזֶל אֶת־הַבְּדִיל וְאֶת־הָעֹפָרֶת

V M. 14.26. אוֹרָה וְשִׂמְחָה וְשָׂשֹׂן וִיקָר C. 8,16. בַּבָּקָר וּבַצֹּאן וּבַיַּיִן וּבַשֵּׁכָר

Vgl. 1. M. 20,14. 30,43. 31,27. 32,5. 43,11. 47,1. II. M. 3,8. 8,7. 9,3. 10,9. 14,7. 20,14. 27,3. 30,27. III. M. 21,2 u. 14, 22,24. 23,37. V. M. 1,7. 20,17. Esther 1,10.

Aber auch da, wo der Sinn eine wechselnde Vereinigung der Satztheile nothwendig macht, kann sich die Accentuation einer paarweisen Zusammenstellung nicht ganz entziehen; z. B.

I. M. 7.7. מַחְלַה נֹעָה וְחָגְלָה IV. 27,1. וַיָּבֹא נֹחַ וּבָנָיו וְאִשְׁתּוֹ וּנְשֵׁי־בָנָיו וּמִלְכָּה וְתִרְצָה

V M. 12,12 אַתֶּם וּבְנֵיכֶם וּבְנֹתֵיכֶם וְעַבְדֵיכֶם וְאַמְהֹתֵיכֶם

Desgl. auch I. M. 6,18. 8,16. 26,5. IV M. 29,39. V. M. 4,34. 7.1 und 13. 11,1. 16,11 u. 14. 28,22.

Andere untergeordnete Fälle von Verbindung und Trennung der Wörter werden gelegentlich bei Besprechung der einzelnen Ac=cente erörtert werden.

Haben uns bisher die gemeinsamen Gesetze beschäftigt, welche die Grundlage der Accentuationslehre bilden, so haben wir nun=mehr die nicht minder wichtigen Eigenthümlichkeiten kennen zu lernen, welche mit jedem einzelnen Accent an und für sich verknüpft sind.

Um diese bequem und übersichtlich darzulegen, erscheint es zweck=
mäßig die gleiche Reihenfolge einzuhalten, welche oben (§ 10) bei
Aufführung der Rangstufen der Accente bereits gegeben ist.

Viertes Kapitel.

Eigenthümlichkeiten der trennenden Accente.

מפסיקים

A., **Die Stufe der Kaiser.** (Imperatores, קסרים)

§ 40. *) סוֹף פָּסוּק

סוֹף פָּסוּק „Versende", auch סלוק „Schlußaccent" genannt,
weil er nur am Ende des Verses steht, ist selbstverständlich auch
der stärkste Trennungsaccent. Als subordinirter טפסיק טעם geht
ihm immer ein טפחא voran; als משרת oft auch noch ein מרכא.
Ohne טפחא steht ein סוֹף פסוק nur in den wenigen Fällen, in
welchen ihm unmittelbar ein אתנחתא vorangeht. Die verschiedenen
Fälle, in welchen demnach ein ס״פ stehen kann, sind in folgenden
Beispielen zusammen gestellt:

a.) Das טפחא geht unmittelbar voran, wenn vor dem
סוֹף פסוק nur ein Wort steht.

I 22,10 ²⁵) מִנְחָה הִיא III 2,6 וַיַּצִּלוּ אֶת־מִצְרָיִם II 12,36 לִשְׁחֹט אֶת־בְּנוֹ IV 10,9 שְׁאַלְתִּי וּבִקַּשְׁתִּי V 10,13 לְטוֹב כָּךְ E. 5.8 וְנוֹשַׁעְתֶּם מֵאֹיְבֵיכֶם

---

*) Zur besseren Orientirung sind in diesem Buche die gegenwärtig
üblichen Namen der Accente beibehalten. Gleichwohl sind auch die bei den
Alten, namentlich bei den Massoreten, gebräuchlichen Benennungen dabei
angegeben, um bei der Lectüre ihrer Werke Mißverständnissen vorzubeugen.
In den ältern Werken heißt beispielsweise der Accent ['], den wir קַדְמָא
nennen, אַוְלָא; durch Unkenntniß solcher Eigenthümlichkeiten könnten daher
bei dem Leser leicht Irrthümer entstehen.

²⁵) Zwei oder drei Wörter, die durch ein מקף verbunden sind, werden
in Beziehung auf die טעמים als e i n Wort betrachtet, und es erhält nur
das letzte Wort den Accent. (S. die Lehre vom מקף).

b.) Das טפחא geht auch dann unmittelbar dem פסוק סוף
voran, wenn zwei dem Sinne nach zu verknüpfende Wörter da=
vor stehen, in diesem Falle geht מרכא voran.

I M. 11,11 וַיּוֹלֶד בָּנִים וּבָנוֹת II M. 2,13 לָמָּה תַכֶּה רֵעֶךָ

III M. 5.3 וְהוּא יָדַע וְאָשֵׁם IV M. 13,30 כִּי־יָכֹל נוּכַל לָהּ

V M. 6,9 וּבִשְׁעָרֶיךָ עַל־מְזוּזֹת בֵּיתֶךָ S. 3,15 וְהָעִיר שׁוּשָׁן נָבוֹכָה

c.) Dem טפחא folgt aber ein מרכא, wenn das betreffende
Wort mit dem פסוק סוף inhaltlich verbunden ist.

I M. 3,22 וְאָכַל וָחַי לְעֹלָם II M. 6,12 וַאֲנִי עֲרַל שְׂפָתָיִם

III M. 19,15 בְּצֶדֶק תִּשְׁפֹּט אֶת־עֲמִיתֶךָ IV M. 11,1 וַתֹּאכַל בִּקְצֵה הַמַּחֲנֶה

V M. 14.26 וְשָׂמַחְתָּ אַתָּה וּבֵיתֶךָ S. 9,17 יוֹם מִשְׁתֶּה וְשִׂמְחָה

d.) Unter einem Worte mit פסוק סוף steht das טפחא=Zeichen
fünfmal in תנ״ך und zwar:

III M. 21,4 לְהֵחַלּוֹ IV M. 15,21 לְדֹרֹתֵיכֶם [26]) Jesajah 8,17 וְקִוֵּיתִי־לוֹ
Hosea 11,6 מִמֹּעֲצֹתֵיהֶם und I Chr. 2,53 וְהָאֶשְׁתָּאֻלִי

In diesem Falle ist das Zeichen jedoch nicht als trennender
Accent, sondern einfach nur als מתג zu betrachten, wie überhaupt
dasselbe bei den Massoreten und Punktatoren nicht טפחא, sondern
מְאַיְלָא genannt wird (S. § 92. a. a. O.)

Übrigens sind פסוק סוף und סגול die einzigen Accente, welche
nicht am Anfang eines Verses stehen können.

§ 41. 2. אֶתְנַחְתָּא

אֶתְנַחְתָּא bedeutet soviel als der sich niedersenkende Ton
und ist von dem chaldäischen נְחַת „herabsteigen"[27]) abzuleiten.

---

[26]) Heidenheim bemerkt im משפטי הטעמים (S. 28b) daß בן בלעם
zwar die obigen, von der מסרה III M. 21,4 verzeichneten fünf Stellen auch
erwähnt, aber statt IV M. 15,21 לדורותיכם b. gl. Wort II M. 30,31 hier=
herrechnet. (S. טעמי המקרא und הוריות הקורא). Auch Raschi hat diese
Version vor sich gehabt, wie er Hosea 11,6 bestätigt. Da aber sämmtliche
Punktatoren mit der Angabe der מסרה übereinstimmen, so sei deren Lesart
auch als die richtige anzusehen.

[27]) Vgl. Daniel 4,10. עִיר וְקַדִּישׁ מִן שְׁמַיָּא נָחִית „ein Engel ließ sich
vom Himmel nieder." Der תרגום אונקלוס übersetzt וַיֵּרֶד הָעַיִט mit וּנְחַת עוֹפָא.

Das אתנחתא scheidet den Vers in zwei Theile, deren Längen durch den syntaktischen Bau eines Verses bestimmt werden. Wo letzterer eine solche Zweitheilung nicht zuläßt, wird ein אתנחתא überhaupt nicht gesetzt. (f. v. § 21).

An trennender Kraft wird es nur von סוף פסוק übertroffen, mit dem es unter gewissen gemeinsamen Gesetzen steht. Dahin gehört u. A., daß weder אתנחתא noch סוף פסוק zweimal in einem Vers vorkommen können, und daß auch dem אתנחתא ein טפחא als trennender Accent mittelbar oder unmittelbar vorangeht.

In letzterer Beziehung sind auch hier verschiedene Fälle zu unterscheiden:

a.) Das אתנחתא folgt unmittelbar auf טפחא, wenn weiter kein grammatisch nachgeordnetes Wort vorausgeht:

I M. 1,26 לֹא תִגְנֹבוּ III 19,11 וַיֹּאמְרוּ אֶל־פַּרְעֹה II 5,1 בְּצַלְמֵנוּ כִּדְמוּתֵנוּ
VI M. 14.21 וַיַּעֲבֹר מָרְדֳּכַי E. 4,17 וְנִרְשַׁנְתֶּם בָּאָרֶץ V 4,25 וְאוֹכָם חַי־אָנִי

b.) wenn vor טפחא noch ein מֵרְכָא steht:

I M. 27,33 וַיֶּעַל מֹשֶׁה וְאַהֲרֹן II. M. 24,8 וַיִּקְרָא אָחָז שִׁבְעָה
III M. 25,13 וַיַּנִּיחוּ אֹתוֹ בְּמִשְׁמָר IV M. 15,34 בִּשְׁנַת הַיּוֹבֵל הַזֹּאת
V M. 13,0 בְּעֵינֵי הַמֶּלֶךְ וְהַשָּׂרִים E. 1,21 וְלֹא תִשְׁמַע אֵלָי

c.) Vor אתנחתא steht aber noch der verbindende Accent מונח, (nicht מרכא, wie vor פסוק סוף), wenn die beiden betreffenden Wörter inhaltlich verbunden sind.

I M. 19,22 וּשְׁמַרְתֶּם אֶת־הַדָּבָר הַזֶּה II 12,24 הַשֶּׁמֶשׁ יָצָא עַל־הָאָרֶץ

In der מסורה wird אתנחתא auch סחפא genannt. In der betreffenden Note zu b. d. h. כל סחופי בצירי (III M. 18,15) heißt es עֶרְוַת בַּלְתְּךָ לֹא תְגַלֶּה überall, wo ein אתנחתא ein תגלה hat, steht unter ל ein צירי; sonst heißt es תְגַלֶּה. Die Ansicht des ערוגת הבשם, daß der Name סחפא nur in den Fällen in Anwendung kommt, in welchen [֑] auf dem ersten Wort des Verses ruht, ist daher hinfällig, da sie im Widerspruch mit dieser מסורה steht. S. משפטי הטעמים S. 5b. Die Bedeutung von סחפא ist: „Das Umgestürzte," (vgl. Bezah 23a כמא סחופי „das Umstürzen des Bechers") weil die Form des אתנחתא [֑] einem umgestürzten Becher ähnelt. — Auch unter den Namen חָנָה „der Ruhende, Lagernde und סֵעָפָא (vielleicht der Theilende" wie שְׁתֵּי הַסְּעִפִּים zwei getheilte Meinungen, I K. 18,21) und חספא, (vielleicht ebenfalls: „abtheilend, ablösend" wie שני השיפי עזים, zwei Abtheilungen Ziegen, I K. 20,27) wird dieser Accent erwähnt.

d.) Elf mal steht אתנחתא mit טפחא=Zeichen unter einem Wort.[28]
Die betreffenden Stellen sind nach der מסורה (zu IV 28,26) die folgenden:
I M. 8,18 וַיֵּצֵא־נֹחַ IV M. 28,26 בְּשָׁבֻעֹתֵיכֶם II K. 9,2 וּבָאתָ שָׁמָּה
Jer. 2.31 [29] מַאֲפֵלְיָה Ez. 7,25 קְפָדָה־בָא das. 10,13 לָאֳפַנִּים
Ez. 11,18 וּבָאוּ־שָׁמָּה Ruth 1,10. וַתֹּאמַרְנָה־לָּהּ Dan. 4,9 לְכָל־בְּהֵ
Daniel 4.18 [30] לְכָל־בְּהֵ II Chr. 20,8 וַיֵּשְׁבוּ־בָהּ

Nur selten kommt es vor, daß טונח mit אתנחתא unter einem
Worte vereinigt sind; z. B. I Chr. 5,20 שְׁעָמָהֶם und Hosea 7,15
זְרֹעֹתָם.

e.) Wie סוף פסוק am Ende eines Verses, so kann אתנחתא am
Anfang eines solchen ohne weitere Accente stehen. (§ 40.); z. B.
I M. 35,5 אֶת־הַבְּרָכָה V. 11,27 לִרְצוֹנְכֶם III 22,19 וַיֹּאמֶר II 33,14 וַיִּשָׁעוּ

---

[28] Das gleiche Verhältniß, wie das § 40, 3 erwähnte, besteht auch
hier; d. h. auch vor ‿ wird dieser Accent מאילא genannt und hat nur den
Werth eines מתג. Olshausen findet es auffallend, daß mehrere durch ein
מקף verbundene Wörter zuweilen zwei Accente erhalten, (s. dessen Lehrbuch
d. hebr. Sprache § 41g); allein dies ist in Wirklichkeit auch nicht der Fall. Der
vermeintliche erste Accent ist nämlich nicht Tonaccent, sondern dient nur als
Ersatz für die געיא, wie Jesajah 8,17 וְקִוֵּיתִי־לֹּו, (s. vorliegende Accenten=
lehre § 40, 3,) wo Olshausen die מאילא unter dem ersten Wort
für ein טפחא hält, das aber den Werth eines Pausalaccentes zu ver=
lieren scheine, (s. Lehrbuch § 47b); — oder I M. 13,4 וְנָם־לְלֹוט, wo er,
nebenbei bemerkt, das בֵּקֶל) קַדְמָא), welches dort die געיא vertritt, irrthümlich
mit dem Namen פשטא bezeichnet (Vgl. weiter u. die Noten 39 und 40).

[29] Nach einer anderen massoretischen Stelle (Daniel 3) zählt לָאֳפַנִּים
nicht mit, und gibt es demnach nur zehn Beispiele. Auch Rabbi David
Kimchi in seinem Commentar zu Ezechiel 11,18 erwähnt nur 10 Fälle.

[30] Der Regel nach soll מאילה von אתנחתא durch eine Silbe ge=
schieden sein. מנחת ש"י und ר' אליה הלוי und nach ihm רד"ק bezeichnen
daher וַיֵּשְׁבוּ, gleich den übrigen Beispielen, מליעיל. Der lange vor רד"ק
lebende בן בלעם erklärt aber ausdrücklich: אתנח לא ישרתה כ"א שופר
עלוי חוץ מן י"א מקומות שתשרתה המאילה והשלמתה ותאה שיש בין
המאילה ואתנחתא מלך אחד בר בר מן חד וישבו בה. Heidenheim
der im מ"ה S. 12b des Letzteren Ansicht für die maßgebende hält, glaubt,
daß ר' אליה הלוי jenes Citat Ben Bileam's nicht vollständig im טוב טעם
aufgenommen, und dort "בר מן חד", ausgelassen habe, wodurch מנחת ש"י
irregeleitet worden sei. Nach Heidenheim ist also וַיֵּשְׁבוּ־בָה die richtige Leseart.

Ebenſo: I M. 19,7 und 34,31. Joſua 15,48 und 61. Ezechiel 23,2. Eſra 2,36ff. Neh. 10,10.

f.) Nur ſelten hat אתנחתא zwei משרתים; z. B. II M. 3,4 כִּי מֶה רָאִיתָ II 12,39 כִּי סָר לִרְאוֹת I. Sam. 28,13 כִּי לֹא חָמֵץ Jeſajah 54,4 כִּי לֹא תַחְפִּירִי.

Von dieſen beiden wird der erſte מוּנַח, der zweite עִלּוּי genannt.

Nach אתנחתא können ſämmtliche Accente folgen, außer, wie oben er= wähnt, אתנחתא ſelbſt und, wie ſchon § 23 erwähnt, ורקא סגול, weil dieſe nur in dem erſten Gliede eines dreigliedrigen Verſes vorkommen können. Heidenheim läßt dies unerwähnt. (S. deſſen מה״ט S. 36b und 37b).—

B., Die Stufe der Könige. (Reges, מלכים)

§ 42. 3., סֶגּוֹל

Im Talmud (Sabbath 50b) wird einer Pflanze סגלאי gedacht, welche Raſchi mit den Worten[31] (עשב שקורין ואי״ל ויש בו ג' עלין) näher bezeichnet. Der Formähnlichkeit mit einem ſolchen Dreiblatt (∴) ſcheint daher der Accent סֶגּוֹל[32] ſeinen Namen zu verdanken.[33]

Von einigen alten Punktatoren wird סגול nicht in die Claſſe der trennenden Accente eingereihet, weil es nicht, wie die übrigen, ſelb= ſtändig für ſich ſtehen könne (ſ. § 12), ſondern ein ורקא ihm

---

[31] D. h. „Ein Kraut mit Namen viole, dasſelbe hat drei Blätter,“ Vermuthlich iſt das Veilchen gemeint, da deſſen Stengel drei Blätter hat; hierauf leitet auch der franzöſiſche Name.

[32] und auch der gleichnamige Vocal. —

[33] Von ſpäteren Punktatoren wird סגול auch שׁרי genannt. Es ſcheint, als wenn die muſikaliſche Bedeutung des Accentes bei dieſem Namen in Betracht käme, und das Wort etwa mit „Auflöſung“ zu überſetzen iſt. Denn die melodiſche Figur der ורקא iſt eine ſolche, wie ſie ohne סגול dem Ohr keine geſangliche Befriedigung gewährt, weshalb ihr, — wie einer muſikaliſchen Diſſonanz, — eine Auflöſung folgen muß. Der Anſchluß dieſer beiden Ton= figuren (סגול ורקא) an einander entſpricht daher dem Verhältniß, daß der ורקא ſtets, bis auf eine Ausnahme, ein סגול folgen muß. Auch ſprachlich läßt ſich dieſe Annahme rechtfertigen, da das aramäiſche שרי ſoviel heißt, als Befeſtigtes löſen, wie Daniel 5,6 וקטרי חרציה מִשְׁתָּרַיִן „die Bande ſeiner Hüften löſten ſich.“ — (I M. 24,32) וַיְפַתַּח הַגְּמַלִּים וּשְׁרָא גַּמְלַיָּא wie Onkelos überſetzt, umſchreibt Raſchi שלהם התיר וחם. — Im Rabbiniſchen iſt der Ausdruck שרי geläufig in der Bedeutung von התר, erlauben, löſen, im Gegenſatz zu אסר verbieten.

vorangehen müsse. — Indessen wird es doch allgemein dazu ge=
rechnet, da es vermöge seiner trennenden Kraft in diese Classe gehört.

Denn im Range folgt סגול gleich nach אתנחתא. Daß סגול nur in
dreigliedrigen Versen Verwendung findet und das Rangverhältniß die
Reihenfolge der Glieder eines solchen Verses dergestalt regelt, daß
das er ste Glied desselben stets mit סגול schließt, ist bereits § 14 erwähnt.
Eine Consequenz dieses Gesetzes ist, daß das z w e i t e Glied mit אתנחתא
endigen muß, סגול mithin n a c h einem אתנחתא nie vorkommen kann.
Die hierdurch bedingte stufenweise Folge der drei Verstheile ist
aus folgenden Beispielen ersichtlich:

I M. 3,17: לְקוֹל אִשְׁתֶּ֔ךָ ... לֹא הֹאכַל מִמֶּנּוּ ... כֹּל יְמֵי חַיֶּ֑יךָ ...

II M. 10,6: וּבָתֵּי כָל־מִצְרַיִם ... וַיֵּצֵא מֵעִם פַּרְעֹה׃ ... עַד הַיּוֹם הַזֶּה ...

Von den weiteren Eigenthümlichkeiten des סגול, die wir theil=
weise bereits kennen gelernt haben, sind hier wiederholend und be=
ziehungsweise ergänzend zu bemerken:

1.) Dieser Accent, welcher auf dem letzten Buchstaben des Wortes
ruht, wird verdoppelt, wenn letzteres מלעיל ist. (§ 6) Vgl. I. M. 42,16

אֲשֶׁמִים אֲנַ֔חְנוּ עַל־אָחִ֔ינוּ und das. V. 21 וַיִּקַּח אֶת־אֲחִיכֶ֔ם

2.) סגול kann a.) o h n e משרת, also unmittelbar nach זרקא stehen;
z. B. I. M. 48,16. וְלֹא־יְכָלְתָה עוֹד הַצְּפִינוֹ II. M. 2,3 יְבָרֶ֔ךְ אֶת־הַנְּעָרִים

b.) Sehr oft hat es e i n e n משרת, welcher allezeit ein מונח ist z. B.
III M. 2,13 מִשְׁמֶרֶת בְּנֵי מְרָרִי IV M. 3,36 מִנְחָתְךָ בַּמֶּלַח תִּמְלָח

c.) Ebenso häufig gehen ihm z w e i משרתים (מונחים)voran; z. B.
V M. 9,28 כְּעֵינוֹ וַתִּשָּׁא חֶסֶד לְפָנָיו Esth. 2,9 הָאָרֶץ אֲשֶׁר הוֹצֵאתָנוּ מִשָּׁם

3.) Es kann nie am Anfang eines Verses stehen (§ 40), weil
זרקא ihm immer vorangehen muß.

4.) Ihm geht in dem Vers kein זקף voraus, sondern nur רביע
und Accente dritter und vierter Stufe (§ 24 und 53.)

5.) Dagegen können sich ihm alle trennenden Accente, außer
סוף פסוק und אתנח, טפחא unmittelbar anschließen. Selten folgt
ihm unmittelbar ein תביר, wie V M. 19,6. לְבָבוֹ וְהִשִּׁיגוֹ, leichter
ein תביר, dem משרתים vorangehen, wie I. M. 31,32 לֹא יִחְיֶה נֶגֶד
;V M. 1,7 בְּיוֹם שִׁמְעוֹ מוֹצָא שְׂפָתֶיהָ לִנְדָרֶיהָ IV M. 30,13 אֲחִינוּ הֵפֵר־לְךָ
וְאֶל־כָּל־שְׁכֵנָיו בְּעַרְכָּה בָּחָר׃

Aus dieser Darstellung ergiebt sich auch, daß zwei כגולים nicht nach einander folgen können.

§ 43. 4. זָקֵף (זְקֵפִים).

זָקֵף, im Rang mit סגול gleichstehend, ist an trennender Kraft ihm gleichwohl nachgeordnet. Denn während סגול, wie wir gesehen, den Schluß eines Hauptgliedes im Verse bildet, ist זקף nur bestimmt, diejenigen Glieder des Verses, welche mit אתנח oder סוף פסוק endigen, in Unterabtheilungen zu bringen. Dagegen bildet זקף nie eine Trennung innerhalb des ersten, mit סגול schlie-ßenden Versgliedes, weil die trennende Kraft beider Accente zu wenig unterschieden ist, weshalb ja überhaupt das זקף einer (זרקא) סגול nicht vorangehen kann. Vgl. § 24 und 42⁴.

Das זקף zweigt sich in drei selbständige Accente ab, für deren Verwendung (bis auf einige Ausnahmen) die Silbenbildung und die Silbenzahl maßgebend sind, und wovon jedem eine eigene Benennung zukommt. Obwohl sie aber der oben erwähnten Bestim-mung gemeinsam unterworfen sind, besitzt jeder von ihnen specielle Eigenthümlichkeiten. — Diese drei Zweigarten, nämlich:

a.) ['] זָקֵף קָטָן b.) [ˈˈ] קַדְמָא־זָקֵף קָטָן und c.) [ˈˈ] זָקֵף נָדוֹל

sollen in den folgenden §§ ausführlich besprochen werden.

§ 44. a., זָקֵף קָטָן.

„Der kleine aufwärts stehende Accent", so genannt wegen der beiden über einander stehenden Punkte, welche auf die betonte Silbe gesetzt werden.

Die Stellung des זקף קטן zu vorangehenden Accenten kann verschieden sein, indem nämlich dieser Accent entweder

1.) ohne jeglichen begleitenden Accent steht, oder
2.) nach einem משרת (מונח) folgt;
3.) statt des מונח das dem זקף nachgeordnete פשטא vorangeht; oder
4.) dieser Accent zwei משרתים (מונחים) hat.

Die Bestimmung dieser vier Fälle hängt von den verschiedenen Bildungsformen der betreffenden Wörter ab.

Ad. 1., Wenn nämlich das Wort, worauf זקף קטן gehört, mehrsilbig ift, auch ein מתג haben kann, und von dem vorhergehenden Worte inhaltlich getrennt ist, so steht es o h n e vorangehenden Accent; z. B.

(34 וַיַּעֲשׂוּ־כֵן II M. 7,10 וּלְהַבְדִּיל II M. 7,10 וַיַּעֲשׂוּ־כֵן (34

III M. 16,29 und 18,26 הָאֶזְרָח. — Auch Wörter wie וַיִּלְקְטוּ

(II M. 16,17), הָאֲמָנָם (IV M. 22,37), וַיְכַתְּבֶם (V M. 4,13),

in Betreff deren es zweifelhaft ist, ob sie mit מתג oder mit קדמא

zu bezeichnen sind, (s. u. b., קטן זקף־קדמא) werden von denjenigen

Punktatoren, welche sich der ersteren Ansicht zuneigen, hierher gerechnet.

Ad. 2., זקף קטן hat einen מְשָׁרֵת, nämlich מונח;[35]) derselbe wird

unter das vorangehende Wort gesetzt, unter der Bedingung, daß

das זקף auf der e r s t e n oder z w e i t e n Silbe des Wortes steht; z. B.

I M. 15,3 וְהֵבִיאוּ אֹתוֹ II 3,12 וֶהֱדַלְךָ הָאוֹת III 4,14 וַיֹּאמֶר אַבְרָם

IV M. 4,24 עָשָׂה כְּשִׁתָּה V 2,5 וְאֶת עֲבֹדַת Esth. 1,3 אַל־תִּתְחַרוּ בָם

Auch kann מונח und זקף auf ein und dasselbe Wort kommen, wenn

dasselbe vierſilbig ist, und die z w e i t e Silbe vor dem זקף ein מתג haben

müßte. In dieser Beziehung wird auch נע שוא als Silbe gezählt, z. B.

I M. 4,1 אֶת־הַחַטָּאת II M. 18,19 אִיעָצְךָ III M. 4,29 וְהָאָדָם

IV M. 16,21 הִבָּדְלוּ V M. 1,14 וַתֹּאמְרוּ Esther 1,10 הַמְשָׁרְתִים (36

---

34) Die Punktation des Wortes ist streitig. In einigen Ausgaben fin=
den wir וַיַּעֲשׂוּ כֵן, ohne מקף. Da aber diese beiden Wörter nie anders
als durch מקף verbunden vorkommen, wie עין הקורא zu I M. 42,20 aus=
drücklich constatirt, so ist jene Lesart nicht als correct anzusehen. — Das
מונח unter וַיַּעֲשׂוּ scheint zwar, als im Einklange mit den weiter unten (Ad. 2.,)
aufgestellten Voraussetzungen stehend, gerechtfertigt zu sein; allein nach dem
Zeugniß der נקדנים hat das יו"ד ein מתג statt מונח (Ebenso Neh. 9,18).

35) Er wird von den alten Punktatoren je nach seiner Stellung עלוי
oder מכרבל genannt. (S. unter מונח).

36) Eine Ausnahme finden wir bei dem Worte הַבָּתִּים, welches, ob=
gleich nur dreiſilbig, dennoch an drei Stellen, (II M. 12,7. Jesajah 22,10.
Secharja 14,2.) mit beiden Accenten vorkommt. Diese scheinbare Ausnahme
beruht auf der eigenthümlichen grammatischen Bildung des Wortes, welche in
dem zweiten Hauptabschnitt (in der Lehre vom געיא) näher besprochen werden wird.
Die Punktation des Wortes הַקָרִיתִים (Esther 1,10) in der Heidenheim=
schen Ausgabe scheint auf einem Druckfehler zu beruhen, da andere correcte
Texte die der Regel entsprechende Lesart הַקָרִיִּתִים enthalten.

Ad. 3.) Statt des משרת (מונח) erhält das vorangehende
Wort ein פַּשְׁטָא, wenn das זקף קטן auf der dritten oder vierten Silbe
ruht.[37] Statt des פשטא kann auch das gleichwerthige יתיב intreten.
(S. über das Verhältniß dieser Accente zu einander § 59 und 60.)

בְּיוֹם הַדִּבְּרִים I M 20,11 וַיֹּאמֶר אַבְרָהָם II 32,20 גַּם אֶת־הַשְּׁלִישִׁי III 25,9

Dasselbe geschieht auch in dem Fall, daß die dritte Silbe
vor dem זקף קטן ein מתג hat, wobei das נע שוא vor dem Accent
als Silbe mitgezählt wird; z. B.

וְנוֹדְעָה הַחַטָּאת I M, 14,3 בָּל־אֵלֶּה חָבְרוּ II 16,1 וַיִּסְעוּ מֵאֵלִים III 4,14
עֹמֶדֶת בֶּחָצֵר Esther 5,2 וְאֶעֱשֶׂה אֹתְךָ V 9,14 מִכָּל־הָאָדָם IV M. 12,3

Wenn פשטא einen משרת hat, so kann es auch vor ז"ק ge=
setzt werden, welches auf der ersten oder zweiten Silbe des Wortes
ruht, z. B. I 21,19 וְגַם־דָּלֹה דָלָה לָנוּ II 2,19 וַתְּמַלֵּא אֶת־הַחֵמֶת מַיִם

---

[37] Eine Ausnahme haben die בעלי הטעמים I M. 5,15 gemacht
(וַיְהִי מַהֲלַלְאֵל), wo das מונח auf der vierten Silbe vor dem Hauptac=
cente steht: ein Grund dafür ist nirgends angegeben. Mit וַיְהִי kommt auch
kein analoges Beispiel weiter vor; vielmehr findet sich in ähnlichem Falle auf
וַיְהִי regelrecht ein קדמא; z. B.

וַיְהִי בַּשְּׁבִיעִית I M. 35,3 וַיְהִי עִמָּדִי Josua 19,1 וַיְהִי נַחֲלָתָם I K. 18,44
וַיְהִי מִסְפָּרָם Ezechiel 8,9 וַיְהִי דָנִיֵּאל Daniel 1,21 וַיְהִי כְּתֻבוֹתָם I Chr. 25,1
Im scheinbaren Gegensatz hierzu geht I M, 6,20 מֵהָעוֹף לְמִינֵהוּ וּמִן־הַבְּהֵמָה
und 7,14 (וְכָל־הַחַיָּה לְמִינָהּ וְכָל־הַבְּהֵמָה לְמִינָהּ לְמִינָהּ) das פשטא einem
zweisilbigen Worte mit זקף voran. Diese Ausnahme ist aber durch das
Gesetz begründet, daß nach רביע weder ein זקף, noch dessen משרת (מונח)
folgen darf. (S. § 52 vom רביע Anmerkung 1.)
In Widerspruch mit dieser Regel findet sich Esther 9,25 אָמַר עִם־הַסֵּפֶר
ein מונח vor einem auf der dritten Silbe stehenden זקף; hier lesen aber auch
einige correcte Ausgaben, so der מקראות גדולות ed. Amsterdam הַסֵּפֶר.
Auffallend ist es ferner, daß bei der Aufzählung der Stämme, wie z. B.
IV M. 1,28 לִבְנֵי יִשָּׂשכָר, auch vor einem auf der dritten Silbe ruhenden
זקף ein מונח steht; hier war vielleicht die Analogie mit der Accentuation
der übrigen Stämme maßgebend.

כְּדָבָר V 4,32 נְתוּנִם הֵמָּה לוֹ IV 3,9 וְאָכַלְתִּי חַטָּאת הַיּוֹם III 10,19
שָׂעִיר עָם וְעָם C. 3,12 הַגָּדוֹל הַזֶּה.

Ad 4.) Wo mit dem זקף קטן die beiden vorgehenden
Wörter inhaltlich verbunden sind, gehen ihm auch zwei מונחים
voran, von denen das erste מכרבל, das zweite עלוי genannt wird.
(S. § 83 unter מונה). Beispiele sind:

אֲשֶׁר צִוָּה כֹשֶׁה III 9,5 אֲשֶׁר אַתֶּם שָׁם II 12,13 תִּתִּי אֹתָהּ לָךְ I M. 29,19
שְׁנֵים עָשָׂר חֹדֶשׁ C. 2,12 אֲשֶׁר יָקְשֶׁה מִכֶּם V 1,17 אֲשֶׁר תָּרוּ אֹתָהּ IV M. 13,32

זקף קטן gehört zu den מתרדפים (f. § 11b.). Die Aufeinander=
folge kann unmittelbar oder mittelbar geschehen. Ueber das Werth=
verhältniß der מתרדפים f. § 15.

a.) Unmittelbar folgen zwei זקפים nach einander:

תַּעֲשׂוּ הָאֶזְרָח III 16,29 אֶל־פַּרְעֹה וַיַּעֲשׂוּ־כֵן II 7,10 וּבַלַּיְלָה וְלֹא הַכְבְּדִיל I 1,18

Ein Beispiel von drei unmittelbar aufeinander folgenden
זקפים findet sich Jeremias 51,61 בָּבֶל וְרָאִיתָ וְקָרָאתָ, doch findet sich
in vielen Ausgaben eine abweichende Accentuation.

b.) Mittelbar, d. h. durch einen verbindenden Accent ge=
trennt, folgen zwei זקפים hinter einander:

יִשְׁגּוּ וְנֶעְלַם דָּבָר III 4,14 פִּיהוּ וְהֹרֵיתִי אֶתְכֶם II 4,15 הָאָרֶץ וְאָדָם אַיִן I M. 2,5

Beispiele von drei mittelbar sich folgenden זקפים sind nicht
selten, wie: Josua 8,6 מִן־הָעִיר כִּי יֹאמְרוּ נָסִים לְפָנֵינוּ

––––––––––

Nach זקף קטן können alle anderen trennenden Accente folgen
außer תְּבִיר; — und פָּזֵר. טפחא זַרְקָא folgt: I M. 1,2 וָבֹהוּ וְחֹשֶׁךְ;
— ; פַּשְׁטָא I M. 9,23 שְׁנֵיהֶם וַיֵּלְכוּ; לְמִינֵהוּ וְעֵץ עֹשֶׂה־פְּרִי I M. 1,12
,הַמַּהְפֵּכָה כִּשְׁמֹר תְּבִיר תָּרַח I M. 3,24 זָקֵף גָּדוֹל: — ; יְתִיב I M. 11,27
תְּלִישָׁא גְדוֹלָה: I M. 7,7 וַיָּבֹא נֹחַ וּבָנָיו;[38] — רְבִיעַ: I M. 21,21
זֶרַע עֵץ פְּרִי I M. 1,11 גֵּרְשַׁיִם; — גֵּרֵשׁ וַהֲ הוּא וַיֹּאמֶר אֲבִימֶלֶךְ

––––––––––

[38] Ebenso I M. 8,21 כָּבֵד מְאֹד לְפָנָיו und II 10,14 בַּעֲבוּר הָאָדָם כִּי.
Demnach ist die תלישא angeführte Regel, wonach משפטי הטעמים לר׳ ב׳
גדולה nur dann folgen kann, wenn dem זקף קטן ein (פשטא) יתיב vorangeht,
nicht zutreffend.

I M. 26,7 אֶשְׁתִּי פֶן־יְהָרְגֻנִי — אֲחֻנְהָא׃ IV 28,26 לֹה׳ בְּשַׁבְעָתֵיכֶם׃ —

סָלִיק׃ I Chr. 2,53 הַצָרְעָתִי וְהָאֶשְׁתָּאוּלִי׃

Vorangehen können dem ז"ק nur פשטא, יתיב (ſ. v.) und זקף

גדול; z. B. I M. 42,2 (וַיֹּאמֶר הִנֵּה שָׁמַעְתִּי).

§ 45. b., קַדְמָא־זָקֵף קָטָן׃

Eigenartig aber iſt das bezügliche Accentuationsgeſetz, wenn
weder ein מתג, noch ein משרת, noch ein פשטא oder יתיב dem זקף
קטן vorangehen können. In dieſem Falle erhält das Wort je
nach ſeiner Bildungsform entweder ein קדמא־זקף קטן (׳)[39], z. B.
וַיִּקָּחֵם (I M. 32,23) oder ein זקף גדול (֕) z. B. לְהַבְדִּיל (daſ. 1,14).

Was zunächſt קדמא־זקף קטן betrifft, ſo ſteht als unbeſtrittener
Grundſatz feſt:

Dies קדמא iſt kein משרת, noch weniger ein טעם מפסיק,
ſondern es dient nur, an der Stelle einer געיא, der geſchloſſenen
Silbe zum Zeichen ihrer Tonhebung (לתיקון הנגינה).[40]

Um ein קדמא־זקף קטן zu erhalten, muß ein Wort eine
zweifache Bildungsform vereinigen. Dasſelbe muß

---

[39]) Olshauſen (§ 47c) geht wie ſchon erwähnt von einer irrthümlichen
Vorausſetzung aus, wenn er das vor זקף קטן ſtehende Zeichen für ein פשטא hält,
ſtatt für קדמא. Das iſt ſchon darum gänzlich ausgeſchloſſen, weil z w e i
trennende Accente überhaupt niemals auf verſchiedenen Silben desſelben
Wortes ruhen können; und wenn er das זקף קטן darin als „Haupt=
accent" bezeichnet, um etwa damit anzudeuten, daß dem von ihm als פשטא
betrachteten Zeichen nur der Werth eines verbindenden, abgeſchwächten Accentes
zukomme, ſo überſieht er, daß in einem Falle, wie der vorliegende, ein verbindender Accent nicht auf eine geſchloſſene Silbe geſetzt wird (§ 44
und § 69). — Selbſt der Name קדמא, unter welchem das Zeichen in den
neueren Lehrbüchern vorkommt, entſpricht ſeiner eigentlichen Beſtimmung nicht,
da es die Stelle einer געיא vertreten ſoll; und nur die alten Punktatoren
und Grammatiker bis zu Elias Levita incl. hinab, haben die Conſequenz
für ſich, indem ſie ihm, eben ſeiner Beſtimmung entſprechend, den Namen
מקל (Stab) oder מתיגה beilegten. (S. פ"א ſcher ב׳ משפטי הטעמים).

[40]) Ben Bileam bemerkt in den טעטי הטקרא ausdrücklich:

והמתיגה אשר תהיה עם הזקף קטן לא תחשב טשרת כגון וְתַבֵּחֶן (ויקרא ו׳ח׳)

אבל הוא סיטן לביטול הנגעיא, לפי שהמתיגה והנגעיא לא יתחברו יחד׃ (טהטי"ד א׳)

1.) bis zur accentuirten Silbe vier Silben enthalten, (und auch hier wird שׁוֺא נע als Silbe gezählt); und

2.) die dritte Silbe vor dem Accente muß eine geschlossene sein.[41]

<hr>

[41] Da diese Regel weder im Pentateuch, (worin קוֹק 160mal vorkommt), noch im Buche Esther, (worin es 6mal angewandt ist), eine Ausnahme erleidet, so ist sie für das praktische Bedürfniß des קורא vollkommen ausreichend. Im Interesse der Wissenschaftlichkeit erscheint es jedoch nicht überflüssig, auch die wenigen in anderen Büchern von נ"ך vorkommenden Ausnahmen hier anzuführen und zu beleuchten.

Die erwähnte erste Bedingung der Regel, daß nämlich das Wort vier Silben haben muß, ist in folgenden Fällen nicht vorhanden.

1., Richt. 21,19 הֲפָֽכְכֶם (ר"מ הַֽפְכְכֶם) 2., I R. 13,7 לְמִסְעָׄדָֽא 3., Jesajah 29,16 הָֽפְכְכֶם 4., Jer. 22,28 אֶתְכָּה־לֹּו 5., Ez. 28,14 אֶֽת־כְּרוּב 6., Hosea 8,21 הַר־שִׁבְעָה 7., Nahum 1,10 אֲבֻלֹּו 8., Daniel 2,41 פַּֽרְזְלָא 9., Daniel 3,19 אַרְתַּחְשַׁשְׁתְּא 10., Esra 7,12 אַרְתַּחְשַׁשְׁתְּא

Sämmtliche zehn Beispiele haben bis zum זקף nur drei Silben, und zwar ist bei ihnen allen die erste eine geschlossene. Der Regel entsprechend müßten daher diese Wörter ein זקף גדול haben (s. u. § 46) und steht in einigen correcten Bibelausgaben wirklich מִבְּעָׄדָֽא (I R. 1,37) mit זקף גדול. Ein Grund für die erwähnten Abweichungen ist nicht bekannt. Vielleicht beruhen sie auf Schreibfehlern, indem begreiflicher Weise den Handschriften der נביאים und כתובים, weil deren Vortrag in den Synagogen nicht üblich ist, auch keine so aufmerksame Sorgfalt zugewendet wurde, wie dem Pentateuch. Für diese Annahmen spricht auch, daß in keiner der הפטרות und חמש מגלות solche Ausnahmen vorkommen. Aber immerhin bleibt die Möglichkeit bestehen, daß dieselben auf Grund irgend einer Regel beruhen, deren Kenntniß uns eben nicht erhalten geblieben ist.

Was die zweite Bedingung betrifft, daß nämlich die dritte Silbe vor dem Accente eine geschlossene sein muß, so gibt es nur eine Ausnahme nämlich (I R. 18,42) וְאֶלִיָּ֫הוּ. Dieses Wort besitzt zwar das erste Erforderniß für קרטא זקף קטן, da es vier Silben hat, aber die zweite ist eine offene und hat demgemäß, als die dritte vor dem Accent, an allen anderen Stellen in תנ"ך ein מתג, beziehungsweise einen משרת, wie (R. 17,18) אֶל־אֵלִיָּ֫הוּ und (II R. 2,1) אֶת־אֵלִיָּ֫הוּ. Das קדמא ו"ק ist daher um so unerklärlicher, als unter gleichen Verhältnissen kein weiteres Beispiel sich findet und der Fall, wie wir gleich sehen werden, auch noch gegen eine andere Regel verstößt. Es erscheint daher nicht ungerechtfertigt, wenn wir auch hier einen Schreib-

fehler voraussetzen, vielleicht herbeigeführt durch Ungenauigkeit oder Undeut=
lichkeit des betreffenden Schriftzeichens in der Original=Handschrift, in welcher
es ursprünglich: וְאֵלִיָּהוּ statt וְאֵלִיָּהוּ geheißen haben mag. Die Gründe,
welche uns für diese Annahme bestimmen können, sind folgende:

1.) Nach dem betreffenden Worte folgt unmittelbar ein קדמא,
(וְאֵלִיָּהוּ עָלָה אֶל־רֹאשׁ הַכַּרְמֶל) eine Accentenverbindung, die sonst nicht
vorkommt, da sich קדמא ו"ק sofort nach פסוק סוף oder אתנחתא hinneigt
(S. weiter u. Schluß des §); dagegen pflegt oft nach קדמא ואזלא ein weiteres
קדמא gesetzt zu werden, z. B. I. M. 24,53 וַיּוֹצֵא הָעֶבֶד כְּלֵי־כֶסֶף II 6,25
אֹהֶל מוֹעֵד תֵּשְׁבוּ III M. 8,35 וְאֶלְעָזָר בֶּן־אַהֲרֹן לָקַח־לוֹ IV M. 13,31
עֲלֵיהֶם וְעַל־זַרְעָם וְעַל V M. 1,8 Ez. 9,27 וְהָאֲנָשִׁים אֲשֶׁר
Ebenso: I M. 35,11, V M. 1,44 u. 17,18 Ez. 47,8. Zeph. 3,5. Amos 2,9
I Chr. 6,34. u. a.

2.) Auch II K. 2,9 hat וְאֵלִיָּהוּ ein קדמא ואזלא. Die Wortfolge ist
eine ähnliche, und es ist schwer einzusehen, warum in dem Satze וְאֵלִיָּהוּ עָלָה
Subjekt und Prädikat mehr von einander zu halten sein sollten als in וְאֵלִיָּהוּ אָמַר?
Die Accentenverbindung wäre daher eine geläufigere und regelmäßigere, wenn
die Version וְאֵלִיָּהוּ עָלָה die richtige ist. Nicht unerwähnt möge bleiben, daß in
einer ältern Halleschen Bibelausgabe bei unserer Stelle die Glosse: „per
Geresch loco sakeph K." hinzugefügt ist.

Eine Ausnahme anderer Art ist Daniel 5,6 bei dem Wort וְאַרְכֻבָּתֵהּ
zu verzeichnen. Dasselbe entspricht zwar beiden Anforderungen, da es vier
Silben hat, und die zweite (אַר) eine geschlossene ist. Da aber die dritte
Silbe vor dem Accent eine einfache ist, so müßte unter derselben ein
מונח stehen, (also וְאַרְכֻבָּתֵהּ), während in allen mir zugänglichen Bibelausgaben
וְאַרְכֻבָּתֵהּ steht. Diese Schwierigkeit wäre einfach gelöst, wenn wie ש"ט
annimmt, daß ב ein דגש חזק hat, da dann וְאַרְכֻבָּתֵהּ die beiden Erfordernisse
besitzt, ein קדמא וזקף־קטן anzunehmen, ähnlich wie וְלַמִּלּוּאִים (III 7,37)
וְכָל־הַנֹּגֵעַ (das. 15,22).

Endlich finden wir noch eine Doppelausnahme (Haggai 1,14) וְאֵת־רוּחַ
Diesem Worte fehlen beide Bedingungen; es ist nicht vierfilbig, und die ge=
schlossene Silbe ist auch nicht die dritte vor dem Accent; nach seiner Bildungs=
form müßte es daher ein ז"ג haben, wie יְבַקְשׁוּ (I Sam. 16,16) מְכַסֵּהוּ
(IV M. 4,25) וְאַבְרָם (I M. 16,16) oder nur ו"ק (וְאֵת־רוּחַ), wie es ט"ג hat.

Mehrere durch ein מקף verbundene Wörter werden als ein Wort betrachtet. (S. Note 37).

In folgenden Beispielen werden die vier Silben durch Vocale gebildet:

I M. 24,53 וּמֶן־הָאַיִל ‖ II M. 30,32 וּבְמַחְתְּכָנֹתוֹ ‖ III M. 9,19 וּמִגְדָּנֹת IV M. 4,28 וְאֶל־הַיְהוּדִים ‖ V. M. 29,28 הַנִּסְתָּרֹות ‖ Esther 8,9 וּמֵשְׁמֵרֹתָם

Die jedesmalige dritte Silbe vor dem Accent (כַּוֹ־, ־תַח, ־גִּמְ, כַמְ־, נִסְ־, ־הַיְ) ist eine geschlossene.

Folgende Wörter haben d r e i Vocale und e i n stellvertreten= des שוא נע:

I M. 17,17 וְהִתְוַדָּה ‖ II M. 25.40 וְאִם־שָׂרָה ‖ III M. 5,5 בְּתָכְנִיתָם IV M. 1,11 וּמָרְדְּכַי ‖ V M. 23,10 וְנִשְׁמַרְתָּ ‖ Esther 3,2 לְבִנְיָמֵן

Die der Regel gemäß geschlossenen Silben in diesen Beispielen sind יָמָר־ ,נִשְׁ־ ,בֶּן־ ,הִתְ־ ,תַבְ־ ,אִם־.

Zwei Vocale und zwei (stellvertretende) שְׁוָאִים haben

I M. 12,7 וְאִם־בְּזֹאת ‖ II M. 13,6 וְאִשְׁתְּךָ ‖ III M. 36,27 לְזַרְעֶךָ IV M. 10,15 וְאֶת־יְקָר ‖ V M. 10,16 וְעַל־צְבָא ‖ Esther 1,4 וְעָרְפֵכֶם

mit den geschlossenen Silben: אֶת־ ,עָר־ ,עַל־ ,אִם־ ,אִשְׁ־ ,זַר־.

In folgenden Beispielen sind die geschlossenen Silben durch ein דגש חזק gebildet:

I M. 17,25 וַלְכֹּסוֹ ‖ II M 11,1 בְּהַמַּלֹּוֹ ‖ III M. 13,54 בִּשְׁלַּחֹו IV M. 4,5 וּבַכֹּנָה ‖ V M. 26,4 וְהִנַּיחוֹ ‖ Esther 9,10 וְכֹסוּרָבָה

Diese Wörter werden bekanntlich wegen des דגש חזק כְּשַׁל לְהוֹ ,בְּהַמַ מֹלֹו u. s. f. gelesen.

Bei einer kleinen Anzahl von Wörtern weicht die Ansicht der Punktatoren von einander ab. Einige bezeichnen dieselben ein= fach mit ז"ק (§ 43, ab. 1) und setzen unter die betreffende Vor= silbe eine גַּעְיָא; Andere setzen קדמא זקף קטן darüber, wie es die Bildungsform eigentlich erfordert. Daher erklärt es sich, daß in

Doch ist die Zeichensetzung eben vielfach schwankend, und es läßt sich auch hier anwenden, was מסורת סיג לתורה רבי מאיר הלוי in seinem Werke lehrt: וגם הטסרות לא נצלו ממקרה המחלוקות כי גם המה נמצאו ביניהם מחלוקות בכמה מקומות כו' עכ"ל.

einigen Ausgaben folgende Wörter: וְאִם־שָׂרָה‎ (I M, 17,17
(II M. 16,17), אֶת־כַּסְפְּךָ‎ (III M. 25,37) וַתִּתֶּן־לָנוּ‎ (IV M. 16,14),
וְאַשְׁלִיכֶם‎ (V M. 9,17), וַיִּתְּמוּ‎ (baf. 34,8), וְלִבְהֶמְתְּךָ‎ (III M. 25,7,
פֶּן־יִפְגָּעֵנוּ‎ (II M. 5,3) ohne קדמא‎ stehen, während fie in anderen:
פֶּן־יִפְגָּעֵנִי־וְלִבְהֶמְתְּךָ־וַיִּתְּמוּ־וְאַשְׁלִיכֶם־וַתִּתֶּן־לָנוּ־אֶת־כַּסְפְּךָ־וַיִּלְקְטוּ־וְאִם־שָׂרָה‎
accentuirt find.[42]) Nie kommt es aber vor, daß ein und dasselbe
Wort קדמא‎ (oder טקל‎ f. Note 39) und נֵעָיא‎ gleichzeitig erhält.

Die Verschiedenheit dieser Versionen hat weder für die Lese=
lehre und noch weniger in Bezug auf den Sinn irgend eine weitere
Bedeutung, sondern fie haben nur den Zweck, auf größere Genauig=
keit in der Aussprache den Vortragenden hinzuleiten.

Auch in Bezug auf die Stelle, wohin das קדמא‎ zu fetzen
ist, ob auf die erste oder die zweite Silbe des Wortes, herrscht
nicht immer gleiche Meinung. So ist es zweifelhaft, ob
הַנִּסְתָּרֹות‎ oder הַנִּסְתָּרֹות‎ richtiger ist. Um eine folche Ungewißheit
anzudeuten, fetzt der Punktator יהב״י‎ an einigen Stellen das קדמא‎
zweimal z. B.

עֵין הַקּוֹרֵא‎ S. (V M. 12,1) כָּל־הַיָּמִים‎ (III M. 11.14) וְאֶת־הַדַּאָה‎ zur St.

~~~~~~~~

Da קדמא־זקף קטן‎ nur nach אס״פ‎ oder den וקפים‎ steht, und,
wie oben bereits bemerkt, niemals einen משרת‎ hat, fo haben,
wenn das betreffende Wort mit בג״ד כפ״ת‎ beginnt, diefe Buchstaben
immer ein דגש‎; z. B.

בָּאָרֶץ‎ (IV M. 18,16) בְּעֶרְכְּךָ‎ (II 26,30) כְּמִשְׁפָּטוֹ‎ (I M. 35,1), בְּבָרַחֲךָ‎
(V M. 15,7).

קו״ק‎ neigt sich immer dem Schluß eines Verfes oder Halb=
verfes zu; den Übergang bilden gewöhnlich טפחא‎ תביר‎ oder זקף‎

---

[42]) Als Vertreter diefer verschiedenen Lesearten find namentlich ב״א‎
und ב״נ‎ hervorzuheben. Auch י‎יהב‎, א״ת‎ und ט״ש‎ stimmen oft nicht überein.
Vgl. משפטי הטעמים‎ S. 14b. und עין הקורא‎ zu III M. 25,7.

(וּמִן־הָאַ֫יִל הָאֵ֫לֶּה וְהַתְּמַבַּ֫חְה 9,19 .III M. wie), פשטא selten folgt ihm, גדול

oder ein וקף קטן (wie וְהַלְוִיִּ֖ם לֹא הָתְפָּקְד֑וּ IV M. 2,33).

Nie steht קדמא־וקף קטן zweimal hinter einander, wie es bei
וקף גדול oft der Fall ist.

§ 46. c., זָקֵף גָּד֑וֹל

Der Name: „großer Aufrechtstehender" kommt diesem Accent zu sowohl wegen seiner Form, weil den beiden aufwärts-
stehenden Punkten noch ein senkrechter Strich angefügt ist — als
auch deswegen, weil er eine größere Selbständigkeit vor וקף
קטן und namentlich vor seinem Rivalen קדמא־וקף קטן voraus hat.

Diesen Vorzug der Selbständigkeit bewährt er

1.) vor וקף קטן dadurch, daß er ebenso, wie קדמא־וקף קטן,
immer ohne משרת steht, während dem וקף קטן gewöhnlich ein
מונח oder ein פשטא vorangeht.

2.) anderseits vor dem קדמא־וקף קטן dadurch, daß ז"ג zu den
מתרדפים gehört, d. h. mehrmals wiederholt werden kann; z. B.
וְהָיֽוּ לַעֲבֹ֖ד I M. 26,24 וַיֹּ֥אמֶר אַנֹכִ֖י II M. 16,6 עֶ֫רֶב וִירַדְעְתֶּ֖ם IV M. 7,5

Ein Beispiel von dreimaliger Aufeinanderfolge findet sich:
II Chr. 34, 33 כָּל־יָמָ֔יו לֹא־סָ֖רוּ מֵאַחֲרֵ֖י ; bei קדמא וקף קטן findet
keine Aufeinanderfolge statt.

3.) daß וקף גדול zwar ebenso, wie קו"ק, gewöhnlich סוף פסוק
oder אתנחתא zustrebt, aber nicht selten auch solchen Accenten vorangeht, welche zur vollen fortschreitenden Bewegung im Verse hin-
leiten können, nämlich dem פשטא (II M. 35,28) לְמָא֔וֹר וּלְשֶׁ֣מֶן הַמִּשְׁחָ֖ה;
vor dem יתיב (I M.3,11) וַיֹּ֕אמֶר מִ֚י הִגִּ֣יד לְךָ֔; dem רְבִ֖יע (das. 32,20)
וְיצַּ֥ו אֶת, (II M. 34,32) תלישא קטנה der ; וַאֲמַרְהֶּ֥ם גַּ֖ם, was bei
קו"ק ebensowenig vorkommt.

Uebrigens kann auch וקף גדול und וקף קטן nur nach אס"פ folgen.

⁓⁓⁓⁓⁓⁓⁓

Wie wir bereits oben § 45 gesehen, ist die Lehre von וקף
גדול mit der von קו"ק eng verbunden, sodaß das Silbenverhältniß
allein entscheidet, welcher von diesen beiden Accenten statt eines
וקף קטן gesetzt werden muß.

Demgemäß kommt קדמא ו"ג, wenn die Bedingungen für ד"ק fehlen, (ſ. daſ.) zur Verwendung, wenn nämlich das betreffen= de Wort weniger als vier Silben enthält und die dritte vor dem Accente keine geſchloſſene iſt.

Zur Verdeutlichung dieſer Regel wird die Vergleichung folgen= der Beiſpiele genügen:

I M. 16,16 וְאַבְנֵי־שֵׁ֥שׁ 35,9 אַבְנֵי־שֹׁ֖הַם II 25,7 וְאַבְרָהָ֖ם 17,24 וְאַבְרָ֖ם III M. 13,18 וְהַבָּקָ֖ר 31,38 וּבָקָ֖ר 7,19 וְהַבָּשָׂ֖ר IV 31,33 V M. 16,7 אֶל־הַמָּק֖וֹם 17,8 לַיְּהוּדִ֖ים 8,9 ([43] וְאֶל־הַיְּהוּדִ֖ים 8,16 E.

Bei den mit קדמא זקף קטן accentuirten Wörtern ſind alſo die beiden geforderten Merkmale vorhanden; die übrigen, denen ſie fehlen, haben daher זקף גדול.[44]

Eine weitere Conſequenz dieſes Geſetzes iſt, daß זקף גדול ſowohl auf dreiſilbigen. (תֵּרִ֥ימוּ, IV M. 18,29; וְהִשְׁלִ֥יךְ, daſ. 19,6) wie auf zweiſilbigen (בְּצֵ֥את IV M. 29,17 אֶ֥רֶץ daſ. 14,8;) und einſilbigen Wörtern ruhen kann, (אַ֥ךְ IV M. 31,23; א֥וֹי daſ. 24,23 א֥וֹ III M. 5,3) gleichviel ob die Wörter מלעיל oder מלרע, ob die Silben einfach oder geſchloſſen ſind.

---

[43] Vergl. ferner IV M. 1. die Verſe 5 ff לִרְאוּבֵ֥ן, לְשִׁמְע֥וֹן, לִֽיהוּדָ֖ה mit Vers 8 ff לְפַלּ֥וּא, לְחֶצְרֹ֖ן; ferner daſ. 26,5 ff לְבַרְכְּיָ֖הוּ, לְנַפְתָּלִ֖י, לְיִשָּׂשכָ֖ר; mit Vers 17 ff לְאַרְאֵלִ֖י לְיַחְלְאֵ֖ל וְאַשְׂרִיאֵ֖ל u. vgl. m.

[44] Auch dieſe Regel hat weder im Pentateuch und im Buche Eſther, noch in andern zur Vorleſung in der Synagoge gebräuchlichen Bibelſtellen eine Ausnahme. Nur wenige Abweichungen davon finden ſich: Joſua 22,19 מֵֽעֲלַ֖י; daſ. V. 21 וַֽיְדַבְּ֖רוּ Koh. 9,2 וְלַזּוֹבֵ֖חַ; wo man, der Regel entſprechend, ſtatt (") ein (') erwartet hätte. Vielleicht verhält es ſich mit dieſen drei Ausnahmen ähnlich, wie mit dem Worte אֶל־הַמִּדְבָּ֖ר (II M. 18,5), welches in einigen Ausgaben אֶל־הַמַּדְבָּ֖ר, in andern (nach ת"ם) ſogar אֶל־הַמַּדְבָּ֖ר accentuirt iſt, während es nach יהב"י regelrecht אֶל־הַמִּדְבָּ֖ר heißen muß. Für die Correctheit dieſer letzteren Leſeart tritt Heidenheim im עין הקורא zur Stelle ein.

Hinsichtlich ihrer trennenden Kraft sind קדמא־זקף קטן, זקף קטן und זקף גדול sich völlig gleich. — Während auf זקף קטן direkt סוף פסוק oder אתנחתא folgen kann (s. § 44 Ende), ist dies bei זקף גדול und קדמא־זקף קטן nicht der Fall.

§ 47. 5., טִפְּחָא

wird von den alten Punktatoren auch unter dem Namen טַרְחָא und דְּחִי aufgeführt. — טִפְּחָא scheint mit טֶפַח verwandt zu sein, worunter man die Breite der vier Finger versteht. Der תרגום אונקלוס übersetzt טֶפַח (II M. 25,25) mit פְּשָׂכָּא, womit nach dem עָרוּךְ die Querbreite der vier Finger ausgedrückt wird. Das von derselben Wurzel abgeleitete Verbum טפח heißt im פִּעֵל „mit den Fingern streicheln" (Klagelieder 2,22). Auch in der Mischnah findet sich das Wort in diesem Sinne להיות יושב וטטפח פי׳ הר״ב יאסף את השמן בטופח שלו כלי׳ מקנח באצבעותיו (תרומות פרק י״א משנה ו׳).

Demnach bezeichnet טִפְּחָא sovielals „zurückstreichender Finger" und dürfte darauf hinweisen, daß das fingerförmige Zeichen (֖) den Anschluß des Wortes, unter welchem es steht, an das vorangehende andeutet; es soll den Fluß der dem Ende sich zuneigenden Rede hemmen, gleichsam zurückstreichen und von dem nachfolgenden trennen.[45]

---

[45] Der Beinamen דְּחִי, von der Wurzel דחה fortstoßen, drückt zwar das entgegengesetzte aus, bezeichnet aber dasselbe, indem es auf ähnliche Weise angiebt, daß durch (֖) die Schlußworte eines Halbverses vorgeschoben und dadurch von dem vorhergehenden geschieden sind.

Die weitere Benennung טַרְחָא, von טרח aufhalten, säumen, warten, womit im biblischen und talmudischen Sprachgebrauch auch die Bedeutung der Mühe verbunden ist, will dasselbe andeuten, was die beiden anderen Namen besagen. Raschi umschreibt: מאן נחרח (Baba Kamma 80b) mit מי יתאחר; der עָרוּךְ hat aber die Lesart: מאן נטרח, mit Vertauschung der Zungenbuchstaben ט und ח; danach wäre טרחא, (der Wartende), als der eine Pause bezweckende Accent aufzufassen.

In den משפטי הטעמים macht Heidenheim darauf aufmerksam, daß einer der frühesten בעלי הטעמים den Namen טַרְחָא bei dem Worte

טִפְּחָא kann seine Stellung schon zu Anfang eines jeden Halbverses haben, sowohl mit, als auch ohne משרת, wie (V M. 32,29)

לוּ חָכְמוּ יַשְׂכִּילוּ זֹאת יָבִינוּ לְאַחֲרִיתָם׃

Sonst in allen anderen Fällen hat es die Bestimmung, den Uebergang von סוף פסוק ober תביר זקף und תביר zu אתנחתא zu vermitteln, wie sich dies in demselben Kapitel B. 35 zeigt:

לִי נָקָם וְשִׁלֵּם לְעֵת תָּמוּט רַגְלָם כִּי קָרוֹב יוֹם אֵידָם וְחָשׁ עֲתִדֹת לָמוֹ׃

Ferner daf. 10,16: וּמַלְתֶּם אֵת עָרְלַת לְבַבְכֶם וְעָרְפְּכֶם לֹא תַקְשׁוּ עוֹד

In jedem der Halbverse bildet טפחא den Uebergang von ז"ג ober ר"ק zu אס"פ; in Kapitel 20,9 hingegen

וְהָיָה כְּכַלֹּת הַשֹּׁטְרִים לְדַבֵּר אֶל־הָעָם וּפָקְדוּ שָׂרֵי צְבָאוֹת בְּרֹאשׁ הָעָם׃

ist durch טפחא das תָּבִיר mit סוף פסוק ober אתנחתא verbunden.

§ 48. **Werthverhältniß der** טפחא**, 1., *als trennender Accent.***

Im Rang mit den זקפים zwar gleichstehend, ist טפחא ihnen gleichwohl im Werthe nachgeordnet und bildet gewissermaßen den Uebergang zum folgenden Kapitel der משנים (Fürsten).

Ihren normalen Werth als stark trennender Accent behauptet טפחא überall, wo dies dem Wortsinn entspricht, und die Wortfolge es gestattet, mithin in allen Fällen,

1.) wenn ein verbindender Accent (טרכא) vorangeht; z. B.

I M. 19,3 בְּנֵי בְכֹרֵי יִשְׂרָאֵל   II M. 4,22 וּמַצּוֹת אָפָה וַיֹּאכֵלוּ

2.) wenn ein verbindender Accent (מונח ober מֵרְכָא) folgt; z. B.

III M. 19,32 וְאֶת־הַקָּדוֹשׁ וְהִקְרִיב אֵלָיו   IV M. 16.5 וְהָדַרְתָּ פְּנֵי זָקֵן [46]

בְּרֵאשִׁית (I M. 1,1) anwendet, den Namen דְּחִי aber bei הַשָּׁמַיִם (daf.) und schließt daraus auf zwei Möglichkeiten: entweder heißt der Accent dann טרחא, wenn kein משרת vorangeht, (wie bei בְּרֵאשִׁית,) und דְּחִי nach vorangehendem משרת, (wie bei אֶת הַשָּׁמַיִם); — ober: der Accent wird nur dann דחי genannt, wenn das Wort מלעיל ist. Mir scheint jedoch, daß jener Gelehrte den Namen טרחא vor אתנח, und דחי vor ס"פ anwendet (wie ja auch der משרת vor אתנחתא ein anderer ist, wie vor ס"פ), während טפחא der zumeist gebräuchliche Name sein kann, der beiden gemeinsam zukommt.

[46]) Weitere Beispiele enthalten § 41. 6. c.

Die trennende Kraft ist auch, und um so mehr, erkennbar in Sätzen von etwas größerer Länge, wenn das Wort, unter welchem טפחא steht, sich dem vorangehenden anschließt, wie wir in folgenden Stellen sehen:

I M. 22,1 וַיֹּאמֶר אֵלָיו אַבְרָהָם וַיֹּאמֶר הִנֵּנִי, wo der Vocativ (אברהם) mit dem vorhergehenden Anführungssatz in Verbindung steht.

II M. 14,20 so וְלֹא־קָרַב זֶה אֶל־זֶה כָּל־הַלָּיְלָה, sich einander anschließen;

III M. 5,9 so וְהַנִּשְׁאָר בַּדָּם יִמָּצֵה אֶל־יְסוֹד הַמִּזְבֵּחַ, sich auf וְהַנִּשְׁאָר bezieht;

IV M. 28,19 so פָּרִים בְּנֵי־בָקָר שְׁנַיִם וְאַיִל אֶחָד, שְׁנַיִם zu פָּרִים gehört;

V M. 8,6 so אֶל־הַמָּקוֹם, וּבָא בְּכָל־אַוַּת נַפְשׁוֹ אֶל־הַמָּקוֹם אֲשֶׁר־יִבְחַר ה', und Est. 1,13 so לַחֲכָמִים, וַיֹּאמֶר הַמֶּלֶךְ לַחֲכָמִים יֹדְעֵי הָעִתִּים auf das vorangehende Prädikat hinweist.

In allen diesen und ähnlichen Fällen behält טפחא ihre normale Trennkraft.

Dagegen erleidet dieser Accent, analog einigen anderen טעמים מפסיקים (s. § 29 ff.) oft eine Werthverringerung, unter Voraussetzungen, wovon die nächstfolgenden §§ handeln.

§ 49. 2., טִפְּחָא **als verbindender Accent**.

Wie wir nämlich bereits § 29 ff. gesehen haben, erfordert oft die Fixirung des Wortsinnes, oft auch die Wortstellung und selbst der Wohllaut bei einigen Accenten eine Verminderung ihres Werthes. Da, wo der Sinn eine solche Abschwächung verlangt, verbleibt dem Accente immerhin eine gewisse trennende Kraft, nur wenn טִפְּחָא unmittelbar vor אתנחתא oder סוף פסוק steht, kann sie diese trennende Kraft auch gänzlich verlieren und schlechthin wie ein משרת verwendet werden, wobei sie aber die Eigenthümlichkeit eines trennenden Accents darin bewahrt, daß die Buchstaben בגדכפ״ת nach offener Silbe ein דגש erhalten.[47] Dies ist immer der Fall, wenn der als Uebergang zu אתנחתא oder סוף פסוק nothwendige משרת fehlt und durch die nie ausfallende טפחא ersetzt werden muß, dies kann in allen § 27 erwähnten Fällen

---

[47] Ein Gleiches bewirkt die Silbenbildung häufig bei קדמא.

vorkommen, in welchen zwei Wörter durch die Accente zu verbinden sind; namentlich:

a.) wenn dieselben im status constructus stehen:

I M. 9,12 בִּמְקוֹם הָעֹלָה II 14,23 אֶל־תּוֹךְ הַיָּם III 4,29 לְדֹרֹת עוֹלָם

b.) wenn das zweite Wort das erste näher bestimmt.

I M. 24,9 וּבַיּוֹם הַשְּׁמִינִי II 6,9 וּמֵעֲבֹדָה קָשָׁה III 12,3 עַל־הַדָּבָר הַזֶּה

c. wenn beide Worte einander beigeordnet sind.

I M. 24,35 וְשׁוֹר וָשֶׂה II 22,28 לַחֲכָמִים וְלַמְבַשְּׁפִים III 7,11 וּגְמַלִּים וַחֲמֹרִים

d.) wenn das erste Wort ein Verb und Prädikat des folgenden ist.

I M. 8,14 וְהִפְשִׁיט אֶת־הָעֹלָה II 1,6 וַיַּעַשׂ מֹשֶׁה III 40,16 יָבְשָׁה הָאָרֶץ

e.) wenn beide Worte im Appositionsverhältniß stehen.

In diesem Fall geht regelmäßig ein זקף voran, wie folgende Beispiele zeigen:

I M. 25,25 הִנֵּה II M. 4,23 (⁴⁸)וַיָּבֹאוּ בְּנַעַן אֶל־יַעֲקֹב אֲבִיהֶם

אָנֹכִי הֹרֵג אֶת־בִּנְךָ בְּכֹרֶךָ

---

⁴⁸) Unter den Fällen, in welchen טפחא verbindender Accent werden
kann, ist dieser letzterwähnte insofern der interessanteste, weil er der lehrreichste
ist, indem wir daraus lernen, wie fein und genau die בעלי הטעמים bei
der Zeichensetzung verfahren sind. Die Betrachtung des ersten Beispiels schon
führt uns darauf hin. — In demselben müßte יעקב אביהם als Apposition,
wie wir wissen, durch die Accente verbunden werden, und in der That steht
an anderen analogen Stellen unter יעקב ein משרת; (vgl. I M 42,29.
אֶת־יַעֲקֹב אֲבִיהֶם; 45,27. אֶל־יַעֲקֹב אֲבִיהֶם; 46,5 רוּחַ יַעֲקֹב אֲבִיהֶם;
49,2 וְשִׁמְעוּ אֶל־יִשְׂרָאֵל אֲבִיכֶם). Da aber an obiger Stelle die Apposition sofort auf זקף קטן folgt, muß טפחא den Uebergang zu ס"פ vermitteln, na-
türlich ohne den grammatisch logischen Zusammenhang beider Wörter aufzu-
heben; טפחא hat hier demnach verbindende Kraft.

Nun hätten die Accentuatoren auch anders verfahren und die Verbindung der Appositionsglieder durch טפחא vermeiden können, etwa durch
folgende Zei··usetzung: וַיָּבֹאוּ אֶרֶץ כְּנַעַן אֶל־יַעֲקֹב אֲבִיהֶם. Allein es ist
unzweifelhaft, und läßt sich durch Vergleichung mit anderen ähnlichen Stellen
nachweisen, daß der Hauptgedanke ויבאו אל־יעקב אביהם durch die
Accente erkennbar hervortreten sollte, weshalb auf ארץ כנען ein זקף קטן
gesetzt ist, um diesem untergeordneten Satztheil den Charakter einer
Parenthese zu geben. Eine Bestätigung für diese Auffassung gewährt das
analoge Beispiel (42,29), וַיָּבֹאוּ אֶל־יַעֲקֹב אֲבִיהֶם אַרְצָה כְּנַעַן wo die Apposition in ihrer Integrität verbleibt, weil die Wortfolge gestattet, den Haupt-

II M. 14,31   בְּיַד אִיתָמָר בֶּן־אַהֲרֹן הַכֹּהֵן IV 4,28 וַיַּאֲמִינוּ בַּה׳ וּבְמֹשֶׁה עַבְדּוֹ

V M. 15,7   לְאֶסְתֵּר הַמַּלְכָּה Est. 8,7 וְלֹא תִקְפֹּץ אֶת־יָדְךָ מֵאָחִיךָ הָאֶבְיוֹן

וּלְמָרְדֳּכַי הַיְּהוּדִי

In allen dieſen Beiſpielen ſind beide Wörter inhaltlich ver=
bunden. Indem טפחא den fehlenden משרת erſetzt, verliert ſie ihre
trennende Kraft gänzlich.[49])

Außer dieſen, § 27 angeführten Fällen wird מרכא auch
dann durch טפחא erſetzt, wenn

f.) der Wohlklang es erfordert.

Die Rückſicht auf den Wohllaut der Sprache verlangt nämlich
zuweilen eine Verſchiebung der Accente, wobei טפחא an die Stelle
des folgenden משרת tritt und ſomit ihre Trennkraft verliert;
die Stelle der טפחא nimmt dann ein anderer trennender Accent ein.
Dies geſchieht in ſolchen Fällen, in welchen das darauf folgende
אתנח oder סוף פסוק ni cht auf der erſten Silbe des Wortes ruht. —
Ein Beiſpiel möge dies veranſchaulichen.

Im II M. K. 21. V. 24 u. 25 heißt es: שֵׁן תַּחַת שֵׁן רֶגֶל
תַּחַת רָגֶל: פֶּצַע תַּחַת פָּצַע. Hier ſtehen אתנחתא und סוף פסוק auf
der erſten Silbe, die Worte folgen einander in einem bequemen
metriſchen Verhältniß; daher verliert durch Beibehaltung der re=

gedanken durch die Accente zu verbinden. (Weitere Beiſpiele im Kap. über
Erklärung ſchwierigerer Zeichenſetzung).

Durch die eingehende Prüfung ſolcher ſcheinbar abnormen Zeichenſetzung
gelangen wir zu der Einſicht, daß dieſelbe keineswegs von zufälligem Be=
lieben oder flüchtiger Willkür abhängt, daß ſie vielmehr tief durchdacht und
von den triftigſten Gründen getragen iſt. Eine lohnende Aufgabe bleibt es
für uns, dieſe Gründe überall zu erforſchen; aber auch da, wo ſie uns nicht
klar ſind, ſollen wir bei unſerm Th'nachſtudium uns der ſichern Führung
jener großen Männer überlaſſen, welche es gründlich verſtanden, die Textes=
worte nach dem ihnen inwohnenden Sinne zu trennen und zu verbinden
(פיסוק הטעמים), und welche der darauf beruhenden ſchriftlichen Feſtſtellung
der Accentuationsgeſetze einen großen Theil ihres Lebens und Wirkens weihten.

[49]) Doch nicht immer, wo eine ſolche Accentenverbindung vorkommt,
dient טפחא als משרת; ſie behält vielmehr ihre trennende Kraft, wo es
dem Sinne entſpricht; z. B.

I M. 18,21   בְּנִקְבוֹ־שֵׁם יוּמָת III 24,16 הִתְפָּרְקוּ וַיִּתְּנוּ־לִי II 32,24 וְאִם־לֹא אֵדָעָה

IV M. 9,22   יֵכָּתֵב לְאַבְּדָם Esther 4,9 וְהִגַּדְתָּ לְךָ וְשָׁמַעְתָּ V 17,4 וּבְהַעֲלֹתְךָ יֵשֵׁעוּ

gelrechten Zeichensetzung der Vortrag derselben weder an Deutlich=
feit, noch an Geläufigkeit. In dem darauf folgenden חֲבוּרָה תַּחַת חֲבוּרָה
jedoch ruht ס"ם auf der dritten Silbe. Wäre nun auch dieser
Satz gleich dem anderen חֲבוּרָה תַּחַת חֲבוּרָה accentuirt, so könnte
durch die rasche Aufeinanderfolge der fünf Silben תַּחַת חֲבוּרָה die
Aussprache an Deutlichkeit einbüßen. Durch die von den בעלי
הטעמים gewählte Leseart: חֲבוּרָה תַּחַת חֲבוּרָה wird aber die Geläu=
figkeit des Vortrags gesichert und dem Hörer das Verständniß
erleichtert.[50]

Diese dem Wohlklang gemachte Concession kommt zwar oft
vor, ist jedoch keinesweges allgemeine Regel und, wo die מתקני
הטעמים davon abgewichen sind, haben sie ohne Zweifel ihre guten
Gründe gehabt.

§ 50. 3., טפחא **mit verminderter Trennkraft.**

Nicht minder häufig erleidet טפחא jedoch nur eine Abschwäch=
ung ihres Werthes, d. h. weder behält, noch verliert sie ihre

---

[50] Ein weiteres I M. 37,20 vorkommendes Beispiel möge noch als
Beleg dienen; וַיַּרְאֶה מַה־יִּהְיוּ חֲלֹמוֹתָיו. Das Zeitwort יִהְיוּ ist als Prädikat
mit dem darauf folgenden Subjekt חֲלֹמוֹתָיו durch die Accente eigentlich zu
verbinden, (§ 27 3.), und zwar um so mehr, als הָיָה ohnedies mit dem nach
folgenden Substantiv, — sei dasselbe Subjekt oder Objekt eng zusammenzu=
hängen pflegt und stets durch einen משרת verbunden wird, wie wir in fol=
genden Stellen sehen.

I M. 44,10 ··· יִהְיוּ תָּמִים   II 26,24 וְאַתֶּם תִּהְיוּ נְקִיִּם
III M. 26,33 יִהְיוּ רֵעִים   IV M. 14,33 וְעָרֵיכֶם יִהְיוּ חָרְבָּה
V M. 24,13 וּלְךָ תִּהְיֶה צְדָקָה   Esther 8,16 לַיְּהוּדִים הָיְתָה אוֹרָה

Demgemäß wäre es richtig gewesen: וַיַּרְאֶה מַה־יִּהְיוּ חֲלֹמוֹתָיו zu ac=
centuiren. Allein auch hier würde die rasche Aufeinanderfolge der drei ver=
bundenen Wörter (מַה־יִּהְיוּ חֲלֹמוֹתָיו) die Deutlichkeit der Aussprache er=
schwert haben, daher empfahl sich eine Scheidung derselben, und wurde ein
trennender Accent unter יִהְיוּ als angemessener erachtet. (Vgl. auch III M. 19,35

בְּמִדָּה בַּמִּשְׁקָל וּבַמְּשׂוּרָה: das. 22,19 בַּבֹּקֶר בַּכְּשָׂבִים וּבָעִזִּים I M. 13,2
וְאֶת־יְקָר תִּפְאֶרֶת גְּדוּלָתוֹ Esther 1,4 בַּמִּקְנֶה בַּכֶּסֶף וּבַזָּהָב u. a. m., wo
ähnliche Verhältnisse vorliegen).

trennende Kraft gänzlich. In § 30 schon sind die Principien angedeutet, welche die Accentuatoren durch Schwächung der tren=nenden Accente befolgt, und wie sehr sie hierdurch die Auffindung des richtigen Wortsinnes erleichtert haben. Die in Betracht zu ziehenden, theilweise § 31—33 bereits besprochenen Fälle dieser Art sind folgende:

a.) wenn der zweifache status constructus es erfordert (§ 31)

I M. 17,4 שְׁמוֹת בְּנֵי יִשְׂרָאֵל II M. 28,9 לְאָב הֲמוֹן גּוֹיִם
III M. 4,25 מִשְׁמֶרֶת מִשְׁכַּן הָעֵדוּת IV M. 1,53 עַל־קַרְנֹת מִזְבַּח הָעֹלָה
V M. 33,14 נֹכַח פֶּתַח הַבָּיִת (51 וּמִמֶּגֶד תְּבוּאֹת שָׁמֶשׁ Esther 5,1

b.) wenn dem status constructus eine Apposition folgt (§ 32)

I M. 28,8 עַל־פְּנֵי אַהֲרֹן אֲבִיהֶם IV M. 3,4 בְּעֵינֵי יִצְחָק אָבִיו

c.) wenn dem Genitiv, welcher von dem status constructus abhängt, ein Bestimmwort folgt.[52]) (§ 33)

I M. 10,21 לְקֹל הָאָח הָרִאשׁוֹן II M. 4,8 אֲחִי יֶפֶת הַגָּדוֹל

_____

[51]) Man beachte, wie dieselben Wörter, welche in den obigen Beispielen mit טפחא bezeichnet sind, an anderen Orten, wo sie ebenfalls im status constructus stehen, § 27 gemäß, einen verbindenden Accent erhalten; z. B. עַל־קַרְנֹת הַמִּזְבֵּחַ II 26,35 III M. 4,18 וּמִמֶּגֶד שָׁמַיִם V M. 33,13 נֹבַח הַשֻּׁלְחָן IV M. 4,33 מִשְׁמֶרֶת הַמִּקְדָּשׁ daf. 13,16 שְׁמוֹת הָאֲנָשִׁים. Die beiden Wörter אַב־הֲמוֹן sind I M. 17,5 sogar durch מקף verbunden. — Die Ver=gleichung dieser Stellen bestätigt also einerseits, daß in obigen Beispielen טפחא nur einen verminderten Werth besitzen kann; andererseits ersehen wir aus dem innigen Anschluß des stat. constr. an das darauf folgende Substantiv, daß טפחא unter dem ersten stat. constr. seine Trennkraft theilweise beibehält.

[52]) Dieser Fall trifft jedoch nur zu, wenn das Bestimmwort sich wirk=lich auch an das vorhergehende Substantiv anlehnt. (§ 33). Daher haben die בעלי הטעמים u. A. genau geschieden zwischen בְּסֵפֶר הַתּוֹרָה הַזֹּאת V M. 28,61) und בְּסֵפֶר הַתּוֹרָה הַזֶּה (daf. 29,20). Bei הַתּוֹרָה הַזֹּאת wo das weibliche Pronomen auf הַתּוֹרָה sich bezieht, haben sie טפחא unter סֵפֶר gesetzt, um הַזֹּאת zu verbinden, und die Uebersetzung lautet: „Das Buch dieser Lehre." סֵפֶר הַתּוֹרָה הַזֶּה hingegen heißt: „Dieses Buch der Lehre", denn das männliche Pronomen הַזֶּה bezieht sich auf סֵפֶר, weshalb das tren=

טפחא hat in der Regel nur einen משרת, nämlich מרכא
Nur an 14 Stellen gehen zwei voran, nämlich דרגא und מרכא
כפולה. (S. § 90.)[53]) Die im Pentateuch vorkommenden Fälle sind
fünf; nämlich:

I M. 27,25 לָמָה תָעֲשֶׂה בָּה לַעֲבָדֶיךָ   II M. 5,15 וַיָּבֵא לוֹ יַיִן וַיֵּשְׁתְּ
III M. 10,1 הֲלֹא טוֹב לָנוּ שׁוּב מִצְרָיְמָה   IV M. 4,5 אֲשֶׁר לֹא צִוָּה אֹתָם
IV M. 32,42 וַיִּקְרָא קָהּ נֹבַח בִּשְׁמוֹ

Die übrigen neun finden sich unter מרכא כפולה § 90 verzeichnet.

טפחא gehört zu denjenigen Accenten, welche mit dem ihnen
vorangehenden משרת unter einem Worte stehen können. Dies
trifft sich bei טפחא nur an folgenden acht Stellen:

Ezechiel 36,25 מִכֹּל טֻמְאוֹתֵיכֶם   Daf. 44,6 וּמִכָּל גִּלּוּלֵיכֶם   III M. 23,21 מֵעַל
Jef. L. 6,5 כִּי לְמִבְּרֵאשׁוֹנָה   I Chr. 15,13 קִשְׁבֻּחֹתֵיכֶם לְדֹרֹתֵיכֶם
Jeremias 8,18 מַבְלִיגִיתִי   II K. 15,16 כָּל־הֶהָרוֹתֶיהָ   שֶׁהֵם הִרְהִיבֻנִי
Daniel 5,17 וּנְבִזְבְּיָתָךְ

מָתֵג הַשָּׁלוֹם סִימָן

Auffallend ist, daß bei dem chaldäischen Wort Daniel 5,7
וּנְבִזְבְּיָתָךְ das מרכא unter einer geschlossenen Silbe steht, die sonst
kein מתג zu haben pflegt. Auch שֶׁהֵם hat wenig Analogien.[54])

———————

Die trennenden Accente, welche der טפחא vorangehen können,
sind תביר und זקף קטן. (S. § 47) Nur ein mal (Ezechiel 14,4)
steht sie nach רביע:

אֲנִי ה' נַעֲנֵיתִי לוֹ בָּהּ בְּרֹב גִּלּוּלָיו:

Zu den מתרדפים gehört טְפָחָא nicht, da ihr stets אתנחתא
oder סוף פסוק folgen muß.

———————

nenbe טפחא unter הַתּוֹרָה gesetzt ist, um das Pronomen davon zu scheiden
und סֵפֶר הַתּוֹרָה zu verbinden (S. רש״י zur St.). — Gleicherweise ist:
אֲחִי יֶפֶת הַגָּדוֹל zu übersetzen: „Der Bruder des älteren Jefet." (Der ältere
Bruder des Jefet" hieße es, wenn אֲחִי יֶפֶת הַגָּדוֹל accentuirt wäre). —
Eine Ausnahme macht merkwürdiger Weise עַל־שֵׁם אָחִיו הַמֵּת (V M. 25,6),
vielleicht um anzudeuten, daß das Aussterben des Namens verhütet
werden sollte.

Noch ift zu erwähnen, daß von der טפחא auch die Stellung des מקף zwischen mehreren Partikeln abhängig ift, welche diesem Ac=
cente unmittelbar vorangehen. Doch gehören die Regeln darüber
in den zweiten Abschnitt, über die Les[lehre.[55])

C. **Die Stufe der Fürsten.** (Führer, duces משנים)

§ 51. 6., רְבִיעַ

Diefer Accent ift der ftärkfte unter den משנים (§ 10 C.) und
bildet den Uebergang von der zweiten Rangordnung zur dritten,
weshalb er von einigen Punktatoren noch zur zweiten gerechnet wird. —
Er folgt im Werth den זקפים und ift den andern Accenten dritter
Rangordnung übergeordnet.

Der ערוגת הבושם hingegen ftellt ihn mit אולא in einen Rang.
Wir haben jedoch bereits gesehen, daß diefer Accent in dreitheiligen
Versen den erften, mit סגול schließenden Satz weiter abtheilt.

רביע wird von den Alten auch מיושב genannt (der ruhende
Accent), welcher Name dem chaldäischen רביע entspricht.[56]) Denn
beide Wörter drücken eine gemächliche Ruhe aus,[57]) welche diesem

---

[53]) In I R. 20,29 וַיַּחֲנוּ אֵלֶּה נֹכַח אֵלֶּה hat טפחא drei משרתים,
was nach בן בלעם ganz wider die Regel ift. Heidenheim vermuthet, daß
נכח אלה durch ein מקף verbunden war, obwohl es in keiner Ausgabe fo
angegeben sei. Da diefelbe Stelle aber zugleich die einzige ift, in welcher nicht
ט"פ, fondern אתנחתא folgt, fo ift es nicht unmöglich, daß diese beiden Um=
ftände im Zusammenhang ftehen. In einer Londoner Ausgabe hat אֵלֶּה
ein תביר ftatt מרכא כפולה.

[54]) Die ausnahmsweise zweifache Betonung eines zweisilbigen Wortes,
wie diefelbe u. A. auch bei וּבָתִּים (V M. 6,11) und אָנָּא (I M. 50,17) vor=
kommt, ift in der Etymologie begründet, wie in der Lehre über מתג
erörtert werden wird.

[55]) S. unter Lehre vom מקיף (כִּי לֹא־ כִּי־לֹא.)

[56]) S. משפטי הטעמים 6a ויש שקוראין לו מיושָב ואין הבדל ביניהם,
אלא שזה לשון ארמי וזה לשון עברי.

[57]) רְבִיעַ ift nämlich gleichbedeutend mit dem hebräischen רבֵץ, wo=
runter ein behagliches Liegen oder Lagern verftanden ift. Onkelos überfetzt:

Accente gewissermaßen auch mehr, als anderen charakteristisch zu sein scheint. — Nach R. D. Kimchi in dessen ספר (עט סופרים) wird רביע, wenn kein משרת vorangeht, רביע לגרמיה genannt, d. i. alleinstehendes, selbständiges רביע.

Der Accent kann am Anfang und in der Mitte des Verses seine Stelle haben, aber nie gegen das Ende desselben. Er ist vor allen anderen geeignet, die musikalisch hohen Töne (טעם עליון) mit den tieferen Tönen (טעם תחתון) zu verbinden, da die meisten trennenden Accente ihm sowohl vorangehen wie folgen können. Die ihm vorangehenden sind (außer לגרמיה f. § 52):

פשטא, אולא, גרש, גרשים, זקף קטן, סגול, אתנחתא, worüber der nachfolgende § 52a Beispiele enthält.

Die Accente, welche — mit oder ohne משרת — nach רביע folgen, sind יתיב, פשטא, גרש, אולא, תביר, תלישא גדולה, זרקא, z. B. קרני פרה, פזר, גרשים.

I M. 2,1 וַיַּקַח אַהֲרֹן כִּצְלָעֹתָיו אֶת daf. V. 21 הוּא הַסֹּבֵב II 8,25 וְסַר הָעֶרֹב מִפַּרְעֹה

II M. 18,30 וַיֹּאמֶר מֹשֶׁה לְחוֹבָב IV M.10,29 נֹסְעִים אֲנַחְנוּ פִּבְלָתִּי עֲשׂוֹת daf. 14,11 וְאָמְרוּ אֶל־יוֹשֵׁב

V M. 8,2 הַיָּמִים הָאֵלֶּה עָשָׂה הַמֶּלֶךְ daf.1,5 daf. 21,5 כִּי בָם בָּחַר לְנַצֵּחַ לָבֶטַח IV M. 35,5 [58]מִחוּץ לָעִיר אֶת־פְּאַת־קֵדְמָה אַלְפַּיִם בָּאַמָּה

Als stärkster Accent unter den משנים hat רביע die Bestimmung, den ersten Satz eines breitheiligen Verses (§ 23) erforderlichen Falles in zwei Unterabtheilungen zu bringen, wie § 24 und § 42,4, bereits ausgeführt ist.

§ 52. **Fortsetzung.** רביע **in Verbindung mit** משרתים.

Der Accent kommt sowohl allein, als mit verbindenden Accenten vor.

Ebenso תלתא עדרי דען רביעין mit (I M. 29,2) שלשה עדרי צאן רבצים. וְאַרְבַּע גְמוֹלְיָא durch ירושלמי vom וַיְבָרֶךְ הַגְמַלִים (הרכיבום ג' רס"י) umschrieben. Auch im Hebräischen kommt רבע in diesem Sinne vor: (Psalm 139,3) אָרְחִי וְרִבְעִי.

[58] Daß an einer Stelle (Ez. 14,4) טפחא nach רביע steht, ist bereits am Schluß des § 50 erwähnt; nur פ"ס und die זקפים folgen ihr nie

a.) Ohne einen solchen steht er entweder am Anfang eines Verses, z. B.

I M. 1,2 שָׁמַעְתִּי אֶת־תְּלֻנוֹת II 16,12 וְהָאָרֶץ הָיְתָה תֹהוּ III 2,1 וְנֶפֶשׁ כִּי־תַקְרִיב

oder in der Mitte nach einem trennenden Accente, nämlich nach: פשטא ,גרשים ,זקף קטן ,סגול ,אתנחתא ,אולא ,לגרמיה.

I M. 1,11 לֵךְ אֶל־פַּרְעֹה בַּבֹּקֶר II 7,15 תַּדְשֵׁא הָאָרֶץ דֶּשֶׁא III 1,2 וְאָמַרְתָּ אֲלֵהֶם אָדָם

IV M. 4,15 תַּחַת הָהָר וְהָהָר V 4,11 בִּנְסֹעַ הַקְּהָתִם וְאַחֲרֵי־כֵן Esth. 4,11 לֵינֵי הַבַּיִת וְעַם מְדִינוֹת הַמֶּלֶךְ יֹדְעִים Ruth 3,13

b.) Hat רביע nur einen verbindenden Accent, so kann es nur מונח sein.

I M. 19,3 וּבַיּוֹם הַשְּׁבִיעִי III 2,33 וַיָּשֻׁבוּ הַמַּיִם II 14,28 וַיֵּשֶׁב כֹּה

c.) Von zwei verbindenden Accenten ist der erste דרגא, der zweite מונח. Diese Accentenverbindung wird da angewendet, wo die beiden ersten Wörter durch den Sinn enger verbunden sind, z. B.

I M. 24,15 אֲשֶׁר הִבְאַשְׁתֶּם אֶת־רֵיחֵנוּ II M. 5,21 וְהִנֵּה רִבְקָה יֹצֵאת III M. 23,27 נָתַתָּ עֲלֵיהֶם הָרוּחַ IV M. 11,26 יוֹם כִּפֻּרִים הוּא V M. 3,11 (59 אֲ)שֶׁר דִּבֶּר־טוֹב עַל־הַמֶּלֶךְ Esther 7,9 תֵּשַׁע אַמּוֹת אָרְכָּהּ

Erfordert aber der Sinn den Anschluß des zweiten Wortes an das dritte, so gehen מונחים voran, wovon das erste מונח [60]) genannt wird לגרמיה; z. B.

---

[59]) Daß in diesen Beispielen auch in der That das zweite Wort enger an das vorangehende als an das nachfolgende sich anschließt, läßt sich durch die Accentenfolge in ähnlichen Wortverbindungen erweisen. Man vergleiche mit obigen Stellen nachstehende Beispiele in gleicher Reihenfolge:

1.) Jeremias 25,32 אֲשֶׁר נָשָׂאתִי אֶת־יָדִי 2.) II M. 6,8 הִנֵּה רָעָה יֹצֵאת 3.) III M. 13,28 כְּנוּם עֲלֵיהֶם הָרוּחַ 4.) IV M. 11,25 יוֹם כִּפֻּרִים הוּא 5.) V 3,11 כִּיה׳ דִּבֶּר־טוֹב עַל־יִשְׂרָאֵל 6.) IV 10,29 וְאַרְבַּע אַמּוֹת רָחְבָּהּ

[60]) Obgleich die Besprechung des לגרמיה, (פסיק) als schwächsten trennenden Accents, erst an das Ende der 4. Stufe gehört, so ist doch hier schon eine Definition über das Wesen und die Bestimmung dieses Accentes gegeben, insoweit dessen Verhältniß zu רביע dadurch verständlicher wird,

I M. 18,25   בַּדָּבָר הַזֶּה ׀ מַעֲשֵׂה   II M. 16,29   שְׁבוּ ׀ אִישׁ תַּחְתָּיו
III M. 25,16   לְפִי ׀ רֹב הַשָּׁנִים

IV M. 20,5   לֹא ׀ מְקוֹם זֶרַע   V 14,28   שָׁלֹשׁ שָׁנִים ׀ מִקְצֵה   E. 2,14
בָּעֶרֶב ׀ הִיא בָאָה

In diesen und allen ähnlichen Beispielen soll לגרמיה bewirken, daß der Leser hier absetze, um die Verbindung der beiden folgenden Wörter desto mehr hervortreten zu lassen. — Die stärker trennende Kraft eines טעם מפסיק würde der Sinn nicht rechtfertigen; wo dies der Fall ist, wird statt מונח לגרמיה ein גרש oder גרשים gesetzt;[61] z. B.

I M. 50,10   לְלֹאת תְּכֵלֶת וַיַּעַשׂ   II M. 36,11   וַיָּבֹאוּ עַד־גֹּרֶן הָאָטָד
III M. 25,33   כִּי בָתֵּי עָרֵי הַלְוִיִּם

IV M. 18,11   תְּרוּמַת מַתְּנָם וְזֶה־לְּךָ   V. M. 16,1   כִּי בְּחֹדֶשׁ הָאָבִיב
Esther 3,8   וְדָתֵיהֶם שֹׁנוֹת מִכָּל־עָם

Auch wo zwei מונח לגרמיה einander folgen, haben beide nur schwach trennende Kraft:

פסיק ist wie לגרמיה eine perpendicularer Strich, zwischen zwei Wörtern, welcher den Zweck hat, eine kleine Pause nach Lesung des ersten Wortes eintreten zu lassen.

Diese Pause kann aus zweierlei Gründen nöthig sein: entweder sind die beiden betreffenden Wörter dem Sinn nach von einander zu trennen oder die kurze Pause soll nur ein genaues, deutliches Aussprechen bezwecken. — Mittelbar oder unmittelbar vor רביע kommt nur der Name לגרמיה in Betracht, und hier hat er die ausschließliche Bestimmung, die betreffenden beiden Wörter dem Inhalt nach zu scheiden. Uebrigens wird dieser Namensunterschied nicht immer festgehalten. — Ausführlicher über פסיק und לגרמיה s. unten.

[61] Unerklärt in Beziehung hierauf ist die ungleichmäßige Zeichensetzung auf אֹרֶךְ הַיְרִיעָה הָאַחַת. In den in תְּרוּמָה (II M. 26, 2. u. 8.) vorkommende Stellen hat nach dem Zeugniß der מסורה אֹרֶךְ ein מונח לגרמיה; in וַיַּקְהֵל (das. 36,9 und 15) dagegen ein גֵּרֶשׁ also אֹרֶךְ ׀ הַיְרִיעָה הָאַחַת; Die מסורה קטנה führt als mnemotechnisches Zeichen אֹרֶךְ הַיְרִיעָה הָאַחַת. also: הֵן הֵנָּה dann auch דפקיד יתיב, דעביד קאים.

I M. 7,23 אֶת־כָּל־הַיְקוּם ׀ אֲשֶׁר ׀ עַל־פְּנֵי הָאֲדָמָה׀ 19,14 וַיְדַבֵּר ׀ אֶל־חֲתָנָיו ׀ לֹקְחֵי בְנֹתָיו

III M. 10,9 II 4,26 אַל־תֵּשְׁתְּ אַתָּה ׀ וּבָנֶיךָ אִתָּךְ ׀ וְאֶת־עָמְסֶךָ ׀ פֶּתַח ׀ שַׁעַר הֶחָצֵר

V M. 31,16 ‎E. 8,11 אֲשֶׁר ׀ בְּכָל־עִיר נָעִיר ׀ לַיְהוּדִים ׀ וְהָיָה ׀ אַחֲרַי ׀ אֱלֹהֵי נֵכַר הָאָרֶץ

Sind die beiden ersten Wörter stärker zu scheiden, so wird auch hier, statt des ersten מונה לגרמיה, ein גרש oder גרשים gesetzt; z. B.

II M. 27,2 II 37,16 וַיַּעַשׂ אֶת־הַבַּדִּים ׀ וַיִּקְרָא אֶת־יַעֲשָׂן ׀ כְּנוֹ הַגָּדוֹל ׀ אֲשֶׁר עַל־הַשֻּׁלְחָן

III M. 4,18 IV 7,88 וְכָל־בִּקְרֶךָ ׀ זֶבַח הַשְּׁלָמִים וּמִן־הַדָּם ׀ יִתֵּן ׀ עַל־קַרְנוֹת הַמִּזְבֵּחַ

V M. 8,15 וּמָרְדֳּכַי יָצָא ׀ מִלִּפְנֵי הַמֶּלֶךְ ׀ כִּי ׀ בְּרִשְׁעַת ׀ הַגּוֹיִם ׀ הָאֵלֶּה 9,5

d.) רביע kann aber auch drei משרתים haben, und dann steht vor dem דרגא noch קדמא oder מונה; z. B.

IV M. 4,14 II Sam. 21,2 לֹא מִבְּנֵי יִשְׂרָאֵל הֵמָּה ׀ אֲשֶׁר ׀ יִשְׁרַתִּי ׀ עָלָיו בָּהֶם‎ Koh. 4,7 גַּם בֵּן ׀ וְאָח אֵין־לוֹ [62]

Zuweilen steht מונה לגרמיה רביע, unmittelbar vor רביע, doch nur am Anfang des Verses,[63] im Pentateuch nur an folgenden Stellen:

I M. 3,15 daf. 14,17 daf. 19,9 וַיֹּאמְרוּ ׀ וְשֵׁשׁ הָלָאָה וְעָרֵל זָכָר ׀ וְאִיבָה ׀ אָשִׁית

IV M. 20,21 II M. 30,13 daf. 23,6 וַיְמָאֵן ׀ אֱדוֹם [64] זֶה ׀ יִתְּנוּ שְׁמָעֵנוּ ׀ אֲדֹנִי

V M. 5,4 daf. 32,39 daf. 32,1 רְאוּ ׀ עַתָּה [65] פָּנִים ׀ בְּפָנִים וּמִקְנֶה ׀ רַב

[62] Unter diese Rubrik können Stellen, wie I M. 31,29 אֱמֶשׁ ׀ אָמַר, und Jer. 7,14 אֲשֶׁר ׀ נִקְרָא־שְׁמִי ׀ עָלָיו ׀ לַבַּיִת ׀ אֲשֶׁר ׀ אֵלַי לֵאמֹר nicht gezählt werden, da dem משרת ein מונה לגרמיה, oder פסיק vorangeht.

[63] ולעולם לא תמצא הפסק לפני רביע באמצע הפסוק כ"א במקום א' (ישעיה מ"ב ה') כה אמר האל ה' (מ"ה וער"ה)

[64] Hierzu bemerkt die מסורה, לַחֲמֵנוּ זֶה פסוקי רישי בטעם ג' יִתְּנוּ זֶה (יהושע ט' י"ב) זֶה ׀ רָע (קהלת ט' ג') חד בתורה, חד בנביאים וחד בכתובים.

[65] Wird פסק im ע"ה genannt, im ת"ם hingegen לגרמיה.

[66] Beispiele von מונה לגרמיה vor רביע in der Mitte des Verses, wie sie in einigen correcten Pentateuchausgaben sich vorfinden, erhalten in anderen Ausgaben selten Bestätigung. Die betreffenden Stellen sind: I M. 29,9 שְׁנֵיהֶם ׀ מְלֵאִים IV 7,13 הָפַּךְ ׀ לָבָן III M. 13,3 וְרָחֵל ׀ בָּאָה קוֹמָה ׀ ה' (und alle Parallelstellen;) daf. 10.29 אֲנַחְנוּ ׀ נֹטְעִים daf. 10,35 V M. 1,21 אִם־יֵשׁ־אַתָּם ׀ אֲנַחְנוּ daf. 1,33 בָּאֵשׁ ׀ לַיְלָה עָלָה ׀ ה' daf. 5,22 רָשׁ ׀ עָלָה

Doch kommt diese letztere Stelle in einigen Ausgaben ohne סט. (S. עין הקורא z. St.)[66] לגרטיה.

~~~~~~~~

An fünf Stellen steht רבע mit מונח unter einem Worte, und zwar im Pentateuch;

I M. 45,5 אָנָּא חָטָ֓א ‖ וְעַתָּ֓ה ‖ אַל־תֵּעָצְב֓וּ II M. 32,31

Die übrigen Stellen sind: Secharja 17,4 וַאֲסָעֵרֵ֓ם. Koh. 4,10 וְאִיל֓וֹ Daniel 1,7 בֵּלְטְשַׁאצַּ֓ר.

Diese Accentenvereinigung scheint auf gleichem Gesetze zu beruhen, wie § 44 erwähnt von מונח u. ק"ו.[67])

רביע gehört nicht zu den מתרדפים, kann aber mit oder ohne משרת mehrmals in einem Verse vorkommen; z. B.

I M. 26,8 וַיַּרְא֓־וַיַּשְׁקֵ֓ף II 32,1 וַיְהִ֓י־כִּֽשְׁמֹ֤עַ הָאִ֓ישׁ ‖ עַל־אַהֲרֹ֓ן ‖ עֲשֵׂה־לָּ֤נוּ אֱלֹהִ֓ים

III M. 6,3 יִרְשַׁ֤ת נַחֲלָתָ֓ה ‖ כְּאֶחָ֓ד IV 36,8 כִּֽי־בַ֓ד ‖ וְהָרִ֤ים אֶת־הַדֶּ֓שֶׁן לְמַ֓עַן

V M. 4,10 יֹדְעִ֓ים ‖ אֲשֶׁ֤ר לֹֽא־יָקֹ֓רֹא ‖ וַאֲנִ֓י S. 4,11 יֹ֓ום ‖ אֵלָ֤י ‖ לְיִרְאָ֤ה אֹתִ֓י

Als stellvertretend für רביע wird von einigen Grammatifern שלשלת bezeichnet, (s. תל"י); doch entspricht das keineswegs der Eigenthümlichkeit dieses Accentes, der sich von רביע schon dadurch unterscheidet, daß er nur mit פסיק vorkommt, was bei רביע nie der Fall sein kann, und daß ihm kein משרת vorangeht.

Anmerk. 1.) Eine Eigenthümlichkeit des רביע ist, daß ihm direkt weder זקף קטן noch dessen משרת (nämlich מונח) folgen kann, sondern daß immer ein פשטא die Verbindung beider Hauptaccente vermitteln muß. Hieraus erklärt es sich denn, wenn in solchem Falle פשטא auch gegen die § 44 erwähnte Regel vor זקף קטן steht, (d. i. wenn letzteres auf der 1. oder 2. Silbe des Wortes ruht); z. B.

I M. 47,31 אַחֲרֵיהֶ֓ם וַיִּֽירְא֤וּ מְאֹ֓ד (*הִשָּׁ֤בְעָה לִּ֓י) וַיֹּ֓אמֶר II M. 14,10

_____

[67] Hinsichtlich der zweisilbigen Wörter אָנָּא und וְאִיל֓וֹ waltet ein ähnliches Formverhältniß vor, wie bei בָּתִּים vgl. Note 36.

*) Oben erwähnter Regel nach müßte unter הִשָּׁבְעָה ein מונח stehen, und

אֶל־בָּלָק קֻמָה־בָּאתִּי אֵלֶיךָ IV 22,38 אֶת־שַׁבְחֹתֶיהָ בָּהֶם שַׁמָּה מֵהֶם 26,43 .III וְ
הַגִּידָה לִי שֶׁאָהֲבָה נַפְשִׁי 1,7 .ל. ה. כִּי־עֵשָׂו הַיֹּשְׁבִים בְּשֵׂעִיר 2,8 .V וְ

Man kann diese Ausnahme als eine dem Wohllaut gemachte
Concession ansehen, wie sie auch in anderen Fällen vorkommt.
(Vgl. § 59). Siehe übrigens die gleiche Regel bei אולא.

Anmerk. 2.) In Betreff einer anderen Eigenthümlichkeit
dieses Accentes, daß, wenn ihm ein פשטא vorangeht, ihm auch wieder
ein solches folgen muß, s. unter יתיב, (פשטא) Schluß.

§ 53. 7., זַרְקָא.

Zu den Accenten, deren Gebrauch eigenartigen Gesetzen unterliegt, und deren verschiedenartige Vereinigung mit den dazu gehörigen verbindenden Accenten schon durch die Massorah an
mehreren Stellen der Bibel ausdrücklich festgestellt ist, gehört auch
זרקא oder, wie der Accent mit seinem hebräischen Namen heißt:
צִנּוֹר. Dieser letztere Name, welcher nur bei den Büchern א מ ת
gebräuchlich ist, bedeutet soviel als Wasserleitung und läßt sich
daraus erklären, daß vermuthlich die Röhren einer solchen, oder
auch nur ein Theil davon der Figur dieses Accentes ähnlich sahen.

Der in den 21 Büchern gebräuchliche chaldäische Name זרקא
ist gleichbedeutend mit זירקתא Schleuder, womit Jonathan das
Hebräische גֵּבִים[68]) übersetzt.

זירקתא kommt von der im Hebräischen und Chaldäischen gleich-
lautenden Wurzel זרק her, welche, auf flüssige Gegenstände ange-

---

das Wort נסוג אחור sein, wie לִי הִשָּׁבְעָה (15,33 .I M).

[68]) כְּמַשָּׁק גֵּבִים שֹׁקֵק בּוֹ (33,4 .Jes) umschreibt Jonathan nämlich:
וְאָזֵן בְּמַאנֵי זֵינָא כְּמָא דְּאָזֵן בְּזֵירְקְתָא. Unter גבים verstehen die meisten
älteren (u. A. אבן עזרא und רד״ק) und neueren Ausleger, (wie Gesenius
Fürst u. Delitzsch) eine Heuschreckenart, für welche Bedeutung auch der Parallelismus des angeführten Verses spricht. Nach רש״י ist das Wort identisch mit
גבים, welches (Jeremias 14,3) Wasserbehälter bedeutet, und mit גֵּבָא
Cisterne, Jesajah 30,14, und zu Sanhedrin 94 b umschreibt er גבים כטשק geradezu mit צנורות של השקאה. Wie Jonathan zu seiner Auffassung gelangen konnte, weiß ich nicht zu erklären; jedenfalls leitet er consequent מַשָּׁק
von נשק waffen her und das דגש im ש unterstützt diese Annahme.

wendet, sprengen (II M. 24,8), auf trockene dagegen (II M. 9,8) schleudern bedeutet. Auch der Aruch bezeichnet ורקתא mit Wurfgeschoß (כלי המלחמה הנורק נגד האויב כמו חץ חנית ואבן). — Der Name ורקא Schleuder rührt daher vermuthlich von der Figur (˜) her, womit der Accent insofern nicht unpassend bezeichnet wird, als er die ähnliche ausholende Handbewegung darstellt, die bei einem kräftigen Emporschleudern des Wurfgeschosses ausgeführt zu werden pflegt.

Wie nach תביר stets ein טפחא und nach טפחא immer פ"ס folgen muß, so folgt auch auf ורקא kein anderer Accent, als סגול (s. Note 33) bis auf eine einzige Ausnahme: Jesajah 45,1

[69]) בֹּה־אָמַר ה' לִמְשִׁיחוֹ ׀ אֲשֶׁר־הֶחֱזַקְתִּי בִימִינוֹ;

aber סגול kann nie ohne vorhergehende, ihr untergeordnete ורקא stehen (§ 42,3); daher kann selbstverständlich auch nur der erste Theil eines dreitheiligen Verses die ורקא enthalten (§ 14 u. 23).

Sechs Accente können ורקא vorangehen, nämlich[70]) גרש, גרשים ,אולא ,רביע ,ת"ג ,פשטא

וּמָלְאוּ בָתֶּיךָ וּבָתֵּי כָל־עֲבָדֶיךָ‎III10,6	וַיֹּאמֶר יַעֲקֹב אֶל־שִׁמְעוֹן וְאֶל־לֵוִי‎30,34 M. I
דַּבֵּר אֶל־בְּנֵי יִשְׂרָאֵל‎4,2 III	וַיְכַס אֶת־עֵין כָּל־הָאָרֶץ‎10,15 M. II
לְחֹבָב בֶּן־רְעוּאֵל הַמִּדְיָנִי‎10,29 IV	וְאֶל־פֶּתַח אֹהֶל מוֹעֵד‎17,4 III
רַק נְשֵׁיכֶם וְטַפְּכֶם‎14,14 M. IV	וַיֹּאמְרוּ אֶל־יוֹשָׁב‎3,19 V
בַּחֹדֶשׁ הָרִאשׁוֹן בִּשְׁלֹשָׁה עָשָׂר יוֹם‎3,12 S.	לִשְׁמֹר אֶת־כָּל־הַקְּ֯קָתָיו וּמִצְוֹתָיו‎6,2 V
הַיְלָדִים אֲשֶׁר גַּדְלִי אֹתוֹ‎3,8 Sam. II	וַיֹּאמֶר הָרֹאשׁ כָּלֵב אָנֹכִי‎12,10 K. I

---

[69]) Die Amsterdamer Ausgabe der מקראות גדולות hat לִמְשִׁיחוֹ mit סגול; in anderen Ausgaben steht לִכֹֿ֯רֶשׁ auf סגול; vermuthlich rühren diese Abweichungen von der irrigen Auffassung eines Abschreibers oder Setzers her.

[70]) Daß auch פשטא der ורקא vorangeht, kommt nur in späteren Büchern, nicht im Pentateuch vor. Auch Josua 18,14 מִן־הָהָר אֲשֶׁר עַל־פְּנֵי בֵית־חֹרוֹן scheint der Accent auf ההר ein פשטא sein und auf ר ruhen zu müssen, wie z. B. ed. Leipzig 1735 und Warschau 1862 wirklich lesen, da zwei קדמין sonst nicht nach einander zu folgen pflegen, (s. § 74).

Ju den 21 Büchern steht זרקא, (wie סֶגּוֹל § 42) immer auf dem letzten Buchstaben des Wortes;[71]) z. B.

I M. 26,13 אֶת־חֻקַּי הַמַּצֵּה תִּשְׁמֹר II 23,15 וַיִּשְׁמַע אַבְרָהָם אֶל־עֶפְרוֹן

Ist daher das betreffende Wort milel, so wird, — wie § 6 bereits erwähnt, — um dies anzudeuten, von vielen Punktatoren eine zweite זרקא auf die betonte Silbe gesetzt; z. B.

IV M. 27,3 הָאָרֶץ אֲשֶׁר הוֹצֵאתָנוּ מִשָּׁם V M. 9,8 אֲבִינוּ מֵת בַּמִּדְבָּר

§ 54. זרקא **in Beziehung zu den** משרתים.

Obgleich זרקא als steter Vorläufer der סגול derselben im Werthe nachsteht, so besitzt dieser Accent immerhin eine stark tren= nende Kraft und wird seinerseits auch ohne verbindenden Accent ge= braucht. Er kann aber auch einen oder mehrere verbindende Accente haben, wie sie theilweise von den Massoreten unter Berücksichtigung der eigenthümlichen Lautverhältnisse festgesetzt sind. Beispiele, in welchen זרקא ohne משרת steht, sind folgende:

I 24,15 כִּי הֵשִׁיב לוֹ II 12,11 וַיְהִי־הוּא אֹתוֹ III 25,28 וְכָכָה תֹּאכְלוּ אֹתוֹ טֶרֶם

IV 21,13 וּבְבֹאֲהֹ לִפְנֵי הַמֶּלֶךְ V 12,10 כִּי שָׁם נָטְעוֹ S. 9,25 וַעֲבַרְתֶּם אֶת־הַיַּרְדֵּן

Die erwähnten verschiedenartigen Bedingungen, unter welchen die משרתים einer זרקא vorangehen können, sollen in folgenden §§ dargelegt werden:

§ 55. זרקא **mit einem** משרת.

Geht der זרקא nur ein verbindender Accent voran, so ist es in allen regelmäßigen Fällen ein מונח.[72])

---

[71]) Anders ist das Verhältniß in den Büchern א מ ת, in welchen צנור (֮) nicht nur als trennender, sondern auch als verbinder Accent verwendet wird. Als verbindender hat er nämlich seine Stelle am Anfang des Wortes; z. B. Pf. 18,9 עָלָה עָשָׁן בְּאַפּוֹ; als trennender Accent dage= gen ruht er auf der betonten Silbe: וַיִּגָּלוּ מוֹסְדוֹת תֵּבֵל (daf. V. 15). Daß (֮) auf עלה wirklich verbindend, auf ויגלו aber trennend ist, ersieht der mit den Accenten jener poetischen Bücher weniger Vertraute durch Vergleichung der Parallelstellen in II Sam. 22,9 עָלָה עָשָׁן בְּאַפּוֹ und Vers 16 יִגָּלוּ (Vgl. auch Pf. 126,6 וּבָכֹה ׀ הָלֹךְ יֵלֵךְ · מֹסְדוֹת תֵּבֵל

[72]) Oder richtiger עלוי, wie er vor א o ו ו genannt wird. (S. unter מונח)

Von den überaus zahlreichen Beispielen seien die folgenden angeführt:

I M. 1,28 אֶל־בְּנֵי אַהֲרֹן III 2,2 וְלֹא־יָכְלָה עוֹד II 2,3 וַיְבָרֶךְ אֹתָם

Dieses Gesetz hat im תנ״ך folgende neun Ausnahmen, in welchen statt (עלוי) מונח ein (֔) מרכא vor זרקא gesetzt ist:

1., II M. 6,6 אֶת־רֹאשׁ בְּנֵי־יִשְׂרָאֵל 2., II M. 30,12 אֱמֹר לִבְנֵי־יִשְׂרָאֵל

3., II Sam. 7,7 בְּכָל אֲשֶׁר־הִתְהַלַּכְתִּי 4., I Chr. 17,6 בְּכָל אֲשֶׁר־הִתְהַלַּכְתִּי

5., I. Könige 1,19 נֶגֶד הַיּוֹשְׁבִים 6., Ruth 4,4 שׁוֹר וּמְרִיא־וְצֹאן

7., I Chr. 5,18 נֹגַע לוֹ בְּבַעַל־פְּרָצִים 8., I. Chr. 14,11 וַתֵּצִי שֵׁבֶט־מְנַשֶּׁה

9., I Chr. 21,12 נִסְפֶּה מִפְּנֵי־צָרֶיךָ

Diese neun Fälle sind von הוֹרָיוֹת הַקּוֹרֵא von בן בלעם in dessen משפטי הטעמים festgestellt, und Heidenheim bemerkt dazu (f. S. 15a), daß auch יהב״ק (vgl. עה״ק zu II M. 6,6 und 30,12) und eine handschriftliche Massorah mit diesem Verzeichniß über= einstimmen. Unter diese Zahl ist jedoch die Parallelstelle zu I K. 1,19 (nämlich V. 25) nicht mit einbegriffen, so daß kein Widerspruch vorhanden ist, wenn ר״ם הנקדן und בן אשר, welche diese Parallelstelle mitzählen, zehn Ausnahmefälle annehmen.

Dagegen bereitet die Massorah zu II M. 6,6.[73] insofern einige Schwierigkeit, als dort elf Ausnahmen[74] aufgezählt werden, und als Parallelstelle zu I Chr. 11,14 noch II Sam. 5,20 ויבא דוד בבעל־פרצים hinzugefügt wird, welches Beispiel aber, wie auch Heidenheim schon bemerkt, nicht als hierher gehörig betrachtet werden kann, indem hier in allen unseren Ausgaben zwei משרתים vor זרקא stehen.

[73] Heidenheim hat diese elf Ausnahmen in einer מסורה zu Anfang פ׳ אמר vorgefunden; in der ת״ג finden an dieser Stelle der מסורה aber nur die י״א מאילין Erwähnung, welche mit אתנח unter einem Worte stehen. (S. § 41,d.)

[74] In der erwähnten מסורה zu II M. 6,6 ist noch eine Parallelstelle zu I Chr. 5,18 angeführt (וַתֵּצִי שֵׁבֶט־מְנַשֶּׁה), und so würden es zwölf Ausnahmen sein. Da aber letztere sich nirgends findet, so ist anzunehmen, daß die zweimalige Erwähnung der betreffenden Stelle auf einem Schreib= fehler beruht. Ueberhaupt finden sich obige neun Stellen nicht correct in allen Ausgaben vor.

Was nun die Grundsätze anlangt, von welchen die Punkta=
toren in der Anordnung dieser neun Ausnahmen sich leiten ließen, so
sind dieselben nicht genau festzustellen. Zwar läßt sich für die Auf=
stellung der טרכא als Regel annehmen, daß der זרקא ein מתג vor=
angehen muß,[75]) wie es bei den obigen Beispielen der Fall ist;
aber hieraus läßt sich doch keineswegs der umgekehrte Schluß
ziehen, daß da, wo ein מתג vorangeht, nun auch der משרת immer
ein טרכא sein müsse, da dies dem thatsächlichen Gebrauch entge=
gensteht, wie folgende Beispiele beweisen:

I M. 14,17 וְכָל־קָרְבַּן מִנְחָתְךָ III 2,13 כִּי אִם־אָֽינְךָ II 8,17 וַיֵּצֵא מֶֽלֶךְ־סְדֹם
IV M. 26,20 יָשְׁבוּ הַחוֹרִים V 2,12 וַיְהִי בְּנֵֽי־יְהוּדָה.

Hier steht, trotz des מתג, vor זרקא das regelmäßige (עלוי) מונח.
Da wir nun den eigentlichen Grund dieser abweichenden Zeichen=
setzung nicht kennen, so sind wir nicht berechtigt, eine Vermehrung
derselben willkürlich einzuführen, sind vielmehr darauf angewiesen,
einfach an den überlieferten Bestimmungen festzuhalten.

§ 56. זרקא **mit zwei verbindenden Accenten.**

Das Gesetz über die Verwendung von zwei משרתים vor זרקא
hängt von der Betonung der betreffenden Wörter ab, auf welchen
sie stehen. Man unterscheidet danach folgende drei Hauptfälle:

A., **Die beiden** מְשָׁרֲתִ'ם **sind zwei** מונחים (עלויים) [͜ ͜]

Dieser Fall findet immer statt, wenn der erste משרת auf
dem ersten Buchstaben des Wortes ruht; z. B. II M. 20,9

זֹאת תּוֹרַת הַנָּזִיר IV M. 6,21 שֵׁשֶׁת יָמִים תַּעֲבֹד.

Die alten Punktatoren machen bei dieser Kategorie noch
einen Unterschied in der Benennung beider Accente. Der=
jenige nämlich, welcher der זרקא unmittelbar vorangeht, heißt
bei ihnen gewöhnlich שופר עלוי, der erste hingegen behält den
Namen מונח, (§ 83) wie in den folgenden Beispielen:

---

[75]) Eine andere Eigenthümlichkeit ist, daß bei obigen Ausnahmen (bis
auf Ruth 4,4) auch ein מקף vor זרקא steht, was in Verbindung mit עלוי
seltener vorkommt.

III M. 11,44   כִּי אֲנִי הֹ   IV M. 15,25   אִם מֵעֵינֵי הָעֵדָה

V M. 31,14   כִּי אִם־הֶחָרֵשׁ תַּחֲרִישִׁי .4,14 C   הֵן קָרְבוּ יָמֶיךָ   (Jef. 8,24)

Ruht aber der zweite מְשָׁרֵת ebenfalls auf dem ersten Buch=
staben, so kommt der Name עלוי (שופר) beiden zu; z. B.

II M. 4,11   אֶת זֶבַח הַשְּׁלָמִים   I R. 8,63   כִּי לֹא תוּכַל   IV 14,24   מִי שָׂם פֶּה

(Ebenso Sedjarjah 2,12, und Daniel 5,11.)

An zwei Stellen nur haben die Punktatoren zu einer Aus=
nahme sich bewogen gefunden und statt des מונח טרכא ein gesetzt,
nämlich: II R. 8,5   לֹא מֵעַמְּךָ יִשְׂרָאֵל   הוּא מְסַפֵּר לַמֶּלֶךְ und II Chr. 6,32
Der Grund dieser Unterscheidung ist uns nicht mehr bekannt. Es
findet sich indeß auch die Lesart: לֹא־מֵעַמְּךָ יִשְׂרָאֵל   הוּא־מְסַפֵּר לַמֶּלֶךְ und

B., **Die beiden** מְשָׁרֵתִים **sind** טונח **und** קדמא [ב׳]

Anders ist das Verhältniß, wenn der Ton des ersten משרת
nicht auf dem ersten Buchstaben des Wortes ruht; dann wird
statt מונח ein קדמא [76]) gesetzt; der zweite משרת indessen bleibt ein
עלוי, gleichviel auf welcher Silbe der Ton ruht; z. B.

I 16,5   וַתֹּאמֶר שָׂרַי אֶל־אַבְרָם   III 3,13   הִנֵּה אָנֹכִי בָא   III 1,17   וְיֹשֵׁעַ אֹתוֹ בְּכַנְפָיו

Diese Art kommt am zahlreichsten vor, und die betreffende
Regel erleidet keinerlei Ausnahme.

C., **Die beiden** מְשָׁרֵתִים **sind** טרכא **und** קדמא [ג׳]

Unter zwei Voraussetzungen haben die Massoreten anstatt
des מונח ein טרכא angeordnet und zwar: a., wenn zwischen זרקא
und dem zweiten משרת ein פסיק, oder b., wenn zwischen beiden
eine מָאַיְילָא steht.

a., **Der zweite** משרת **ist ein** טרכא **wegen des ihm**
folgenden פסיק; z. B.

I M. 30,20   וַיַּעֲבֹר הֹ׳ עַל־פָּנָיו   זְבָדַנִי אֱלֹהִים׳ אֹתִי   II M. 34,6

III M. 11,35   וַיָּבֹא אֱלֹהִים אֶל־בִּלְעָם   IV 22,20   אֲשֶׁר־יִפֹּל מִנִּבְלָתָם עָלָיו

V M. 3,20   וְכָתוֹב בַּסֵּפֶר׳ וְחָתוֹם   Jer. 32,44   אֲשֶׁר־יָנִיחַ הֹ׳ לָאֲחֵיכֶם

---

[76]) Daß von den Alten für קדמא gewöhnlich der Name אולא gebraucht
wird, ist bereits S. 32 erwähnt.

Ausnahmen von dieser Bestimmung giebt es nach der Mas=
sorah nur die zwei folgenden:

I M. 37,22 הִנֵּה תָרַדְתְּ ׀ אֵלֵינוּ ׀ II K. 4,13 וַיֹּאמֶר אֲלֵיהֶם ׀ רְאוּבֵן ׀

An diesen beiden Stellen ist der Accent ein מונח, obwohl
ein פסיק darauf folgt. Der Grund ist unbekannt.

**b., Der zweite משרת טפחא ist ein מרכא wegen der darauf
folgenden מאיילא.**

מאיילא ist ursprünglich ein Lesezeichen in Form einer טפחא [᷄]
und die gleichwerthige געיא (מתג) hatte einerlei Form[77]) mit
derselben. Diese Form einer טפחא ist heute nur noch vor אס"פ
(§ 40 u. 41) gebräuchlich, während im Laufe der Zeit vor זרקא
statt der מאיילא=Form die des מתג benutzt wurde und noch gegen=
wärtig angewendet wird.

Eine מאיילא vor זרקא bewirkt also, gleich dem פסיק, daß der
ihm vorangehende zweite משרת ein מרכא (statt מונח עלוי) ist; z. B.
II K. 4,29 וְקַח מִשְׁעַנְתִּי בְיָדְךָ, wo unter כָּשְׁעַנְתִּי darum ein מרכא
gesetzt werden muß, weil בְיָדְךָ eine מאיילא hat.

Dieses Gesetz ist nicht nur an mehreren Orten in der großen
Massorah, im מערכת (Massorah finalis), im אכלה ואכלה festge=
stellt; auch in den Lehrbüchern der ältesten Punktatoren, wie בן
אשר, בן בלעם ,ר' אברם דבלמש ,עט הספר ,ר' משה הנקדן ,יהב"י הנקדן
u. A. findet es volle Bestätigung. Von allen genannten Autori=
täten werden im Pentateuch acht zehn solcher Stellen angegeben,
wenn auch in Betreff einzelner Stellen abweichende Meinungen
zwischen ihnen obwalten.

Um der Wichtigkeit der Lehre willen und wegen des Werthes,
welchen die Alten darauf legten, dürfte es von Interessen sein,
diese achtzehn Stellen vollständig aufzuführen. Sie sind nach der
מסורה die nachstehenden:

---

[77]) Nach בן בלעם sind מאיילא und געיא sogar völlig identisch, nur
daß erstere Benennung bei den Massoreten, letztere bei den alten נקדנים
gebräuchlich ist. — רש"ה im ת"ם zu I M. 30,16 hält מאיילא gleichbe=
deutend mit dem מרכא, welches vor זרקא steht, ohne daß ihm jedoch eine
befriedigende Lösung der Schwierigkeiten und Widersprüche, welche durch diese
Annahme entstehen, gelingt (S. ש"ש 41,45.)

1., I M. 30,16   [78]וַיָּבֹא יַעֲקֹב מִן־הַשָּׂדֶה

2., I M. 41,45   וַיִּקְרָא פַרְעֹה שֵׁם־יוֹסֵף

3., II M. 29,21   מִן־הַדָּם אֲשֶׁר עַל־הַמִּזְבֵּחַ

4., IV M. 36,6   [78]וַנַּעֲבִירוּ קוֹל בַּמַּחֲנֶה

5., III M. 4,35   [79]כַּאֲשֶׁר יוּסַר חֵלֶב־הַכֶּשֶׂב

6., IV M. 5,18   וְהֶעֱמִיד הַכֹּהֵן אֶת־הָאִשָּׁה

7., IV M. 5,21   וְהִשְׁבִּיעַ הַכֹּהֵן אֶת־הָאִשָּׁה

8., IV M. 10,10   וּבְיוֹם שִׂמְחַתְכֶם וּבְמוֹעֲדֵיכֶם

9., IV M. 18,19   אֲשֶׁר יָרִימוּ בְנֵי־יִשְׂרָאֵל

10., IV M. 20,19   וַיֹּאמְרוּ אֵלָיו בְּנֵי־יִשְׂרָאֵל

11., IV M. 21,23   וְלֹא־נָתַן סִיחֹן אֶת־יִשְׂרָאֵל

12., IV M. 30,15   יַחֲרִישׁ לָהּ אִישָׁהּ

13., VI M. 36,3   מִבְּנֵי שִׁבְטֵי בְנֵי־יִשְׂרָאֵל

14., V M. 1,7   וּבֹאוּ הַר הָאֱמֹרִי

15., V M. 12,20   ה' אֱלֹהֶיךָ אֶת־גְּבֻלְךָ

16., V M. 19,5   יָבֹא אֶת־רֵעֵהוּ בַיַּעַר

17., V M 22,24   [80]וּסְקַלְתֶּם אֹתָם בָּאֲבָנִים

18., V M. 28,51   פְּרִי בְהֶמְתְּךָ וּפְרִי־אַדְמָתְךָ

Unter diesen achtzehn Beispielen fehlt nur zweien (IV M. 30,15 מאילא (יָבֹא אֶת־רֵעֵהוּ בַיַּעַר die יַחֲרִישׁ לָהּ אִישָׁהּ und V M. 9,5 vor זרקא. Die letztere Stelle wird sogar unter die sieben Aus= nahmen gezählt, welche sich in תנ"ך vorfinden und welche nach An= sicht des בלעם בן die nachstehend verzeichneten sind:

---

[78]) In minder correkten Ausgaben בַּמַּחֲנֶה, מִן־הַשָּׂדֶה ohne (גַעְיָא). S. den Abschnitt über גַעְיָא, wonach גַעְיָא unter מִן und בַ gerechtfertigt sind.

[79]) Die in vielen Ausgaben vorkommende Leseart כַּאֲשֶׁר יוּסַר חֵלֶב הַכֶּבֶשׂ steht nicht nur im Widerspruch mit obiger מסורה, sondern überhaupt auch mit dem weiter unten angeführten Gesetz, wonach von drei משרתים der וזרקא der erste eine תלישא קטנה ist.

[80]) In einigen Ausgaben steht vor באבנים auch ein פסיק, was der Lehre vom פסיק auch keineswegs widerspricht. S. Abschnitt II). Irrig jedoch ist eine andere Leseart, nach welcher unter אֹתָם ein מונח steht, da ein solches weder vor פסיק noch vor מאילא zulässig ist.

1, V M. 19,5 וַיִּשְׁלַח חִירָם מֶלֶךְ־‏ 2, II ©. 5,11 וַאֲשֶׁר יָבֹא אֶת־רֵעֵהוּ בַיַּעַר‏

צוּר מַלְאָכִים‏

3, Joſua 18,14 קָרִיבוּ וְאָמְרִין קֳדָם־מַלְכָּא‏ 4, Dan. 6,13 אֲשֶׁר עַל־פְּנֵי בֵית־חֹרוֹן‏

5, II ©. 4,8 וַיַּעֲבִירוּ קוֹל בְּכָל־עָרֵיהֶם‏ 6, Neh. 8,15 אֶת־רֹאשׁ אִישׁ־בֹּשֶׁת אֶל־דָּוִד‏

7, I Chr. 14,1 [81] (וַיִּשְׁלַח חִירָם מֶלֶךְ־צֹר מַלְאָכִים‏)

Statt der ſiebenten Ausnahmeſtelle (I Chr. 14,1), welche
בן בלעם als Parallelſtelle zu der obigen vierten (II Sam. 5,11)
mitzählt, führt בן אשר an II M. 36,6 וַיַּעֲבִירוּ קוֹל בַּמַּחֲנֶה an, obwohl
dieſes Beiſpiel gar keine Ausnahme iſt, vielmehr mit Recht unter
den achtzehn regelmäßigen Fällen aufgezählt iſt. Heidenheim ſetzt
in ſeinem מש"ה deshalb die Möglichkeit eines Schreibfehlers voraus, wodurch der Widerſpruch zwiſchen בן אשר und בן בלעם von
ſelbſt wegfiele.

Anders verhält es ſich mit den erwähnten beiden Stellen
יַחֲרִישׁ לָהּ אִישָׁהּ (IV M. 30,15), יָבֹא אֶת־רֵעֵהוּ בַיַּעַר (V M. 19,5),
welche nicht zu Recht unter den achtzehn regelmäßigen Fällen
aufgeführt werden. Was die letztere Stelle betrifft, ſo dürfte
allerdings ein Verſehen[82]) vorliegen, da, wie wir oben ſehen, dieſelbe

---

[81]) Die Unregelmäßigkeit der Stellen 1. 3. 4. 5. 7. beſteht darin, daß
bei den Wörtern מַלְאָכִים (beide mal), אֶל־דָּוִד, קֳדָם־מַלְכָּא בַיַּעַר der זרקא
keine גְעיא vorangeht, und der zweite משרת dennoch מרכא iſt. — Bei der
2. Stelle hat בֵית־חֹרוֹן eine גְעיא und es geht dnnoch ein טונח voran.
Die 6. Stelle in Neh. 8,15 iſt aber eigentlich regelmäßig und daher ſchlecht-
hin nicht unter die Ausnahme zu rechnen. Heidenheim glaubt, (©. מה"ט
©. 18b), daß ſtatt dieſes Beiſpiels die Stelle יַחֲרִישׁ לָהּ אִישָׁהּ (IV M.
30,15) unter die 7 Ausnahmeſtellen gehört. — (Daß in den מקראות גדולת
(Amſterdamer Ausgabe) בְּכָל־עָרֵיהֶם ohne גְעיא ſteht, iſt wohl als Druckfehler
anzuſehen, da in demſelben Vers auch das מקף zwiſchen עלי זית fehlt und
über לאמר ein זרקא ſtatt סגול geſetzt iſt.)

[82]) Wo ſolche Ungenauigkeiten vorkommen, rühren ſie theils von der
Flüchtigkeit, theils von irrigen Vorausſetzungen der Abſchreiber oder der
Drucker her. Die Klagen darüber ſind alt. Schon der anfangs des dreizehnten Jahr-
hunderts lebende R. Meïer Hallevi ſagt, (wie bereits Note 4, erwähnt): ואם
באנו לסמוך על הספרים המוגהים אשר בידינו, גם הם נמצאו בהם

doch in der That und ohne Widerspruch irgend einer Autorität unter die Ausnahmen gerechnet wird. — Aber auch bei der anderen Stelle יַֽחֲרִישׁ לָהּ אִישָׁהּ ist ein solcher Irrthum nicht unwahrscheinlich. Im II M. 17,6 finden wir nämlich nach Angabe der מסורה und des יהב"י die Worte לְפָנֶיךָ שָׁם עַל־הַצּוּר mit געיא unter עַל und zugleich mit פסיק nach שָׁם und daher טרכא darunter, Heidenheim hält die Richtigkeit dieser Accentuirung anderen Lesearten gegenüber aufrecht, und kommt demnach zu dem Resultat, daß יַֽחֲרִישׁ לָהּ אִישָׁהּ aus dem Verzeichniß der achtzehn regelmäßigen Fälle auszuschließen (S. Note 81) und durch לפניך שָׁם עַל־הַצּוּר zu ersetzen sei. (משה"ט S. 18b). Durch diese Annahme wäre der Widerspruch bei dieser einen Stelle gehoben. Wie aber die andere Stelle ואשר יבא את רעהו ביער gleichzeitig unter die regelmäßigen und die Ausnahmsfälle gerechnet werden konnte, bleibt noch unaufgeklärt.

Uebrigens läßt sich trotz der erwähnten zweifelhaften Fälle mit Genugthuung feststellen, daß hinsichtlich der Gesetze der Accentenlehre im allgemeinen, wie auch speciell hinsichtlich der Anzahl der regelmäßigen und der Ausnahmsfälle die מסורה und sämmtliche נקדנים vollständig übereinstimmen,[83]) und die unwesentliche Abweichungen nur durch fehlerhafte Abschrift oder Ungründlichkeit und Mißverstand der Correctoren veranlaßt sind, wie auch שׁום שׂכל מבין חדות vermuthet (S. 30,16).

מחלקות רבות, ולולי הטמסורת שנעשה סייג לתורה כמעט לא מצא אדם ידיו ורגליו במחלקות. וגם המסרות לא נצלו מטקרה המחלקות כי גם המה מחלקות הספרים כרב לא אך מחלקות, ביניהם נתצאו. In die Kategorie solcher irrigen die וְרקא betreffenden Zeichensetzungen gehören vermuthlich auch folgende Stellen: Josua 24,15 בַּחֲרוּ לָכֶם הַיּוֹם Richter 9,2 בְּאׇזְנֵי כׇל־ אֲשֶׁר הֵקַדְּישׁ דָּוִיד II Chr. 23,18 וְרוּחַ לָבְשָׁה אֶת־עֲמָשַׂי 12,18 I Chr. בַּעֲלֵי שְׁכֶם und 32,15 וְיַצַּל־יַֽחֵית אֶתְכֶם בָּזֹאת Sie verstoßen gegen die Gesetze der Accentenfolge insofern, als statt des ersten מונה ein קדמא stehen müßte, weil der Ton nicht auf dem ersten Buchstaben ruht. Vgl. oben § 56 B.)

[83]) Dies gilt namentlich von בן אשר und בן בלעם, obgleich deren Belegverse zum Theil von einander abweichen. Heidenheim bemerkt in Bezug darauf ואולם בעיקר המשפט אין להם מחלוקת, (S. 17b) מ"ה ושניהם הסכימו שפסיק או געיא יהיה בין המשרת לורקא הם הגורמים שיהיה אותו המשרת טרכא, לא טונח וכ'

§ 57. זרקא משרתים **mit drei und vier**.

Wenn זרקא drei משרתים hat, so kann der erste nur eine תלישא קטנה sein, der zweite ein קדמא und der dritte ein טרכא; z. B.

I M. 3,14 וְאִם־הָפָרֵ֨זָ֜ר אֹתָ֗ם ‖ IV 30,13 וַיֹּ֨אמֶ֜ר ה' אֱלֹהִים֮ אֶל־הַנָּחָשׁ֒

IV 30,15 כִּי־יִֽרְחִיב֩ ה' אֱלֹהֶ֨יךָ אֶת־גְּבֻֽלְךָ֜ ‖ V 12,20 וְאִם־תֵּחָ֗רֶ֨ה שִׂנְחָ֜רִי שִׁלֹה אִישָׁ֒

V 19,5 וַיִּשְׁלַ֣ח הָֽאֱלֹהִים֮ מַלְאָ֨ךְ ׀ לִירֽוּשָׁלִַ֜ם ‖ I Chr. 21,15 וְאֲשֶׁ֜ר יָ֨בָ֜א אֶת־רֵעֵ֨הוּ בַיַּ֜עַר

Seltener hat זרקא vier משרתים, in welchem Falle das obige Verhältniß der drei משרתים bestehen bleibt, vor תלישא קטנה hingegen noch ein מונח gesetzt wird; z. B.

II M. 17,6 בְּהֵרָ֣רֹֽף ה' אֱלֹ֨דֶ֜יךָ אֹתָ֗ם ׀ מִלְּפָנֶ֨יךָ֜ ‖ V 9,4 הִנְנִ֣י עֹמֵ֨ד לְפָנֶ֜יךָ שָׁ֨ם ׀ עַל־הַצּוּר֒

~~~~~~~~~

Zuweilen folgen zwei זרקאות, entweder unmittelbar, oder durch einen משרת getrennt, aufeinander. Dieses kann nur am Anfang eines Verses oder nach einem רביע stattfinden, — nicht nach anderen Accenten.

Am Anfang des Verses und in unmittelbarer Aufeinanderfolge stehen folgende Beispiele:

I Sam. 2,15 כֹּ֣ה־אָמַ֨ר ה' לִמְשִׁיחוֹ֒ ‖ Jesajah 45,1 גַּ֤ם בְּטֶ֨רֶם֙ יַקְטִירֻ֣ון אֶת־הַחֵ֜לֶב

Nach רביע, und aufeinander folgend:

Richt. 18,15 וַיֹּ֨אמֶר עֲשֵׂר־יָד֜וֹת ‖ II S. 19,44 חֲמֵ֨שֶׁת הָֽאֲנָשִׁים֙ הַהֹֽלְכִים֙ לְרַגֵּ֜ל

לִ֥י בַמֶּ֖לֶךְ וְגַם־בְּדָוִ֗ד

Jesajah 45,14 רָעָ֣ה חֶ֨רֶב שְׁפֹ֜ט ‖ II Chr 20,9 ה' יְגִ֨יעַ מִצְרַ֜יִם וּסְחַר־כּ֨וּשׁ וּסְבָאִים֙

II Chr. 32,33 הַגָּד֗וֹל וַֽיִּתְּנוּ־א֨וֹ אֶת־הַכֶּ֜סֶף ‖ daſ. 34,9 עִם־אֲבֹתָ֗יו וַֽיִּקְבְּרֻ֨הוּ֙ וַיְכַבְּד֜וּ בְמַעֲלָ֣ה

Nach רביע, aber durch משרתים getrennt:

I M. 41,22 הַלַּ֣יְלָה ה֗וּ ׀ הִנֵּ֣ה כָל־בְּכ֜וֹר ‖ II 12,29 אָחִ֗יו אֲבָ֣ל אֲבֵ֨ל אֲשֵׁנֵ֜נוּ אֲנַ֣חְנוּ

III M. 17,5 לְקָרְאוֹ֗נוּ ‖ II R. 1,6 יִשְׂרָאֵ֗ל אֶת־זִבְחֵיהֶ֜ם (אֲשֶׁר֮ הֵ֣ם זֹבְחִ֜ים[84]

---

[84] ט"ג und andere Ausgaben haben אֲשֶׁר mit מונח, obwohl der Ton nicht auf dem ersten Buchstaben ruht, Heidenheim verbessert deshalb nach einer alten Handschrift אֲשֶׁר mit קדמא, doch müßte הֵם dann wegen der געיא unter זֹבְחִים ein טרכא haben. Es scheint demnach eine ältere Leseart, welche Heidenheim im עין הקורא zur Stelle erwähnt, und wonach es

וַיֹּאמֶר לֹו אֱמָר־נָא אֵלֶיהָ (55הִנֵּה חָרַדְתְּ אֵלֵינוּ) II ‎ ‎4,13 ‎R.‎ ‎II וַיֹּאמֶר אֵלֵינוּ לְכוּ שׁוּבוּ

Nur einmal stehen in einem Vers drei רקאות hinter einan=
der (מתרדפים). II R. 1,16 אֲשֶׁר־שָׁלַחְתָּ מַלְאָכִים לִדְרֹשׁ בְּבַעַל זְבוּב

Auf einem und demselben Wort kann זרקא mit seinem משרת
nicht stehen, wie dies bei (מרכא טפחא), (קדמא אזלא), (מונח רביע)
der Fall ist. Dagegen kommt es bei den diesem Accente vorange=
henden משרתים vor, daß d i e ſe bei einem Worte stehen, und zwar
an folgenden Stellen:

III M. 10,12 אִם־יֹצְאוּ בְּנֹות־שִׁילֹו וְאֶל־אִיתָמָר בָּנָיו Richter 21,21
Neh. 12,44 לָאֹוצָרֹות לַתְּרוּמֹות׃

---

§ 58.   8., יְתִיב־פַּשְׁטָא

Wie טעמי המקרא בן בלעם ausdrücklich in den hervorhebt,
wurden יתיב und פשטא von den ältesten Sopherim als e i n Ac=
cent betrachtet und gezählt, nicht allein, weil sie an Rang und
Werth sich völlig gleichstehen, sondern auch weil ihre Stellung im
Satz eine gleiche ist. Da aber die zufällige W o r t f o r m oder
andere Eigenthümlichkeiten auf Anwendung des einen oder des an=
deren Accents von Einfluß sind, so hat man es schon früh für zweck=
mäßig erachtet, sie sowohl dem Namen nach zu u n t e r s c h e i d e n, als
auch die Gesetze, denen sie unterworfen sind, speciell anzugeben und
darzulegen. — Demnach wäre פשטא, als der häufiger vorkommen=
de Accent, hier zuerst zu behandeln.

§ 59.   a., פַּשְׁטָא׳

Den Namen führt der Accent vermuthlich ebensowohl von
seiner Form, die ein einfaches von der Linken zur Rechten sich
herabneigendes Häkchen darstellt, als auch wegen seiner einfachen

---

אֲשֶׁר־הֶם (mit מקף) heißen muß, die richtige zu sein.

85) Auch הִנֵּה hat in vielen Ausgaben, (auch ט״ג), ein מונח, obwohl
der Ton auf der zweiten Silbe ruht; H e i d e n h e i m setzt auch hier ein
קדמא (משה״ט 16b). Dagegen ist das מונח unter חָרַדְתְּ richtig, trotz des
darauf folgenden פסיק, da die Stelle zu den bereits oben (§ 56 C. a) er=
wähnten beiden Ausnahmen gehört.

Melodie, die nur aus Grundton und großer Terz besteht. Denn פשוט, פשיטא heißt im rabbinischen und chaldäischen Sprachgebrauch das Ein fa ch e.

Das Zeichen wird immer auf den letzten Buchstaben gesetzt, gleichviel ob das Wort milel oder milra ist. In den meisten Bibelausgaben wird daher, wenn das Wort milel ist, das פשטא doppelt gesetzt, nämlich eines am Ende des Wortes, und das an= dere auf die betonte Silbe (§ 6), um es dadurch von dem gleich= geformten קדמא zu unterscheiden (§ 5).

Was פשטא u. A. von יתיב eigentlich unterscheidet, ist der Umstand, daß es verbindende Accente vor sich haben kann, was bei יתיב nie der Fall ist. Bestimmend aber für die Wahl eines der beiden Accente ist die Be to nung des Wortes.

פשטא kann nämlich nur auf solche Wörter gesetzt werden, auf deren erstem Buchstaben der Ton nicht ruht, — es sei denn, wie weiter unten ausgeführt ist, daß ein משרת ihm vorangeht; — daher haben solche Wörter, wie die folgenden, stets פשטא, nie יתיב:[86])

I M. 1,20 שֹׁטְרֵי בְּנֵי יִשְׂרָאֵל II M. 5,14 וְעוֹף יְעוֹפֵף עַל־הָאָרֶץ
III M. 3,10 וְאֵלֶּה שְׁמוֹת הָאֲנָשִׁים IV M. 1,5 וְאֵת שְׁתֵּי הַכְּלָיוֹת
V M. 1,16 אֶת־עֹשֶׁר כְּבוֹד מַלְכוּתוֹ Esther 1,4[87]) וָאֲצַוֶּה אֶת־שֹׁפְטֵיכֶם

Folgt aber פשטא einem משרת, so kann es auf jeder beliebigen Silbe ruhen; z. B.

I M. 6,17 וַאֲנִי יָדוֹ II 5,23 בָּאתִי אֶל־פַּרְעֹה III 4,24 וְסָמַךְ אֶת־הַמַּבּוּל מַיִם
IV M. 8,2 שֵׁבֶט אָבִיךָ V 1,2 אֶחָד עָשָׂר יוֹם Esther 1,12 וַיִּקְצֹף הַמֶּלֶךְ

Sowohl am Anfang, wie auch in der Mitte eines Verses kann פשטא vorkommen, aber niemals gegen Schluß desselben. Den Uebergang zu אס״פ vermittelt zumeist וקף קטן, zuweilen auch תביר; z. B.

---

[86]) Ueber eine dieser Regel widersprechende Leseart vgl. unter יתיב (§ 60 Note 102).

[87]) Da durch מקף verbundene Wörter als e i n Wort betrachtet werden, so ist hier ע als zweite Silbe des Wortes anzusehen. Eben= so אֶת־בֶּרַע (I M. 14,2) כָּל־אֵלֶּה (daſ. V. 3) u. a. m. Auch bei den oben erwähnten Beispielen וָאֵלֶּה, וְעוֹף, וְאֵלֶּה ruht der Ton nicht auf dem ersten Buchstaben des Wortes, weil das שוא נע als Silbe gerechnet wird.

I M. 19,11 אֵלִם שְׁנֵים־עָשָׂר IV 7,87 הֵבִ֫יא בַּסְנוֹרִים מִקָּטָן וְעַד־גָּדוֹל כְּבָשִׂים בְּנֵי־שָׁנָה

Die meisten trennenden Accente können der פשטא sowohl vorangehen, als folgen; die ihr folgenden sind außer den so eben genannten תביר und וקף קטן die nachstehenden:

z. B. רביע, פור, זרקא, גרש, גרשים, אולא, לגרמיה, תלישא גדולה, יתיב;

III M. 15,51	אֵלַי הַעַל	II M. 33,12	
III M. 7,21	בְּטֻמְאַת אָדָם אוֹ	V M. 28,14	מִכָּל־הַדְּבָרִים אֲשֶׁר אָנֹכִי
II K. 25.4	קָרַב אֶל־הַמִּזְבֵּחַ וְעָשָׂה	III M. 9,7	הַלַּיְלָה הֶרֶךְ
II M. 29.20	הַיְלָדִים אֲשֶׁר גָּדְלוּ אִתּוֹ	I K. 12,10	וְלָקַחְתָּ מִיָּדָם וְנָחָם
		Esther 7,8	יִהָמָן נֹפֵל

Niemals aber steht es unmittelbar vor וקף גדול, טפחא, אס"פ.

Die vorhergehenden sind: גרש, רביע, אתנחתא, וקף קטן.

z. B. תלישא גדולה, פור, יתיב, ורקא, סגול, פסיק, גרשים;

daſ. 24,36	(88) יַעַן אֲשֶׁר עָשִׂיתָ	I M. 22,16	וַתֵּלֶד שָׂרָה אֵשֶׁת אֲדֹנִי בֶּן
II M. 4,1	אֲשֶׁר לֹא־הָיָה כָמֹהוּ	II M. 9,24	וַיֵּעַן מֹשֶׁה וַיֹּאמֶר וְהֵן
III M. 5.1	לִרְצֹנְכֶם מִמָּחֳרַת	III M. 23.11	וְנֶפֶשׁ כִּי־תֶחֱטָא וְשָׁמְעָה
V 20.7	הֲהִנֵּה־הָיוּ לִבְנֵי יִשְׂרָאֵל	IV M. 31,16	וּמִי־הָאִישׁ אֲשֶׁר אֵרַשׂ אִשָּׁה
Esther 6,6	(89) הַסָּבֵת · וִשָׁמַע	V M. 29,9	וַיָּבֹא הָמָן וַיֹּאמֶר לוֹ

פשטא gehört zu denjenigen מתרדפים, welche nur zwei mal hinter einander stehen können. Beispiele sind:

II 14,19 שָׂא־נָא עֵינֶיךָ וּרְאֵה כָּל־הָעַתֻּדִים	I M. 31,12 בָּרַח לְךָ לְפָנָי מַחֲנֵה יִשְׂרָאֵל
IV 20,8 יִשָּׁפֵךְ אֵלָיו יְסוֹד מִזְבַּח הָעֹלָה	III M. 4,18 הַקְהֵל אֶת־הָעֵדָה אַתָּה
Esther 3,4 כִּי רָאוֹת הֶעֱמִדוּ דִּבְרֵי מָרְדֳּכַי	V M. 11,28 אִם־לֹא תִשְׁמְעוּ אֶל־מִצְוֹת

---

88) Ueber den unmittelbaren Vorantritt des יתיב vor פשטא f. unter יתיב.

89) Nach משפטי הטעמים 34b gibt es nur drei Stellen, in welchen, einem פשטא vorangeht, nämlich III 10,6 אַל־תִּפְרָעוּ וּבְגְדֵיכֶם לֹא־ לגרמיה וְשֵׁם שְׁנֵי־בָנָיו מַחְלוֹן וְכִלְיוֹן und Ruth 1,2 עַל־רֹאשׁ וְשֶׁמֶן הַמִּשְׁחָה III M. 21,10 וְתָמְרִיאוּ; an anderen Stellen kommt unmittelbar vor פשטא wohl ein פסיק, aber kein נחש · שָׂרָף vor; so V M. 8,15 אֱלֹהִים אָדָם V M. 4,32 לגרמיה אֵת־הַטֵּאתִי II K. 8,14 לֵאמֹר · וַיֹּאמֶר u. a. m.

Der Accent פשטא kann bis zu vier משרתים haben. Der
משרת, welcher ihm zunächst vorangeht, ist entweder מהפך oder
טרכא. Ob ersterer oder letzterer angewendet wird, unterliegt folgender Regel:

Steht zwischen dem משרת und dem Accente noch eine oder
mehrere Silben,[90]) so ist ersterer immer ein מהפך; z. B.

III 1,5 וַיִּשִׂימוּ עָלָיו II 1,11 וַיָּבֶן שָׁם מִזְבֵּחַ I M. 12,7 אֶת־הָרָם עַל־הַמִּזְבֵּחַ

Wenn aber משרת und פשטא unmittelbar aufeinander folgen,
d. i. wenn weder ein Vocal, noch ein שוא נע sie trennen, so wird
ein טרכא gesetzt; z. B.

III 12,5 אִם־בֶּן הוּא II 1,16 אֲדֹנִי בֶן לַאֲדֹנִי I M. 24,36 וְשִׁשִּׁים יוֹם

Nur wenn zwei auf einander folgende betonte Silben durch
ein פסיק getrennt werden, ist ein מהפך zulässig; wie Jesaiah 58,2

יוֹם ׀ יוֹם יִדְרֹשׁוּן.[91])

Außerdem dienen als weitere משרתים noch תלישא קטנה, קדמא,
מונח, wie aus folgenden Beispielen ersichtlich ist;

a.) Mit einem משרת: I M. 1,2 מְתַחַת הַשָּׁמַיִם daf. Vers 9 הָיְתָה תֹהוּ

b.) mit zwei משרתים: II M. 4,12 בְּרוּחַ קָדִים עַזָּה daf. 14,21 כִּי טוֹב לָנוּ

c.) mit drei משרתים: III 21,21 אֲשֶׁר־יוּצַק עַל־רֹאשׁוֹ שֶׁמֶן הַמִּשְׁחָה
daf. 23,20 כִּי נְחָנִים נְחֻנִים הֵמָּה[92]) IV M. 8,16 עַל לֶחֶם בִּכּוּרִים תְּנוּפָה
S. 9,20 אֲשֶׁר נֶהְפַּךְ לָהֶם מִיָּגוֹן

d.) mit vier משרתים: V 38,49 יִשָּׂא ה' עָלֶיךָ גּוֹי מֵרָחוֹק daf. 29,11
אֵת כָּל־אֲשֶׁר עָשָׂה ה' לְעֵינֵיכֶם

Nur an einer Stelle hat dieser Accent sechs מְשָׁרְתִים; nämlich:
I K. 18,14 וַיִּשְׁלַח חִזְקִיָּה מֶלֶךְ־יְהוּדָה אֶל־מֶלֶךְ־אַשּׁוּר ׀ לָכִישָׁה ׀ לֵאמֹר ׀ חָטָאתִי
Doch sind dieselben durch פסקים getrennt.

---

[90]) Wozu auch ein שוא נע gerechnet wird.

[91] In den ט"נ und vielen anderen Ausgaben fehlt das פָּסִיק und
steht daher in Gemäßheit obiger Regel unter dem ersten יוֹם ein מרכא; Hei-
benheim hat פסיק. Weitere Beispiele sind nirgends aufgeführt.

[92]) Nach תְּלִישָׁא קְטַנָּה folgt stets ein קדמא, (f. unter משרתים)

Der Accent פשטא steht selten (z. B. Hohes Lied 1,7
שֶׁהַנְּחָלִים; daf. 1,13 עַד־שֶׁהַמֶּלֶךְ daf. 3,4 שֶׁהֲבֵיאתִיו Preb. 1,7
Prebig. 7,10 שֶׁהַיָּמִים) mit seinem משרת unter einem Worte. Auch
bei den beiden ihm vorangehenden verbindenden Accenten מהפך
und קדמא ist des wenige mal der Fall. Die Massorah zu III M.
25,46 stellt sechs Beispiele fest, wovon zwei im Pentateuch vorkommen.[93]

כָּל־הָעֵדָה כְּדִבֶּר־זֹן III M. 25,46 וּבְאַחֵיכֶם בְּנֵי־יִשְׂרָאֵל IV M. 20,1

Von מרכא und קדמא findet sich nur eine Stelle; V M. 8,16

הַמַּאֲכִלְךָ מָן.[94]

Wie טפחא vor אס"פ (f. § 49), verliert auch פשטא vor זקף
קטן seine trennende Kraft, wenn es in dem § 44 unter 3 angegebenen Fall das מונח zu ersetzen hat, was in Rücksicht auf den
Wohllaut zu geschehen pflegt. Daß die verbindende Kraft des
פשטא in solchen Fällen nicht aufgehoben wird, beweist die Vergleichung der betreffenden Beispiele, wie וַיֵּשֶׁב יִצְחָק (I M. 25,11)
und וַיֵּשֶׁב יִשְׂרָאֵל (IV 21,31); ferner בַּיּוֹם הַזֶּה (II M. 19,1) und
בַּיּוֹם הַשֵּׁנִי (IV M. 7,18) u. a. m. Nur in Bezug auf דגש נ nach
אהו"י bleibt die Wirkung des trennenden Accents bestehen. Darum
heißt es richtig וַיְהִי כְּרְאוֹתָהּ (I M. 39,13); dagegen: וַיְהִי כְּשָׁמְעוֹ
Ebenso: וַיְהִי בַּבֹּקֶר (I M. 29,25) aber: וַיְהִי בַּשְּׁבִיעִית (I K. 18,44.)

Das Gesetz, nach welchem unter dem Einfluß des רביע statt
eines regelrechten מונח ein פשטא gesetzt werden muß, ist bereits
oben, (am Schluß des § 52, Anmerkung 1) ausgeführt. Das
findet auch bei אולא Anwendung. (§ 69 Schlußbemerkung.)

Eigenartig ist eine hierhergehörige, in das Gebiet der Lese-
lehre hinübergreifende Bestimmung der Punktatoren,[95] welche
also lautet:

---

[93] Die übrige vier finden sich: (Ez. 43,11 וְכָל־צוּרֹתָיו; Daniel 3,2
בְּקִנּוֹתֵיהֶם Ezra 7,24 II Chr. 52,35 זַמָּרַיָּא; נְדָבְרַיָּא.

[94] Das מרכא ist durch oben erwähnte Regel bedingt.

[95] u. A. בעל טקנה אברם und בן אשר. Vgl. auch טוב טעם
Kap. 7 und ש"ש 1,3 und 4,8.

Wenn das Wort וַיְהִי mit פשטא (פשטא) steht, so erhält das וי״ו ein
מתג.[96]) Beiſpiele ſind:

I M. 1,21 וַיְהִי בְּאַשְׁמֶרֶת הַבֹּקֶר   II M. 14,24 וַיְהִי בָּעֵת הַהִיא

III M. 9,1 וַיְהִי כְּבַלֹּתוֹ   IV M. 16,31 וַיְהִי בַּיּוֹם הַשְּׁמִינִי

V M. 1,3 וַיְהִי בַּחֲצִי הַלַּיְלָה   Ruth 3,8 וַיְהִי בְּאַרְבָּעִים שָׁנָה.

Dieſes מתג wird häufig zur Rechten des Vocals geſetzt,[97])
um anzudeuten, daß es nach den gewöhnlichen Leſeregeln eigent=
lich keine Berechtigung habe, und nur von der exceptionellen Kraft
der פשטא[98]) abhängig iſt. Warum gerade der פשטא dieſe Kraft
eigenthümlich iſt, iſt nirgends angegeben.

§ 60.   b., יְתִיב

Im Gegenſatz zu פְּשְׁטָא, welches über dem letzten Buch=
ſtaben des Wortes ſteht, wird יְתִיב nur unter den erſten Buch=
ſtaben geſetzt. Von dem gleichgeformten מהפך[99]) unterſcheidet es
ſich dadurch, daß es zur Rechten des Vocals ſteht; מהפך hingegen
immer zur Linken desſelben. In den folgenden Beiſpielen:

I M. 36,20 אֵלֶּה בְנֵי־שֵׂעִיר‍ II 9,15 כִּי עַתָּה שָׁלַחְתִּי III 8,2 קַח אֶת־אַהֲרֹן

---

[96]) Ein Gleiches iſt der Fall wenn, ויהי ein מקף hat, was jedoch
leichter erklärlich iſt. In מקנה אברם heißt es darüber: וכל וי״ו וַיְהִי
כשהיא בטעם פשט או ב מ ק ף היא נקראת בגעיא שלא כמשפט כי אין
כאן ג׳ תנועות עכ״ל.

[97]) וַיְהִי בִּהְיוֹתָם בַּשָּׂדֶה (בראשי׳ ד׳ ח׳) וַיְהִי צ״ל מתוג מחבריו
ע״פ עדות החכמים ... אבל מבחוץ וכן נכון (עיין שום שכל שם).

[98]) In dem חוטש מפורש ſetzt Heidenheim zwar, auf alte Hand=
ſchriften geſtützt, ein מתג unter וַיְהִי, auch wenn das Wort einen der Accente
גרשים, זקף גדול und רביע hat, (zuweilen ſogar bei טפחא); z. B. I M.
37,23. 10,19; 14,1; 38,27; und es findet dieſe Annahme in den מ״ג hin und
wieder ihre Beſtätigung. Doch iſt Heidenheim gänzlich davon zurückgekommen,
nachdem er die Werke des יהב״י über ניקוד kennen gelernt. Dieſer Meiſter
bleibt ſeitdem für ihn maßgebend bei ſämmtlichen von ihm herausgegebenen
bibliſchen Büchern, oder Einlagen einzelner Theile aus denſelben, (z. B.
den הפטרות.)

[99]) Nach יתיב בן בלעם iſt מהפך kleiner, als מהפך.

haben die Wörter אֵלֶּה, כִּי, קַח, ein מַהְפַּךְ, deshalb steht der Accent nach dem Vocal; dagegen haben die gleichen Wörter an folgenden Stellen:

I M. 6,9 קַח מֵאִתָּם אֵלֶּה תּוֹלְדֹת נֹחַ V 20,19 כִּי מִמֶּנּוּ הָאֹכֵל IV 7,5 ein יְתִיב, welches vor dem Vocal steht.

Wie תִּנַח[100]) „der lagernde," זָקֵף „der aufwärts stehende," רָבִיעַ „der liegende" genannt werden, so trägt unser Accent den Namen: „der sitzende," weil er gleichsam zu Füßen des ihm folgenden Wortes sitzt; denn das chaldäische יְתִיב heißt sitzend, und kommt bereits in dem Bibeltext vor.[101]) Mit פשטא theilt er die Einfachheit der Melodie, welche, unter Hinweglassung des Grundtons, nur durch die Quinte intonirt wird.

Nur einsilbige Wörter können יתיב haben; zweisilbige nur dann, wenn der Ton auf dem ersten Buchstaben ruht. Geht der betonten Silbe daher eine andere Silbe, oder auch nur ein שוא נע voran, so wird statt des יתיב ein פשטא gesetzt. Man vergleiche:

I M. 4,10 קוֹל דְּמֵי אָחִיךָ mit: V M. 13,19 בְּקֹל ה' אֱלֹהֶיךָ

II M. 13,17 דֶּרֶךְ אֶרֶץ פְּלִשְׁתִּים „ I M. 24,27 בַּדֶּרֶךְ נָחַנִי ה'

III M. 25,20 הֵן לֹא נִזְרַע „ II M. 4,1 וְהֵן לֹא־יַאֲמִינוּ לִי

IV M. 8,7 זֹאת חֲנֻכַּת הַמִּזְבֵּחַ „ IV M. 16,28 בְּזֹאת תֵּדְעוּן

V M. 8,7 אֶרֶץ נַחֲלֵי מָיִם „ V 25.18 בָּאָרֶץ אֲשֶׁר ה'־אֱלֹהֶיךָ

Esther 7,6 אִישׁ צַר וְאוֹיֵב „ II M. 34,3 וְאִישׁ לֹא־יַעֲלֶה עִמָּךְ

Mit Recht wird daher III M. 23,17 שְׁתַּיִם שְׁנֵי עֶשְׂרֹנִים mit פשטא accentuirt, und es unterliegt ohne Zweifel ursprünglich einem Versehen, etwa eines Abschreibers, wenn es Ezechiel 41,24 heißt: [102]) שְׁתַּיִם מוּסַבּוֹת דְּלָתוֹת שְׁתַּיִם לְדֶלֶת אֶחָת

---

[100]) Ein Beiname d. אתנחתא. S. Note 27.

[101]) Z. B. Daniel 7,9 וְעַתִּיק יוֹמִין יְתִב. Nach Levita wird יתיב auch משפל genannt כן קרא לו רש"י ז"ל (S. ט"ט פ"ח).

[102]) Wie selbst in autoritive Ausgaben sich Fehler einschleichen, ersehen wir daraus, daß auch in den ט"ג an dieser fraglichen Stelle שְׁתַּיִם mit יְתִיב steht. — בן בלעם äußert über diese Lesart:

Nach einem משרת jedoch folgt immer פשטא, niemals יתיב, auch wenn der erste Buchstabe des betreffenden Wortes betont ist, da dem Accente יתיב, wie bereits erwähnt, kein משרת vorangeht. Regelrecht steht daher:

I M. 22,2 וַהֲבֵאתִי מֹרֶד שָׁם II 32,18 אֵין קוֹל III 26,36 וְהַעֲלֵהוּ IV M. 14,8 לְהִנָּחֶם דָּה אִם־יָאֵץ בָּנוּ V 4,22 אָנֹכִי מֵת Esther 8,13

Wörter, welche durch ein מקף verbunden sind, werden in der Accentenlehre als Ein Wort angesehen. Auch diese erhalten daher stets ein פשטא statt des יתיב, weil die betonte Silbe niemals die erste ist, wie wir in folgenden Beispielen sehen.

I M.2,24 אֶל־פֶּתַח אֹהֶל מוֹעֵד II 10,28 אֶל־אֹתְךָ III 15,14 עַל־כֵּן יַעֲזָב־אִישׁ IV 21,18 אֶת־עֹשֶׂר כְּבוֹד מַלְכוּתוֹ V 26,3.1,4 כִּי־בָאתִי אֶל־כִּי־אֲשֶׁר יָצְאָה מַחֲשָׁבוֹן

יתיב kommt wohl oft nach פשטא, wie in folgenden Stellen, vor:

I M. 3,22 יְמֵי שָׁבַע II M. 38,30 אֶת־אַדְנֵי פֶּתַח III M. 25,8 וְלָקַחְתְּ גַּם V M.11,30 לְצָבִי אוֹ V M.20,1 סוּס וָרֶכֶב־עַם H. L. 8,14 אַחֲרֵי־דֶרֶךְ (vgl. auch § 59); dagegen steht יתיב vor פשטא, nach Bestimmung der מסורה nur elf mal, und zwar im Pentateuch an folgenden zwei Stellen:

III M. 5,2 אֶת סִיחוֹן .(103) und V M. 1,4 אוֹ בְּנִבְלַת

---

103) Die übrigen neun Stellen sind: Jesajah 5,24 אֵת תּוֹרַת, das. 30,32 אִישׁ אַחֲרֵי, כָּל מַעֲבַר, Jeremijah 14,14 שֶׁקֶר הַנְּבִיאִים, das. 16,12 das. 22,30 אִישׁ יֵשֵׁב, Daniel 2,10 דִּי כָּל־מֶלֶךְ, das. 7,24 דִּי מַלְכְוָת Esra 6,8 דִּי מִדָּה, das. 9,4 כָּל חָרַד. — Diese Fälle sind von der מסורה wohl nur barum constatirt, um einer Verwechslung mit מהפך vorzubeugen. — Wenn übrigens Ewald in seinem Lehrbuch der h. Spr. S. 215 gerade bei dieser Stelle (V M. 1,4) glaubt, das יתיב unter עוֹג מֶלֶךְ הַבָּשָׁן stehe für מהפך und sei eine Hebung des letzteren, so verkennt er völlig den Character dieses acc. disjunct., welcher für מהפך, den a. conjunct., nie eintreten kann. Daß dem Wörtchen עוג wegen der nachfolgenden Apposition ein trennender Accent zufommt, wissen wir aus der allgemeinen Regel und finden es auch bei der vor-

6

Außer פשטא können noch folgende Accente יתיב vorangehen:
רביע ,סגול ,ו"ק, ו"ג, אתנחתא; z. B.

I M. 4,10 וְלֹא יָמוֹת בְּי III 16, 2 לְדִוִד כִּי II 32,7 מֶה עָשִׂיתָ קוֹל
IV M. 20,12 וַיַּעַבְדִכַיָבָא לִפְנֵי V 1,19 אֲשֶׁר רָאִיתָ הַדֶּרֶךְ E. 8,1 וְאֶל־אַהֲרֹן יַעַן

Auf יתיב folgen kann außer פשטא nur זקף קטן, selten אולא.

פשטא nämlich folgt unmittelbar in den oben erwähnten elf
massoretischen Stellen; zuweilen auch mit einem משרת (vor
פשטא); z. B.

I M. 22,16 בָּא וְאָשִׂים עֵינִי Jer. 40,4 יַעַן אֲשֶׁר עָשִׂיתָ
Ezechiel 14,13 אֶרֶץ כִּי תֶחֱטָא־לִי

Unmittelbar vor זקף קטן steht es in folgenden Beispielen:

I M. 2,23 אֶת הַנְּתָחִים II 4,26 אָז אָמְרָה III 1,8 אֶרֶךְ הַתֵּבָה
IV M. 7,5 בֵּית הַמַּלְכוּת V M 15,12 אוֹ הָעִבְרִיָּה Esth. 1,9 קַח מֵאִתָּם

Mit einem משרת (טונח) vor ו"ק, I M. 10,4 אֶת עֲשֶׂרֶת
הַדְּבָרִים, sind die Beispiele zahlreich und mehrfach bereits in diesem §
aufgeführt.

Zwei משרתים finden sich in Fällen, wie folgende:

I M. 29,19 כָּל אֲשֶׁר נָשְׂאוּ לִבּוֹ II M. 36,2 טוֹב תִּתִּי אֹתָהּ לָךְ
III M. אִישׁ אֲשֶׁר יִרְקַח כָּמֹהוּ II 30,33 אֶת אֲשֶׁר צִוָּה מֹשֶׁה
V M. 8,9 טוֹב אֲשֶׁר תֹּאחֵז בָּזֶה אֶרֶץ אֲשֶׁר אֲבָנֶיהָ בַרְזֶל Predig. 7.19

Auch mit darauf folgendem אולא kommt יתיב vor; nämlich:

Richter 4,7 אֶפֶס כִּי לֹא תִהְיֶה

Eine gemeinsame Eigenthümlichkeit der Accente פשטא
und יתיב, (welche zugleich רביע betrifft), besteht darin, daß, wenn
einer von ihnen vor רביע steht, nothwendig auch nachher wieder
ein יתיב oder פשטא folgen muß; z. B.

angehenden Wortverbindung סיחון מלך האמרי bestätigt, wo סיחון ein
פשטא hat. Es würde auch auf עוֹג ein פשטא zu setzen sein, wenn der Ton
nicht auf dem ersten Consonanten ruhte. (S. § 59 u. 60). — Ebenso wenig
liegt der Beweis für die Richtigkeit seiner Ansicht darin, daß Zach. 4,6 nach
יתיב ein Dagesch lene folgt, da ja nach jedem trennenden Accente, selbst
nach פסיק, das Dag. lene regelrecht ist.

I M. 1,11 הַמַּיִם הָאֵלֶּה יֹצְאִים אֶל־הַגָּלִילָה Ez. 47,8. תַּדְשֵׁא הָאָרֶץ דֶּשֶׁא עֵשֶׂב

(104) II Chr. 32,31 הַמְשַׁלְּחִים עָלָיו לִדְרֹשׁ הַמּוֹפֵת S. 7,8 וְהָמָן נִפֵּל עַד־הַמִּטָּה

Diese Regel hat zwei Ausnahmen, nämlich:

(105) u. II K. 5,13 אָבִי דָּבָר גָּדוֹל הַנָּבִיא I S. 27,5 יִתְּנוּ־לִי מָקוֹם בְּאַחַת כְּעֵינֶיךָ

Wenn daher in verschiedenen Ausgaben auch I M. 38,12 כִּזֵּי צֹאנוֹ הוּא וְחִירָה accentuirt wird, so ist das irrig und muß הוּא heißen, wie Heidenheim dies משפ״ה S. 35a nachweist.

Ein ähnliches, in der Schlußbemerkung zu § 52 erwähntes Verhältniß findet bei פשטא und זקף קטן statt. Wenn nämlich einer פשטא (יתיב) ein ז״ק vorangeht, so muß derselbe nothwendig auch ein ז״ק wieder folgen; z. B.

I M. 3,1   וְהַנָּחָשׁ הָיָה עָרוּם מִכֹּל חַיַּת הַשָּׂדֶה

II M. 4,1   וְגַעַן מֹשֶׁה וַיֹּאמֶר וְהֵן לֹא־יַאֲמִינוּ לִי

III M. 23,15   מִמָּחֳרַת הַשַּׁבָּת מִיּוֹם הֲבִיאֲכֶם

IV M. 21,2   יֹשֵׁב הַנֶּגֶב כִּי בָּא יִשְׂרָאֵל

V M. 4,40   מְצַוְּךָ הַיּוֹם אֲשֶׁר יִיטַב לְךָ

Esther 7,6   וַתֹּאמֶר אֶסְתֵּר אִישׁ צַר וְאוֹיֵב

---

§ 61. 9. שַׁלְשֶׁלֶת.

Von der dreigliedrigen kettenähnlichen Figur rührt vermuthlich der Name her; denn das Wort bezeichnet im Rabbinischen eine Kette. In der Massorah werden gewöhnlich die hebräischen Namen מרעים und מרעיד dafür gebraucht, welche so viel als „Zittern und Beben erregend" bedeuten und sich wohl auf die Melodie beziehen, die dem Accente zukommt.

---

104) Mit dieser Lesart stimmt die Amsterdamer Ausgabe der מ״ג nicht überein, welche לִדְרֹשׁ (mit זקף statt רביע) verzeichnet.

105) In minder correcten Ausgaben findet sich hier zwar in Wirklichkeit statt רביע ein זקף קטן (מָקוֹם, גָּדוֹל); doch die Angabe Ben Bileams und anderer Punktatoren ist entscheidend. S. noch die hierauf bezügliche Bemerkung Heidenheims zu הפטרת תזריע.

שַׁלְשֶׁ֓לֶת ſteht ſowohl auf מלעיל, als auch auf מלרע betonten
Wörtern, und zwar immer zu Anfang des Verſes, weshalb der
Accent keinen משרת hat. In allen vorhandenen Ausgaben folgt
auf שלשלת ein פסיק, deſſen urſprüngliches Vorhandenſein jedoch
von Einigen bezweifelt wird, wie dies aus den weiter unten er=
wähnten Citaten des יהב"י und der מסורה hervorgeht.

Nur ſiebenmal kommt שלשלת in der ganzen heiligen Schrift
(ausſchließlich der Bücher אמת)[106] vor, und zwar viermal im
Pentateuch: I M. 19,16 וַיִּתְמַהְמָ֓הּ, daſ. 24,12 וַיֹּאמַ֓ר, daſ. 39,8
וַיְמָאֵ֓ן, II M. 8,23 וַיִּשְׁחָ֓ט, je einmal Jeſajah 13 8 וְנִבְהָ֓לוּ,
Amos 1,2 וַיֹּאמַ֓ר, und Esra 5,15 וַאֲמַר־לֵ֓הּ. Bündige Lehren,
wie bei den anderen Accenten, laſſen ſich daher über שלשלת nicht
aufſtellen, und namentlich herrſchen über den Rang, in welchen
dieſer Accent gehört, getheilte Meinungen. Einige zählen ihn zu
den trennenden, Andere zu den verbindenden Accenten, und von An=
deren wird ihm eine beſondere Stellung unter den Accenten angewieſen,
nach welcher er weder zu den מלכים, noch zu den משרתים gehört.

Als trennenden Accent bezeichnet ihn die Massora marginalis
(גליון מסורה הגדולה) zu I M. 19,16;[107] auch nach einer Stelle
im הוריות הקורא wurde er früher zu den מלכים gerechnet.[108] Dieſe An=
nahme iſt nicht nur durch den jemalige Sinn der Rede gerecht=
fertigt, ſondern ſtützt ſich auch auf den Einfluß der שלשלת auf
die Betonung und Vocaliſation des betreffenden Wortes. So be=
merkt R. D. Kimchi zu Jeſajah 13,8: מפני השלשלת וְנִבְהָ֓לוּ בקמץ
כי יש לה משפט הפסק. Beſäße שלשלת nicht trennende Kraft, ſo
wäre das Wort וְנִבְהֲלוּ vocaliſirt, und die Betonung מלרע.[109]
Auch וַיֹּאמַ֓ר (I M. 24,12 und Amos 1,2) lautete ohne trennenden
Accent וַיֹּאמֶר und wäre daher מלעיל.[110] Die Verwandlung des

---

[106] In dieſen drei Büchern hat der Accent eine andere Bedeutung
und iſt bald trennend, bald verbindend.

[107] Dort heißt es; בכ"א ספרים לעולם היא (ר"ל שלשלת) מולכת.

[108] ויש מן הקדמנים שהכניסו השלשלת במנין המלכים אע"פ שאין
לו טכסיס של טלוכה: עיין טשפטי הטעמים ו' ב'.

[109] S. Kap. 6 über den Einfluß der Accente auf Betonung.

[110] S. eben daſelbſt und die Regeln über ויאטר § 96, c.

‫‑ in ﬞ bei den Wörtern וַיִּשְׁחָט und וַיִּתְמַהְמָהּ spricht ebenfalls dafür.[111] Vgl. מכלול S. 47.)

Diejenigen Gelehrten, welche שלשלת als den verbindenden Accenten zugehörig betrachten, begründen ihre Ansicht damit, daß nach שלשלת immer פסיק folgt, da doch dieses Zeichen, — wie wir später unter פסיק sehen werden, — nur nach einem verbindenden Accente folgen könne.[112] Wäre also שלשלת trennend, — so folgern sie, — dann wäre פסיק unnütz, (אין בו צורך), und sie halten sich daher zu dem Rückschluß berechtigt, daß gerade das vorhandene פסיק Zeugniß dafür abgibt, daß das vorausgehende שלשלת nur als משרת fungiren könne.

Aber auch die Ansicht hat ihre Vertreter, daß שלשלת wohl zu den Tonaccenten gehört, aber dennoch weder verbindend, noch trennend sein.[113] Zu ihnen gehört auch der Verfasser des הוריות הקורא, welcher sich hinüber ausspricht, wie folgt:

בכ"א ספרים (שלשלת) אינה מצויה כי אם בו' מקומות ובתחלת הפסוק ופסיק אחריה והם וַיִּתְמַהְמָהּ וכו' והואיל והן במנין אינן נחשבין לא עם הטעמים ולא עם המשרתים (משה"ט ז' א').

Halten wir diese drei divergirenden Ansichten gegen einander, so scheint der darin enthaltene Widerspruch sich wohl darum aus‑ gleichen zu lassen, wenn wir annehmen, daß der שלשלת wohl trennende Kraft innewohnt, da sie schwerlich sonst eine Vokalver‑

---

[111] Dieser Ansicht scheint sich auch יהב"י zuzuneigen, welcher zu ויתמהמה bemerkt: ונהגו קצת נקדנים לנקד שם פסק להגיד שאינה משרתת.

[112] So citirt Heidenheim Ben Bileams Ausspruch: עם הטעמים לא נמנה (הפסיק) מפני שאין בא כ"א עם המשרת משה"ט ז' ב': Ferner וכבר מבואר לעיל שלא יתכן פסק כי אם עם המשרת, ואחרי daf. 31b. גליון מס' Wichtig ist — .הטעם אין בו צורך, כי הטעם הוא המפסיק: ויתמהמה ר"פ מרעימות ויש שנוהגין כאן פסיק וטעות zu I M. 19,16 כי לא נמנה שום פסק אחר השלשלת, ומפני שיש בג' ספרי' אמת השלשלת לפעמים מלך ולפעמים משרת, כשהיא מולכת או בא הפסק להבדיל בין המלה, אבל בכ"א ספרים לעולם היא מולכת, ובה הם טועים:

Dennoch wird in der מס"ק zu I 24,12 und 39,8, ferner III 8,23, an letzterer Stelle auch in der מס"ג, das פסיק ausdrücklich bestätigt.

[113] In den Büchern אמ"ת, in welchen שלשלת in einem anderen Ver‑ hältniß steht, als in den 21 Büchern, hat dieselbe nach der oben erwähnten Massorah marginalis nur dann פסיק, wenn das Wort dem Sinne nach von dem folgenden geschieden ist.

änderung bewirken könnte; daß sie aber durch פסיק erst den Werth einer רביע erlangt, deren Stelle שלשלת eigentlich vertritt. Es würde in der That auch ebenso dem Sinne der Rede entsprechen, wenn an den betreffenden Stellen statt שלשלת ein רביע stünde, nämlich:

I M. 19,16 ויתמהמה ויחזיקו האנשים daſ. 39,8 וימאן ויאמר
III M. 8,23 וישחט ויקח משה Jeſ. 13,8 ונבהלו צירים וחבלים יאחזון
Amos 1,2 ויאמר ה׳ מציון Esra 5,15 ואמר־לה אלה מאניא

Nur I M. 24,12 müßte etwa וַיֹּאמַר stehen, da das darauf folgende ה bereits ein רביע hat.

Die Frage nach dem Grunde, warum der selten gebrauchte Accent gerade an diesen Stellen Verwendung gefunden, pflegt man allgemein durch die Annahme zu beantworten, daß שלשלת auf die, in den betreffenden sieben Wörtern, die alle verba sind, enthaltene zögernde Thätigkeit, oder das darin ausgedrückte anhaltende Gefühl hinweisen soll. Bei וימאן „er weigerte sich" und ויתמהמה „er zögerte" ist das Zutreffende dieser Erklärung sofort erkennbar; (ſ. מ״ש zu I M. 39,8); auch ויאמר und ואמר־לה können gewiß eine langsame feierliche Ansprache, so wie ונבהלו eine anhaltende Beängstigung andeuten. Nur וישחט läßt sich nicht so schlechthin erklären;[114]) doch dürfte die Möglichkeit nicht ausgeschlossen sein, daß etwa vor und nach dem Schlachten des zweiten Widders (איל המלואים) Anlaß zu einer Pause oder sonst zu einer zögernden Ausführung des Actes, vorgelegen hätte.[115])

---

[114]) Vielleicht soll der Accent hier aber doch, wie bei ונבהלו, auf eine immer Erregung des die Handlung Verrichtenden hinweisen, worauf auf die Beinamen מרעים und מרעיד anspielen dürften; nur wäre es unerklärt, warum gerade bei diesem Schlachtacte eine besondere Erregung eingetreten sei.

[115]) Einen theilweisen Anhalt hat diese Hypothese an dem Commentar N. H. Wesels, welcher III M. 8,22 darlegt, wie der איל השני nicht zu einer ordnungsmäßigen Opferclasse gehörte, sondern als eigenartiges Opfer anzusehen war. Es heißt dort: לבד איל השני איננו על דרך השלמים כי לא בא על נדר ולא נדבה ולא תודה כי לא נמלטו מצרה, ולא נהגו במתן דמו כמו בשאר שלמים כו׳ ואין דוגמתו עוד עכ״ל. Uebrigens kann die Möglichkeit oder Wahrscheinlichkeit des Zusammenhangs der Handlung mit der fraglichen Accentuation hier nicht weiter erörtert werden.

Die auf שלשלת folgenden Accente sind רביע, אזלא, יתיב-פשטא,
wie aus obigen Beispielen erſichtlich iſt. —

§ 62. 10., תְּבִיר

Der chaldäiſche Name תְּבִיר oder תַּבְרָא (ſ. עט סופר) iſt mit
dem hebräiſchen שבור gebrochen identiſch, wie Onkelos עֶוֶרֶת אֹו
שָׁבוּר (III M. 22,22) mit עַוֵּיר אֹו תְּבִיר überſetzt. Ebenſo wird
I M. 8,11 טרף זיתא תְּבִיר mit ת״א von עלה־זית טָרָף „ein abge-
brochenes Oelblatt" umſchrieben, indem er, einigen ſpäteren Exegeten gleich, von der Anſicht ausgeht, daß טָרָף ein Adjektiv iſt.[116]
Seinem Namen entſprechend wird der Accent da gebraucht, wo
das Wort, unter welchem er ſteht, den Satz theilt oder bricht, um
die wirkliche Zuſammengehörigkeit der Wörter deutlicher hervortreten zu laſſen.

Unter den Accenten der dritten Stufe iſt תביר der ſchwä-
chere. Da er der ſchärfer trennenden טפחא immer vorangeht, ſo
können Laien leicht über ſeinen Werth ſich täuſchen und an manchen Stellen des Textes ihn ſogar als verbindend anſehen. Aber
abgeſehen von den zahlreichen Beiſpielen, in welchen תביר ſofort
als entſchiedener טעם מפסיק hervortritt, beweiſt ſchon der Umſtand
ſeine trennende Kraft, daß nach ihm בגד כפת allenthalben ein דגש
erhalten, wenn auf einer der Buchſtaben אהוי vorangeht.

Als unzweifelhaft trennend läßt ſich תביר in folgenden
Beiſpielen leicht erkennen:
I M. 19,5 רַק הַרְחֶק לֹא־תַרְחִיקוּ II M. 8,24 אַיֵּה הָאֲנָשִׁים אֲשֶׁר־בָּאוּ
III M. 26,39 וְהָיָה לָכֶם הַיָּם הַגָּדֹול IV M. 34,6 וְאַף בַּעֲוֹנֹת אֲבוֹתָם
V M. 31,22 וַיִּכְתֹּב מֹשֶׁה אֶת־הַשִּׁירָה הַזֹּאת ‎.7,2 בַּה־שֶּׁאָלָתֵךְ אֶסְתֵּר הַמַּלְכָּה

Durch Einſchiebung des מרכא vor טפחא tritt nämlich in
dieſen Beiſpielen anſchaulich hervor, daß תביר entweder dem früheren

---

[116] Als Adjektiv nach der Form חָזָק, לָבָן erklären das Wort u. A.
מ״ש, ראב״ע, רד״ק. Nach רש״י hingegen iſt טָרָף die 3. Perſon m. des
Präteritums, womit die Accentuation übereinſtimmt. Ueber die dabei zu
löſenden grammatiſchen Schwierigkeiten ſ. מפורש und באור zur Stelle.

Inhalt sich anschließt, oder daß es eine selbständige Stellung ein=
nimmt; in beiden Fällen ist תביר mithin trennend.

Anders ist das Verhältniß, wenn תביר unmittelbar der טפחא
vorangeht; denn oft scheint hier der Werth des Accents abgeschwächt,
weil der Sinn der Rede erst bei der nachfolgenden טפחא ein
stärkeres Absetzen im Vortrag verlangt, wie wir aus nachfolgen=
den Beispielen ersehen:

I M. 48,5 כָּרַתִּי אֶת־הַבְּרִית וְאֶת־יִשְׂרָאֵל 34,27 II עַד־בֹּאִי אֶל־הַמָּקוֹם אֲשֶׁר־יָמָה לִי־הֶם
III M. 25,24 וַיָּהֶם כָּרֵב אֶת־הָעָם אֶל־מֹשֶׁה 13,30 IV גֵּרִים וְתוֹשָׁבִים אַתֶּם עִמָּדִי
V M. 26,4 אֶת אִגֶּרֶת הַפֻּרִים הַזֹּאת הַשֵּׁנִית 9,29 S. וְלָקַח הַכֹּהֵן הַטֶּנֶא מִיָּדֶךָ

In vorstehenden Beispielen scheinen טפחא und תביר sogar durch
den Sinn enger verbunden; doch streng genommen, bezieht sich das
Wort, worunter טפחא steht, eigentlich auf das vorangehende Prä=
dikat, (also כרתי ברית, עד באי מצרימה u. s. f. Im letzten Beispiel
bezieht sich הזאת auf אגרת). Und außerdem erfordert תביר auch
hier ein kurzes Innehalten, da es mit seinem משרת verbunden ist.

Diese scheinbare Abschwächung des תביר wird noch gesteigert,
wenn nach טפחא ein משרת folgt, wie in folgenden Beispielen:

I M. 41,19	דַּלּוֹת וְרָעוֹת תֹּאַר מְאֹד וְדַקּוֹת בָּשָׂר
II M. 38,24	וּשְׁבַע מֵאוֹת וּשְׁלֹשִׁים שֶׁקֶל בְּשֶׁקֶל הַקֹּדֶשׁ
III M. 22,10	תּוֹשַׁב כֹּהֵן וְשָׂכִיר לֹא־יֹאכַל קֹדֶשׁ
IV M. 29,2	פַּר בֶּן־בָּקָר אֶחָד אַיִל אֶחָד
V M. 29,1	וַיִּקְרָא מֹשֶׁה אֶל־כָּל־יִשְׂרָאֵל וַיֹּאמֶר אֲלֵהֶם
Esther 2,14	אִם־חָפֵץ בָּהּ הַמֶּלֶךְ וְנִקְרְאָה בְשֵׁם

Die in jeglichem Beispiel enthaltene Gedankenverbindung
findet zwar durch טפחא erst ihren vollständigen Abschluß, und es
wird zugleich der nachfolgenden משרת mit אם"פ fester verbunden,
(ודקות בשר, בשקל הקדש u. s. w.); dennoch wird die Trennkraft
des תביר keineswegs dadurch aufgehoben.[117]

---

[117] Von der genauen Beachtung dieses letztern Momentes hängt in vielen
Fällen die richtige Deutung des Textes ab; wir wollen nur ein Beispiel her=
vorheben: Jesajah 1,5 heißt es: עַל־מֶה תֻכּוּ עוֹד תּוֹסִיפוּ סָרָה. Der Leser
kann zweifelhaft sein, ob die Partikel עוֹד zu den vorhergehenden, oder nach=
folgenden Worten gehört, und in der That finden wir unter den Exegeten

תְּבִיר‎, welches zu den am häufigsten gebrauchten Accenten gehört, kann, wie alle trennenden Accente, auch ohne משרת‎ stehen, wie in folgenden Beispielen:

---

und Uebersetzern beide Meinungen vertreten. Die Jüngeren, wie ר״ש בן מלך‎ und der באור‎, lesen als ersten Satztheil עַל מֶה תֻכּוּ עוֹד‎, und ihrem Commentar entsprechend (כאיזה מקום תכו עוד [אם] תוסיפו סרה‎) lautet die Uebersetzung von Ottensofer: „Wohin solltet ihr noch geschlagen werden?" Zunz übersetzt ebenfalls: „Wozu wolltet (!) ihr für der geschlagen werden? Ihr mehrt den Abfall!" Auch nach Delitzsch u. Fürst gehört עוֹד‎ mit תֻכּוּ‎ zusammen; (s. dessen Wörterbuch unter עוד‎). Die großen Altmeister der hebräischen Sprachwissenschaft hingegen, wie רש״י‎, ראב״ע, רד״ק‎, und unter den Neueren מלבים‎ erklären עוֹד תּוֹסִיפוּ סָרָה‎ als zusammengehörig und finden sich damit in vollständiger Uebereinstimmung mit der Auffassung der Accentuatoren. Denn das תביר‎ unter תֻּכּ֗וּ‎ zeigt unverkennbar, daß hier abgesetzt werden muß. Unter dem adverbialen עוֹד‎ ist aber טפחא‎ nothwendig, da, wie wir gesehen haben, תּוֹסִיפוּ סָרָה‎ eng verbunden werden muß. Gehörte עוֹד‎ hinauf, so würde unzweifelhaft: עַל־מֶ֗ה תֻכּ֣וּ ע֔וֹד תּוֹסִ֖יפוּ סָרָ֑ה‎ accentuirt sein, analog der Stelle V M. 34,10 וְלֹא־קָ֨ם נָבִ֥יא ע֛וֹד בְּיִשְׂרָאֵ֖ל כְּמֹשֶׁ֑ה‎, oder: II M. 36,3 הֵבִ֨יאוּ אֵלָ֥יו ע֛וֹד נְדָבָ֖ה בַּבֹּ֣קֶר בַּבֹּ֑קֶר‎ — Dabei ist noch zu beachten, daß die Wortverbindung הוֹסִיף עוֹד‎ eine sehr geläufige ist; auch ist es nicht abnorm, daß die Partikel עוֹד‎ dem Prädikat vorangeht, da dies oft vorkommt; (vgl. ע֥וֹד כָּל־יְמֵ֖י הָאָֽרֶץ‎ (I M. 8,22). עֽוֹד הֵ֥ם מְדַבְּרִ֖ים‎ Jef. 65,24) אִם־תַּצִּ֗יל וְע֥וֹד תּוֹסִֽף‎ (Prov. 19,19) u. a. m. — Nach רש״י‎ und dem בעל הטעמים‎ ist der Sinn des Verses etwa folgender: „Wozu seid Ihr geschlagen worden? Ihr übet weiter den Abfall!" d. h. alle bisherigen Strafen habt Ihr unbeherzigt gelassen, sie waren vergeblich, denn „Geist und Gemüth sind siech," כָּל־רֹ֣אשׁ לָחֳלִ֔י וְכָל־לֵבָ֖ב דַּוָּֽי‎ תֻּכּ֗וּ‎, als Ausdruck für einen sich oft wiederholenden Vorgang, ist hier im Präteritum zu nehmen, wie ואש‎ תִּהְיֶ֤ה לַ֨יְלָה֙ בּ֔וֹ‎ (II M. 40,39). — Manche Exegeten, wie כלי יקר‎, halten beide Lesearten für berechtigt und commentiren demgemäß.)

Aehnlich aufzufassen, wie erwähnte fragliche Stelle, sind folgende Beispiele הַקְרֵ֨ב אֵלַ֤י אֱלֵיהֶם֙ מִשְׁפָּחְתּ֔וֹ וְיָרַ֖שׁ אֹתָ֑הּ‎ (V M. 27,11); desgleichen: נִפְרְד֞וּ הַגּוֹיִ֤ם בָּאָ֨רֶץ֙ אַחַ֣ר הַמַּבּ֔וּל‎ oder וְעַתָּ֞ה הַשִּׁירָ֤ה הַזֹּאת֙ לְעֵ֔ד לִ֖י בִּבְנֵ֥י יִשְׂרָאֵֽל‎, in welchem die mit תביר‎ und טפחא‎ accentuirten Wörter dem Sinne nach gewiß nicht zu vereinigen sind, durch טפחא‎ aber die Zusammengehörigkeit der beiden folgenden Wörter leichter erkannt wird.

I M. 30,35 כַּאֲשֶׁר וַיְהִי II ‎ M. 10,1 לְמַעַן שִׂיתִי III ‎ M. 16,2 בְּזֹאת יָבֹא
IV ‎ M. 16,7 וְהָיָה הָאִישׁ V ‎ 10,6 וַיִּקָּבֵר שָׁם וַיְכַהֵן ‎ E. 2,20 וְאֶת־עַמָּה כַּאֲשֶׁר

Der Accent kann aber bis zu vier משרתים haben. Der ihm zunächst vorangehende ist entweder דרגא oder מרכא, was von der Anzahl der Vokale abhängt, welche den Accent von seinem משרת trennen.

a.) Sind dieselben nämlich durch zwei oder mehrere Vocale geschieden, so ist der משרת stets ein דרגא; z. B.

I M. 6,19 גֵּרִים וְתוֹשָׁבִים II ‎ 19,14 וַיֵּרֶד מֹשֶׁה III ‎ 25,23 שְׁנַיִם מִכָּל
IV ‎ 32,5 וַיֵּיטֵב הַדָּבָר ‎ E. 2,4 כְּעָבְרָךְ מָחוֹד־הָאֵשׁ V ‎ 4,33 אֶת־הָאָרֶץ הַזֹּאת

In Beziehung auf dieses Accentverhältniß des תביר zu seinem משרת wird auch das נע שוא am Anfang der Silbe, und namentlich חטף סגול, חטף פתח, חטף קמץ ([118]) als Vokal betrachtet; daher steht דרגא an Stellen, wie folgende:

I M. 27,22 לֹא כִלָּה III ‎ 19,9 אָחוֹת אַהֲרֹן II ‎ 15,20 וַיִּגַּשׁ יַעֲקֹב
IV ‎ 16,30 לְקַחְתָּ מָרְדְּכַי V ‎ 13,7 אוֹ רֵעֲךָ Esther 2,8 כִּי נָאֲצוּ

Aus diesem Grunde hat auch), wenn unter אֱלֹדִים und ה' ein תביר kommt, das vorhergehende Wort stets ein דרגא,[119]) wie:

I M. 27,22 מִצְוַת ה' II ‎ M. 16,6 כִּי ה' III ‎ M. 4,13 הִרְחִיב ה'
IV M. 22,38 צַוֵּה ה' V ‎ M. 5,21 יַשִּׂים אֱלֹדִים (Vgl. 2,17.)

b.) Wird aber תביר von dem vorangehenden משרת nur durch einen Vocal oder auch gar nicht geschieden, so ist dieser משרת ein מרכא; z. B.

I M. 13,20 שְׁתֵּי חוֹרִים II ‎ M. 3,7 רָאֹה רָאִיתִי III ‎ M. 5,7 וַיְשַׁלְּחוּ אֹתְן
IV M. 7,14 אִם־חָפֵץ בָּנוּ V ‎ M. 12,12 אֵין לוֹ Esther 2,12 כַּף אַחַת

Diese feststehende Regel hat nach der מסורה dreizehn Ausnahmen, d. h. an dreizehn Stellen ist der משרת ein דרגא, obwohl ihn

---

[118]) Aber nicht das einfache שוא nach einem מתג, (s. u. unter b.). — Dagegen wird das שוא unter einem Buchstaben mit רגש חזק ebenfalls als Vokal betrachtet, da es bekanntlich wie zwei aufeinander folgende שוא gelesen wird; z. B. (עָשָׂה אִתְּכֶם אֵת תִּכֶּם) (שני חטפים רצופים) (V M.) 1,30) (אֲשֶׁר צִוְּךָ (צַוְּךָ) (V M. 13,6).

[119]) Die מסורה hebt dies ausdrücklich hervor; כל דסמיך לאדכרה דרגא. Unter אדכרה wird eigentlich der vierbuchstabige göttliche Name verstanden; in Ansehung obiger Regel aber wird אלדים nicht davon unterschieden.

nur eine Silbe trennt. Die (zu II M. Kap. 21 Vers 35 an=
gegebene) מסורה lautet:

י"ג זוגין מתחלפין בטעמא פירוש בי"ג מקומות המשרת רַדְרָנָא אע"פ שאין

בין המשרת לתביר רק מלך אחד או מלך וחטף מובלע:

Auch sonst werden von den ältesten נקדנים, u. A. v. ר' אהרן
עט סופר, von משפטי הטעמים, in seinem רד"ק in seinem בן אשר
ebenso von ר' משה הנקדן, dreizehn Ausnahmen constatirt; in der
Angabe der Stellen weichen sie jedoch von einander ab. — Nach der
erwähnten מסורה sind es die folgenden:

1.) I M. 18,18 יָגֹף שׁוֹר־אִישׁ		2.) II M. 21,35 וְאַבְרָהָם הָיוֹ יִהְיֶה
3.) III M. 7,33 אֲשֶׁר אֵין־לְוֹ		4.) V M. 14.10 לֹן תָּהְיֶה
5.) Josua 8,9 בֵּין בֵּית־אֵל		6.) Daf. V. 12 בֵּין בֵּית־אֵל
7.) Hosea 10,14 יֵרַע לָנוּ		[120])8.) II Sam. 20.6 וְקָאם שְׁאוֹן בְּעַמֶּיך
9.) Hosea 10,14 הֶפֵף יָרֵך		10.) II Chr. 18.33 כִּשׁוֹר שַׁלְמַן
11.) I K. 22,34 כִּי־לֹא יָכְלוּ		12.) II Chr. 30.3 הֶפֵף יָרֵך
13.) Koh. 9,10 תִּמְצָא יָרֵך		

---

[120]) Daß die Angabe dieser in der Massora magna aufgezählten drei=
zehn Stellen keine zuverlässige ist, daß sich vielmehr Schreib= oder Druckfehler
dabei eingeschlichen haben, liegt auf der Hand und ist schon öfter dargethan
und besprochen worden. Zunächst muß auffallen, daß Hosea 10.14 z w e i
m a l gezählt wird, obgleich der Vers nur e i n Beispiel (כִּשׁוֹר שַׁלְמַן) enthält;
dem מסורה וקם שאון בעמיך sind nur die Anfangsworte des Verses. Die
enthielte demnach nur z w ö l f Beispiele.

Aber auch הפך ידך (unter 10 und 11) wird zweimal gerechnet, wäh=
rend aus der im "אכלה ואכלה" (s. Frensdorff'sche Ausgabe No. 221 und die
Anmerkung dazu) angeführten, ferner aus einer von Heidenheim benutzten
handschriftlichen מסורה hervorgeht, daß nur II Chr. 18,33 הפך ein דרגא
hat. Es bleiben demnach nur e l f Ausnahmen.

Hierzu kommt die weitere Schwierigkeit, daß eine andere מסרה, wel=
che Heidenheim vorgelegen, überhaupt nur zwölf Ausnahmen angibt, und daß
בן אשר, der wie oben bereits erwähnt, dreizehn Ausnahmen zählt, einige
von den in der מסורה angegebenen Stellen wegläßt und dagegen andere
aufstellt; ja, daß בלעם בן in seinem טעמי המקרא sogar fünfzehn Aus=
nahmen bringt! — Eine befriedigende Aufklärung dieser, durch incorrecte
Ausgaben und Abschriften entstandenen Wirren und Widersprüche verdanken
wir dem Scharfsinn des unermüdlichen Wolf H e i d e n h e i m, welcher das
Resultat seiner Untersuchungen im שום שכל zu I M. 18,18 und in seinen

Ein einfaches שוא nach einem מתג, (wie in יוֹשְׁבֵי ,שְׁמָרָה)
wird von den alten נקדנים nicht immer als שוא נע betrachtet, (f. a. a. O.)
עין הקורא zu III M. 9,22), und ist namentlich hinsichtlich des תחביר[121]
nicht als Vokal anzusehen, (vgl. Note 118). Wenn ein solches
Wort ein תביר hat, so ist der משרת auf der vorangehenden Silbe
daher ebenfalls ein מרכא; z. B.

וְאַךְ אֶתֶן I M. 34,11 וַאֲשֶׁר תֹּאמְרוּ[122] II. 12,22 לֹא תֶּצְאוּ III. 9,15
אֲשֶׁר לָקְחוּ IV M. 26,24 אֲשֶׁר פָּקְדוּ IV. 13,27 חָרֵב וּדְבַשׁ I S. 30.16

Dagegen bewirkt ein פסיק vor תביר, daß ihm stets ein דרגא
vorangehen muß, obwohl der Accent nur durch eine Silbe, oder
auch gar nicht von seinem משרת getrennt ist;[123] z. B.

בַּרְזֶל׀ הֻכָּה I M. 42,13 ה'׀ IV 35,16 פָּנָיו׀ IV 6,25 אַחִים׀ אֲנַחְנוּ
אֲחַשְׁוֵרוֹשׁ׀ עַם Jesajah 6,3 קָדוֹשׁ׀ קָדוֹשׁ Est. 3,7 יוֹם׀ לְיוֹם Est. 10,1

Hat ein תביר zwei משרתים, so ist der erste entweder ein קדמא
oder מונח.

Ein קדמא wird gesetzt, wenn der Ton nicht auf dem ersten
Buchstaben des Wortes ruht; z. B.

אֲשֶׁר עָלָה עָלָיו I M.27,7 הָבִיאָה לִּי צֵיד II 5,7 לָקַח תֵּבֶן לָעָם III 16,10

משפטי הטעמים S. 28a niedergelegt hat, (f. daf.) Danach sind auf Grund
der מסורה des בן אשר, welche correct ist, statt der irrthümlich mitgezähl=
ten beiden Stellen: וקאם שאון בעמיך (Hosea 10,14) und הפר ידך (I K.
22,34) zwei andere zu setzen; nämlich אַרְבַּע מֵאוֹת אִישׁ־נַעַר (I S. 30,17)
und וְהֵם אֲשֶׁר בֵּרְכוּ (Jef. 19,25). Diese beiden Stellen sind auch vom רד"ק im
עט סופר bezeichnet, welcher von בן אשר und Heidenheim nur infofern ab=
weicht, als in der von ihm benutzten מסורה statt ירע לנו (II Sam. 20,6)
הפך ידך (I K. 22,34) sich vorgefunden hat.

In der מסורה des בן אשר muß übrigens בֵּרְכוּ mit einfachem שוא
bezeichnet gewesen sein, da einem פתח חטף ja ohnedies regelrecht ein דרגא
vorangehen würde, אֲשֶׁר בֵּרְכוּ also keine Ausnahme wäre.

[121] Daß ein solches einfaches שוא hingegen nach פשטא als Silbe
zählt, (wie I M. 36,5 וְאָהֳלִיבָמָה יָלְדָה) haben wir bereits oben (§ 44 ad 3) gesehen.

[122] Einige Punktatoren haben die Lesart תֹּאמְרוּ und setzen folge=
richtig: וַאֲשֶׁר תֹּאמְרוּ (S. עין הקורא I M. 34,11 und משפטי הטעמים 27a).

[123] Vgl. die oben erwähnte מסורה zu II M. 21,35.

IV 13,3   אֲשֶׁר תָּבִיא מֵאַרְצֶךָ   V 26,2   וַיְשַׁלַּח אֹתָם מֹשֶׁה

Esther 8,11   אֶת־כָּל־חֵל עַם וּמְדִינָה׃

Ift aber der משרת auf den erſten Buchſtaben zu ſetzen, ſo iſt er allezeit ein מונח ; z. B.

I M. 36,21   אֵלֶּה אַלּוּפֵי הַחֹרִי   II M. 15,25   שָׁם שָׂם לוֹ

III M. 23,12   אִם אֶת־כָּל־דְּנֵי הַיָּם   IV M. 11,22   כֶּבֶשׂ תָּמִים בֶּן־שְׁנָתוֹ

V M. 2,6   Esther 4,2   אָכֹל תִּשָּׁבְרוּ מֵאֹתָם   כִּי אֵין לָבֹא

Als dritten משרת hat חָבִיר eine תלישא קטנה, wie in folgenden Fällen:

I M. 21,11   יֶעֱרֹךְ אֹתוֹ אַהֲרֹן וּבָנָיו   II M. 27,21   בַּל אֲשֶׁר תֹּאמַר אֵלֶיךָ

V M. 34,8   וַיִּבְכּוּ בְנֵי יִשְׂרָאֵל אֶת־מֹשֶׁה   E. 10,1   וַיָּשֶׂם הַמֶּלֶךְ אֲחַשְׁוֵרֹשׁ מַם

Hierbei iſt zu merken, daß nach תלישא קטנה nur קדמא, niemals מונח folgen kann. (S. § 85 unt. תלישא קטנה).

Nicht ſelten aber wird vor תלישא קטנה noch ein vierter משרת vorgeſetzt, und zwar ein מונח, wie an folgenden Stellen:

I M. 47,24   יִהְיֶה לָכֶם לְזֶרַע הַשָּׂדֶה וּלְאָכְלְכֶם

IV M. 35,18   בִּכְלִי עֵץ יָד אֲשֶׁר־יָמוּת בּוֹ הִכָּהוּ

V M. 9,10   אֲשֶׁר דִּבֶּר ה' עִמָּכֶם בָּהָר

Esther 5,12   אַף לֹא־הֵבִיאָה אֶסְתֵּר הַמַּלְכָּה עִם־הַמֶּלֶךְ

~~~~~~

Der einzige trennende Accent, welcher auf תביר folgen kann, und nothwendig folgen muß,[124] iſt טפחא; vorangehen können ihm hingegen faſt alle anderen, nämlich: אולא, גרש, אתנחתא, רביע, תלישא קטנה, פשטא, זקף גדול, סגול, פזר, פסיק, זקף קטן, גרשים. Beiſpiele ſind;

I M. 23,9   הַנֹּגֵעַ בָּאִישׁ הַזֶּה   I M. 26,11   בְּכֶסֶף מָלֵא יִתְּנֶנָּה לִי

II M. 12,26   יְמַעַן שִׂיחִי   II M. 10,1   כִּי־יֹאמְרוּ אֲלֵיכֶם בְּנֵיכֶם מָה

III M. 14,21   מַצָּה אַחַת וְחַלַּת לֶחֶם שֶׁמֶן   III 8,26   וְלָקַח כֶּבֶשׂ אֶחָד אָשָׁם

IV M. 4,25   כִּי יֵחַם לְבָבוֹ וְהִשִּׂיגוֹ   V M. 19,6   מִכַבָּדֹהוּ וְכִסָּה

---

124) Vgl. auch § 47 und den Anfang dieſes Paragraphen.

גְּדֹלִים וְרָעִים ׃ בְּמִצְרָיִם ‏V 6,22 הַפְּקֻדִים אֲשֶׁר פָּקַד מֹשֶׁה וְאַהֲרֹן‏ IV M. 4,46

וַיְהַקָּבֵץ נְעָרוֹת רַבּוֹת Eſther 2,8 בְּתוֹךְ הָעִיר וַיִּזְעַק Eſther 4,1

Der Accent ſteht oft zwei mal hinter einander, daher ge=
hört er zu den מתרדפים. Beiſpiele ſind:

I M. 13.18 רֹעֵה אֶת־צֹאן II M. 3,1 וַיָּבֹא וַיֵּשֶׁב

לַאֲבוֹתֶיךָ לְאַבְרָהָם V M. 6,10 וְעֵינֵינוּ אֶל־הַמָּקוֹם IV M, 14.40

וּמְיֻם ׃ לְיוֹם וּמֵחֹדֶשׁ Eſther 3.7 אֶת־כָּל־הַיְּהוּדִים אֲשֶׁר Eſther 3,6

Durch דרגא ſind beide zuweilen geſchrieben, wie:

גּוֹיִם גְּדֹלִים וַעֲצֻמִים V M. 3,27 und daſ. 4,38 וְשָׂא עֵינֶיךָ יָמָּה וְצָפֹנָה׃

Es bleiben noch die Fälle zu beſprechen, in welchen תביר
und מרכא unter ein und dasſelbe Wort zu ſetzen ſind. In unſeren
Bibelausgaben, wie auch in der מסורה גדולה, finden ſich freilich
ſolche Stellen nicht vor; gleichwohl beſtehen ſie nach den Zeugniß
der älteſten Punktatoren, מקנה אברם, רד״ק, בן בלעם, ר׳ משה הנקדן,
ſowie nach handſchriftlicher טמורה unter feſtſtehenden Regeln, die
in Nachſtehendem aufgeführt werden mögen:

Nach בן בלעם משפטי הטעמים (ſ. 26b) kommt nämlich ſtets
wenn dem Accente ein שוא, und dieſem einer der langen Vocale
, ֻ und ָ vorausgeht, auch ein מֵרְכָא unter dasſelbe Wort;[125] z. B.

II M. 35.20 וַיֵּצְאוּ V M. 13,16 אֶת־יוֹשְׁבֵי Kgl. 1.14 יִשְׂתָּרְגוּ

I Chr. 4,28 וַיֵּשְׁבוּ Jeremiah 9,16 הִתְבּוֹנְנוּ Joſ. 8,15 וַיִּגְּעוּ

(Auch וְאֵצְאָה II Chr. 1,10 wird vom עט סופר als weiteres
Beiſpiel citirt.)[126]

Geht aber dem תביר kein einfaches שוא, ſondern ein חטף פתח
voran, ſo wird kein מרכא, ſondern nur ein מתג vor dasſelbe
geſetzt: z. B.

---

[125] מרכא Nur in בִּבְירָתָא (Eſra 6,2) kommt auch nach חיריק ein.

[126] Welche Stelle aber רט״ה meint, indem er שְׁעָרִים und וַיֵּצְאָו
als ſolche Beiſpiele angiebt, iſt nicht erſichtlich. Die Angabe beruht wohl
auf einem Schreibfehler. Für יֵצְאוּ iſt vielleicht וַיֵּצְאוּ (II M. 35,20) gemeint.

I M. 27,4 בַּעֲבוּר baf. 31,27 וָאֲשַׁלֵּחֲךָ II M. 30,19 וְרָחֲצוּ

Von dieser Regel haben die Punktatoren ausdrücklich drei Ausnahmen verzeichnet, welche ebenfalls, ungeachtet des חטף פתח, mit טרכא חביר accentuirt sind nämlich:

Ez. 36,3 וַתֵּעָלוּ II Chr. 13,12 תִּלָּחֲמוּ baf. 31,9 הַכֹּהֲנִים.

D., **Die Stufenfolge der Grafen.** (Comites, שלישים).

§ 63. 11., פָּזֵר·

Einfacher und übersichtlicher sind die Bestimmungen, welche sich an diesen Accent knüpfen. Er wird von den Alten פור קטן genannt, um ihn vom קרני פרה oder פָּזֵר נָדוֹל zu unterscheiden.

Der Name פָּזֵר kommt ihm zu vermöge seiner gabelförmigen Figur; denn פור heißt im Aramäischen Gabel, wie aus einer Definition R. Samuels ben Meïr Traktat Baba bathra 99b hervorgeht שקורין פורקא [127] פורא מקל או רחת.

Aehnlich so, wie מַרְעִיד zu שַׁלְשֶׁלֶת, (f. v.) verhält sich der in der מסורה übliche Name מַרְעִיש zu פָּזֵר. — Der Name מרעיש bezieht sich auf die Melodie des Accents, welche die Töne des Dreiklangs in rascher aufwärts steigender Aufeinanderfolge zu Gehör bringt, denn Auffahren (hier des Tones), in die Höhe springen, ist eine von den Nebenbedeutungen der Wurzel רעש, und sie wird auch in diesem Sinne mehrfach in der heiligen Schrift gebraucht.[128]

---

[127] רחת wird Jef. 30.24 als ein technisches Instrument erwähnt, ebenso Traktat Sabbath 122b, wo רחת neben מלגו (מולג) Gabel vorkommt. Das provinziale fourque (פורקא) ist identisch mit fourchette. Auch das hebräische Verb פַּזֵר zerstreuen, theilen, weist auf diese Bedeutung hin, ähnlich dem französischen se fourcher, sich gabelmäßig theilen.

[128] Als Beispiele sind anzuführen: Jer. 4;24 רָאִיתִי הֶהָרִים וְהִנָּם רוֹעֲשִׁים, wo es im Parallelismus mit הִתְקַלְקָלוּ gebraucht wird, (welches

Unter den Accenten der vierten Stufe ist פור der am stärk=
sten trennende, und folgt hinsichtlich seines Werthes sofort auf
תביר (פור מפסיק יותר מת״ג אבל פחות מהמשנים תל״ע). Er kann
sowohl am Anfang, als auch in der Mitte eines Verses stehen,
aber nicht vor אם״פ.

Außer אם״פ gehören zu den trennenden Accenten, welche auf
פור nicht f o l g e n können, die nachbenannten: טפחא רביע, יתיב,
ארקא,[129] ד״ק, ו״ג; dagegen folgen ihm entweder direkt oder indirekt
גרש, גרשים, תלישא גדולה; aber nur indirekt, (d. i. mit משרתים)
פשטא, פסיק, אולא, תביר; z. B.

I M. 10,13   וּמִצְרַיִם יָֽכֵד

I M. 30,30   כִּי מְעַט אֲשֶׁר־הָיָה לְךָ לְפָנַי

II M. 12.18   בָּרִאשֹׁן בְּאַרְבָּעָה עָשָׂר יֹום לַחֹֽדֶשׁ

II M. 22,8   עַל־כָּל־דְּבַר־פֶּשַׁע עַל־שֹׁור עַל־חֲמֹור

III M. 10,6   אֶל־אַהֲרֹן וּלְאֶלְעָזָר וּלְאִיתָמָר ׀ בָּנָיו

III M. 1,11   וְזָרְקוּ בְּנֵי אַהֲרֹן הַכֹּהֲנִים אֶת־דָּמֹו

IV M. 4,49   כָּל־הַפְּקוּדִים אֲשֶׁר פָּקַד מֹשֶׁה וְאַהֲרֹן

V M. 22,6   לְפָנֶיךָ בַּדֶּרֶךְ

V M. 16,16   בְּשָׁנָה יֵרָאֶה כָל־זְכוּרְךָ

Vorangehen können ihm nur folgende fünf Accente: פסיק
פשטא, רביע, סגול, אתנחתא; Beispiele sind:

I M. 27,33 עַד־מְאֹד וַיֹּאמֶר   II M. 4,31 וַיִּשְׁמְעוּ וַֽיִּקְּדוּ הָעָם וְיַֽאֲמֵן

II M. 29,20 וְנָתַתָּה כַּדָּמֹו ׀ לָנֶפֶשׁ צָמֵא   IV M. 9,19 וְלָקַחְתָּ

V M. 1,19 וַנֵּלֶךְ מֵחֹרֵב לְהַשְׁמִיד הַמֶּלֶךְ מְדִינֹות   Esther. 3,13 וַנִּסַּע

קִלְקֵל בַּחִצִּים umschreibt; ebenso erklärt er נתקו ונורקו ממקומם durch רש״י
(Ez. 21,26 durch) זרק חץ כלפי מעלה. Ferner Hiob 10,20 הַתַרְעִישֶׁנּוּ כָּאַרְבֶּה
„Lässest du es (das Roß) bröhnend heraufsausen, wie Heuschrecken?" wozu
רש״י die Definition giebt: מדלג וקופץ כארבה ומרעיש סביביו. Auch Zunz
und Gesenius übersetzen obige Stelle: Lehrst du es s p r i n g e n wie
Heuschrecken.

[129] Nach פור גדול jedoch kann ארקא folgen. S. u. § 63 und
משה״ט 33a.

פָּזֵר kommt nicht nur zweimal in einem Verse vor, (z. B. Esther 4,11), sondern es kann auch mehrmals hinter einander folgen, da es zu den מתרדפים gehört. Im Pentateuch ist dies u. A. der Fall:

I M. 27,33 וְהָיָה אֵס־לֹא יֶאֱמִינוּ   II M. 4,9 וַיֹּאמֶר מִי־אֵפֹוא

baſ. 22,7   עַל־כָּל־דְּבַר־פֶּשַׁע עַל־שׁוֹר   IV M. 9,5 הַפֶּסַח בָּרִאשׁוֹן

IV M. 11,26 כַּמַּחֲנֶה שֵׁם הָאֶחָד ׳ אֶלְדָּד׳

Seltener sind die Fälle, in welchen פָּזֵר mehr, als zweimal nach einander vorkommt:

Dreimal folgen sie sich: I Chr. 25,3 בְּנֵי יְדוּתוּן גְּדַלְיָהוּ וּצְרִי

Viermal: I Chr. 15,24 וּשְׁבַנְיָהוּ וְיוֹשָׁפָט וּנְתַנְאֵל וַעֲמָשַׂי

Fünfmal: Nehemiah 12,36 וְאֶחָיו שְׁמַעְיָה וַעֲזַרְאֵל מִלֲלַי גִּלֲלַי

Sechs und siebenmal kommt es nicht vor; dagegen:

Achtmal: I Chr. 15,18 וְּכַרְיָהוּ בֵן וַעֲזִיאֵל וּשְׁמִירָמוֹת וִיחִיאֵל וְעֻנִּי אֱלִיאָב
יִבְכַנְיָהוּ וּמַעֲשֵׂיָהוּ

Sehr häufig kommt פזר unter Vorantritt von משרתים vor. Der ihm zukommende משרת ist ausschließlich מונח, und es kann der Accent bis zu vier משרתים haben; z. B.

a.) einen משרת I M. 3,6   וַתֵּרֶא הָאִשָּׁה

         II M. 28,27   וְנָתַתָּ אֹתָם

b.) zwei משרתים III M. 5,6   וְהֵבִיא אֶת־אֲשָׁמוֹ לַה׳

         IV M. 3,38   וְהַחֹנִים לִפְנֵי הַמִּשְׁכָּן

c.) drei „   V M. 22,6   כִּי יִקָּרֵא קַן־צִפּוֹר לְפָנֶיךָ

        Eſt. 8,9 וַיִּכָּתֵב כְּכָל־אֲשֶׁר־צִוָּה מָרְדֳּכַי אֶל־הַיְּהוּדִים

d.) vier „   IV M. 9,10   אִישׁ אִישׁ כִּי־יִהְיֶה טָמֵא ׳ לָנֶפֶשׁ

        E. 2,15. וּבְהַגִּיעַ תֹּר־אֶסְתֵּר בַּת־אֲבִיחַיִל דֹּד מָרְדֳּכַי

Unter gleichem Worte mit seinem משרת kommt פזר nur I M. 50,17 vor: אָנָּא׳

Uebrigens findet sich פזר, wie wir gesehen, ebenso auf Wörtern, welche מלעיל, wie auf solchen, welche מלרע sind.

7

§ 64.   12., קַרְנֵי פָרָה

ober פָזֵר גָדוֹל gehört zu den selten vorkommenden Accenten und hat in Stellvertretung des פַזֵר (קָטֹן) mit diesem gleichen Werth. Der Name קרני פרה (Kuhhörner) scheint der ursprüngliche zu sein und auf die Figur (ﬧ) sich zu beziehen, wie sie in älteren Hand= schriften, (z. B. in der des יהב״י), sich vorfindet. Der jetzigen Figur (ﹽﹽ) entspricht mehr der von den Punktatoren gebrauchte Name פור גדול (große Gabel) oder אופן ועגלה (Rad und Reif, Rad und Ring), wie der Accent in der מסורה genannt wird.

An s e ch s z e h n Stellen in Th'nach findet sich der Accent קרני פרה; im Pentateuch kommt er nur e i n m a l vor. Diese sechs= zehn Stellen sind folgende:

1.) IV M. 35,5 2.) Josua 19,51 3.) II Sam. 4,2 4.) II K. 10,5
5.) Jer. 13,13 6.) Jer. 38,25   7.) Ezech. 48,21 8.) I Chr. 28,1
9.) II Chr. 24,5 10.) II Chr. 35,7 11.) Esther 7,9 12.) Neh.   1,6
13.) Neh. 5,13 14.) Neh. 13,5 15.) Neh. 13,15 16.) Esra 6,9.

קרני פרה ist der einzige[130] Hauptaccent (טעם מפסיק), welcher n u r mit משרתים vorkommt, und zwar ist derjenige משרת, welcher ihm zunächst vorangehen muß, ירח בן יומו; die übrigen sind מונחים. Mit ירח בן יומו und nur e i n e m מונח steht der Accent 4 mal, darunter das eine Beispiel im Pentateuch:

IV M. 35,5   אֶת־פְּאַת־קֵדְמָה אַלְפַּיִם בָּאַמָּה

Mit z w e i מונחים 6 mal; u. A.

II Könige 10,5   וַיִּשְׁלַח אֲשֶׁר־עַל־הַבַּיִת וַאֲשֶׁר עַל־הָעִיר

Mit d r e i מונחים 3 mal; darunter:

Josua 19,51   אֲשֶׁר נִחֲלוּ אֶלְעָזָר הַכֹּהֵן ׳ וִיהוֹשֻׁעַ בֶּן־נוּן

Mit v i e r מונחים 1 mal; nämlich:

I Chronik 28,1   שָׂרֵי הַשְּׁבָטִים וְשָׂרֵי הַמַּחְלְקוֹת הַמְשָׁרְתִים אֶת־הַמֶּלֶךְ

Mit f ü n f מונחים 2 mal; ein Beispiel davon:

(Ez. 48,21[131])   וְהַנּוֹתָר לַנָּשִׂיא מִזֶּה וּמִזֶּה לִתְרוּמַת־הַקֹּדֶשׁ וְלַאֲחֻזַּת הָעִיר

---

[130] Vgl. § 12.
[131] Die מסורה zu Ezechiel 48,21 gibt zwei Stellen an, mit s e ch s מקראות גדולות außer dem ירח בן יומו, sie finden sich aber in den משרתים

Aus den gegebenen Beispielen ersehen wir zugleich, welche Accente ihm folgen, und welche ihm vorangehen können.

Es folgen ihm גרשים, גרש, אולא, פור, פשטא,זרקא, und קדמא. Den Uebergang zu אולא vermitteln תלישא קטנה und פסיק.

Die nachstehenden gehen ihm voran: פור, רביע, סגול, und גרשים.

Hinsichtlich der Betonung der קרני פרה ist es gleich, ob das betreffende Wort מלעיל oder מלרע ist.

§ 65. 13., תְּלִישָׁא גְדֹולָה.

Es gibt zwei Accente mit Namen תלישא, nämlich תלישא גדולה und תלישא קטנה: ersterer ist trennend, letzterer verbindend. Doch ist dessen verbindende Kraft nicht immer eine so ausgesprochene, wie die der andern משרתים, vielmehr erfordert auch ת"ק zuweilen ein kurzes Absetzen im Vortrag. Ursprünglich war die Form Beider gleich (ͦ), aber sie waren dadurch unterscheidbar, daß der trennende Accent (ת"ג) über dem ersten, der verbindende über dem letzten Buchstaben des Wortes stand. Später jedoch, und in unseren gedruckten Ausgaben überall, hat man ת"ג noch dadurch von ת"ק geschieden, daß erstere nach der linken Seite (ͦ), letztere nach der rechten Seite (ͦ) sich neigt. —

In diesem Paragraphen haben wir zunächst die Lehre von תלישא גדולה zu behandeln.

Bereits oben (§ 6) ist erwähnt, daß, um eine unrichtige Betonung zu verhüten, die סופרים gemeiniglich die תלישא in der Weise verdoppeln, daß das eine Zeichen auf dem Anfangs-, beziehungsweise auf dem End- Buchstaben, das andere aber auf der betonten Silbe ruht; z. B.

II M. 28,1   הַקְרֵב אֵלֶיךָ   und II M. 37,19   שְׁלֹשָׁה גְבִעִים

Nur wenn die Wörter einsilbig oder מלעיל sind,[132] die Be-

---

nicht. Nach Heidenheim stimmt diese Angabe nur in Bezug auf erwähnte Stelle in Ezechiel, indem auch לְתָרוּצַת mit מונח und ohne מקף bezeichnet sei

[132] So könnte es zweifelhaft erscheinen, ob das תלישא auf וְאִם־אַתָּה (I M. 31,25) bewirkte, daß das Wort מלעיל wird, wie אַתָּה durch ו"ק oder אָנִי (I M. 31,52) durch den Einfluß des רביע. יהב"י bemerkt deshalb

tonung also nicht zweifelhaft ist, wird die ת״ג nicht verdoppelt;
z. B. III M. 5,24 אֵלֶּה הַחֻקִּים וְהַמִּשְׁפָּטִים III M. 26,16 אוֹ מִכֹּל.

Der Name תלישא ist chaldäisch und synonym mit תביר.[133] תָּלַשׁ bedeutet abreißen, trennen. Indem תלישא die Bestimmung hat, selbständig, d. h. unabhängig von vorangehenden und ohne Einwirkung auf nachfolgende Accente die Scheidung nicht zusammengehöriger Wörter zu bewirken, übertrifft sie an trennender Kraft גרש, גרשים, אולא, welche ihr aber oft nachfolgen, um neue Accentverbindungen einzuleiten; z. B.

I M. 37,7	וְהִנֵּה אֲנַחְנוּ מְאַלְּמִים אֲלֻמִּים
II M. 28,21	וְהָאֲבָנִים תִּהְיֶיןָ עַל־שְׁמֹת בְּנֵי־יִשְׂרָאֵל
III M. 5,24	אוֹ מִכֹּל אֲשֶׁר־יִשָּׁבַע עָלָיו לַשֶּׁקֶר
IV 18,9	כָּל־קָרְבָּנָם לְכָל־מִנְחָתָם וּלְכָל־חַטָּאתָם
V M. 4,19	וְרָאִיתָ אֶת־הַשֶּׁמֶשׁ וְאֶת־הַיָּרֵחַ וְאֶת־הַכּוֹכָבִים
Esther 8,8	וְאַתֶּם כִּתְבוּ עַל־הַיְּהוּדִים

Die Verwendung der ת״ג im Verse ist eine ziemlich unbeschränkte, da die meisten Accente ihr sowohl vorangehen, wie auch folgen können. Die vorangehenden sind:
זקף קטן, פשטא, פזר, רביע, סגול, אולא, גרשים, אתנחתא, פסיק; z. B.

---

einfach: וְאִם־אַתָּה טֶלַע. Spätere Ausgaben haben deßhalb das תלישא-Zeichen verdoppelt, also וְאִם־אַתָּה. Siehe ת״ם und ט״ש. —

Uebrigens erhält von zwei durch ein מקף verbundenen Wörtern immer das zweite den Accent תלישא; z. B. I M. 19,20 הִנֵּה־נָא II M. 14,21 לֹא־אֵתֵּן III M.10,1 בְּנֵי־אַהֲרֹן IV M. 4,15 אַהֲרֹן וּבָנָיו V M. 2,19 אֶת־הַיָּם (Vgl. Nota. 87).

[133] וּבָשָׂר תְּלֵישׁ umschreibt ת״א durch (II M. 22,30) וּבשר בשדה טרפה, וְתֶרֶב הְבִירָא hingegen (III M. 7,24) וְחֵלֶב טְרֵפָה, beide Begriffe sind daher gleichbedeutend. Auch תרגום (Job. 31,12) וּבְכָל תְּבוּאָתִי תְשָׁרֵשׁ übersetzt mit תלישא ausreißen, entwurzeln. Ebenso וְשֵׁרֶשְׁךָ (Psalm 52,7) mit וִיתַלֵּשׁךָ —

I M. 7,7   וַיָּבֹא נֹחַ וּבָנָיו   II M. 21,36   אוֹ נוֹדַע כִּי

III M. 8,15   וּמִנְחָתָם וְנִסְכֵּיהֶם לַפָּרִים וַיִּתֵּן   IV M. 29,18   מֹשֶׁה אֶת־הַדָּם

V M. 26,11   כִּי תִכְלֶה לַעְשֵׂר   Eſther 2,9   וַתִּשָּׂא חֶסֶד לְפָנָיו וַיְבַהֵל

I M. 1,12   וַתּוֹצֵא הָאָרֶץ דֶּשֶׁא   II M. 28,6   וְעָשׂוּ אֶת־הָאֵפֹד זָהָב

III M. 5,12   יָקְמַץ הַכֹּהֵן מִמֶּנָּה

Unbeeinflußt von der ת״ג folgen ihr, wie erwähnt, אזלא, außerdem noch גרשים, זרקא, פשטא, תביר und פסיק; z. B.

I M. 42,34   וַיַּהֲפֹךְ לִבָּם פַּרְעֹה וַעֲבָדָיו   II. 14,5   וְהָבִיאוּ אֶת־אֲחִיכֶם הַקָּטֹן אֵלַי

III M. 27,15   וְעָשָׂה אֶת־הָאֶחָד חַטָּאת   IV. 8,12   וְיָסַף חֲמִישִׁית כֶּסֶף־עֶרְכְּךָ

V M. 6,22   ׀ וַיֹּאמֶר לְהָבִיא   Eſther 6,1   אֹתֹת וּמוֹפְתִים גְּדֹלִים וְרָעִים

I M. 14,7   מִכָּל־הָעָם אַנְשֵׁי־חַיִל   II M. 18,21   וַיָּשֻׁבוּ וַיָּבֹאוּ

Unmittelbar vor רְבִיעַ kann der Accent nur durch Vermittelung von גרש oder גרשים; vor ז״ק nur durch Vermittelung von פשטא stehen, und vor טפחא, wenn ein תביר vorausgeht.

Nicht selten kommt תלישא גדולה zweimal in einem Verſe vor, z. B.

I M. 8,21   לֹא אֹסִף לְקַלֵּל ..... כִּי יֵצֶר לֵב הָאָדָם

V M. 25,19   לְךָ מִכָּל־אֹיְבֶיךָ ..... אֱלֹהֶיךָ נֹתֵן לְךָ

Doch gehört ſie nicht zu den מתרדפים. Nur einmal folgt תלישא גדולה auf תלישא קטנה nämlich: II Sam. 14,32   בָּא הִנֵּה וָאֶשְׁלְחָה

———————

תלישא גדולה kann mit und ohne משרת stehen. Oft kommt ſie am Anfang des Verſes vor; z. B.

I M. 24,49   לְהָבִיא אֶת־וַשְׁתִּי הַמַּלְכָּה   Eſt. 1,11   וְעַתָּה אִם־יֶשְׁכֶם עֹשִׂים

Die משרתים der ת״ג ſind nur מונחים. Mit einem ſteht der Accent u. A.

I M. 17,8   שְׁלֹשָׁה גְבִעִים מְשֻׁקָּדִים   II, 25,33   וְנָתַתִּי לְךָ וּלְזַרְעֲךָ אַחֲרֶיךָ

Mit zwei משרתים:

II M. 18,21   וְאִם הֵאָכֹל יֵאָכֵל   III M. 7,18   וְאַתָּה תְחַזֶּה מִכָּל־הָעָם

Mit drei משרתים:

IV M. 9,1   וְחָרָה אַפִּי בַיּוֹם־הַהוּא   V. 31,17   וַיְדַבֵּר ה' אֶל־מֹשֶׁה בְּמִדְבַּר־סִינַי

Mit vier משרתים kommt ת"ג nicht vor, nur einmal mit fünf, und zwar:

Ezechiel 47,12   וְעַל־הַנַּ֫חַל יַעֲלֶה עַל־שְׂפָת֣וֹ מִזֶּ֣ה ׀ וּמִזֶּ֗ה ׀ כָּל־עֵ֣ץ־מַֽאֲכָ֡ל

Als besondere Eigenthümlichkeit der תלישא גדולה ist zu erwähnen, daß sie noch mit einem anderen trennenden Accente, nämlich טרם, auf einem und demselben Wort stehen kann. Nach der מסורה findet das an fünf Stellen statt, und zwar im Pentateuch zweimal: I M. 5,29 קִרְב֣וּ שְׂא֣וּ אֶת־אֲחֵיכֶ֗ם זֶ֤ה יְנַחֲמֵ֨נוּ֙ כִּמַּעֲשֵׂ֔ינוּ und III M. 10,4 und einmal Zephanjah 2,15 (134) הָעַלִּיזָ֗ה וַ֫"את הָעִיר so wie die תלישא je mit גֵּרְשִׁ֫ים auf einer Silbe ruht;135) ferner: II K. 17,13 שֻׁ֜בוּ so wie Ez. 48,10: וּֽלְאֵ֨לֶּה תִּֽהְיֶ֧ה תְרֽוּמַת־הַקֹּ֣דֶשׁ und מִדַּרְכֵּיכֶ֣ם הָרָעִ֔ים sie mit גֵּרְשׁ verbunden ist.

Der Grund dieser Verschiedenheit ist aus der Regel über טֶרֶם (s. § 67 u. 66) ersichtlich.

§ 66. 14., טֶ֜רֶם.

Die letzten drei der trennenden Tonaccente, deren Besprechung noch erübrigt, nämlich גֵּרְשׁ, גֵּרְשִׁ֫ים und אַזְלָא, werden von den alten Soferim mit dem gemeinschaftlichen Namen טֶרֶם oder טרם bezeichnet. Diese Bezeichnung war die ursprüngliche und, wie aus einem noch vorhandenen Manuscripte des יהב"י von עין הקורא hervorgeht, von den Gelehrten in Tiberias aufgestellt.136) Die späteren Punktatoren, unter ihnen der mehrerwähnte יהב"י בן בלעם und schon die מסורה gebrauchen in der That statt „טרם" auch den Namen גֵּרְשׁ gemeinsam für die drei erwähnten Accente, welche durch Speci-

---

134) Nach den טקראות גדולות ist העליוה milël.

135) In der מסורה גדולה zu I M. 5,29, ist ausdrücklich angegeben, daß der Leser (בעל קורא) zuerst גרשים, dann erst תלישא beim Vortrage zu berücksichtigen hat, was insofern befremdend ist, da, wie oben erwähnt, ת"ג der פשטא doch sonst nicht unmittelbar voran zu gehen pflegt.

136) In den betreffenden Abhandlung, von der ich eine Abschrift besitze, heißt es S. 24a: טרם.. כך נקרא בנקוד טבריא, ואנן קורין אתו קורין אתו גרש.

alnamen noch nicht geschieden waren.[187]) Die Unterscheidung des
הוריות von גרשים גרש ist übrigens schon alt, und wird schon im
הקורא קדמא erwähnt.[138]) Dagegen ist der Namen אולא, dem ein קדמא
vorangeht, erst späteren Ursprungs, indem bei den alten Punktato=
ren unter אולא der verbindende Accent קדמא verstanden wird.[139])
(S. auch unter קדמא).

Obwohl גרש אולא, und גרשים demnach vollkommen gleich=
wertig sind,[140]) so haben sie doch, ähnlich wie die וקפים (§ 43 ff.)
und יתיב-פשטא (§ 58ff.) eine verschiedene Verwendung, welche
theils von der Wortbildung, theil von der Betonung des
Wortes abhängt.

Der Namen טרם, dessen Wurzel in dem rabbinischen Sprach=
gebrauch nicht in dem Sinne vorkommt, in welchen er als charakte=
ristisches Merkmal für einen Accenten dienen könnte, scheint dem
Griechischen entlehnt und mit Treis (drei) oder Trias (Dreiheit)
identisch zu sein, um so der Gemeinsamkeit der drei Accente, trotz
ihrem verschiedenen Gebrauch, Ausdruck zu geben. Möglicher Weise
auch entspricht טרם dem lateinischen tres (drei).

---

[187]) Vgl. u. A. die מסורה zu I M. 11,3 גריש בטעם ר"פ ו' וַיֹּאמְרוּ
und zu V Moses 26,12 גריש לפני טונה בטעמא ו', כִּי תְכַלֶּה wo unter
גרש doch גרשים verstanden wird. — עה"ק erwähnt die Regel הנקרא טֶרֶם
u. גרש בֹא אולא, Hier steht טרם für unser ה' משרתים עד ישטשהו גרש. Ferner heißt es im
הוריות nie mehr als einen משרת haben. ויש מקומות שיהא טרס בלא משרת והיה דמיונו כעין ב' S. 9a: הקורא
טקלות, ולפעטים הוא טקל אחד.

[138]) S. das. שער הטרם, wo es am Schluße heißt: ויש קצתסופרים
שקורין לטקל אֶחָד גרש, ולשני טקלות גרשיים.

[139]) S. משה"ט S. 20,6 wo es u. A. heißt: אם הוא (ר"ל המשרת
לפני הטרס) באות ראשונה, הוא טונה כגון תַּחַת הַנָּחֹשֶׁת (ישעיה ס' ו')
וכן לגרשיים בֵּי תָשָׁא. ואם אינה באות ראשונה, הוא אולא כמו וַיִּקַח
תֶרַח (בראשית י"א ל"א), ואם המשרת בתיבת הגריש, כמו כן הוא אולא
כטו וְסָכְמֹּו (שמות כ"ט ט"ו).

[140]) So heißt es ש"ש zu I M. 5,29 דין אחד לגרש ולגרשים בדין
ההפסקה ושניהם נקראים טֶרֶם בפי הטדייקים כו" עסה"ד.

Um die Eigenthümlichkeiten und den verschiedenen Gebrauch dieser Accente klar zu legen, mögen dieselben nun einzeln der Reihenfolge nach hier besprochen werden.

---

§ 67.   a.) גֶּ֜רֶשׁ

גֶּ֜רֶשׁ unterscheidet sich dadurch von גרשים und אולא, daß es nur auf zwei- und mehrsilbige Wörter gesetzt werden kann, und zwar auf solche, welche מלעיל sind; z. B.

I M. 7,14 וְהַצָּר֜וֹעַ   II M. 39,9 אֹ֜רֶךְ   III M. 13,45 הֵמָּ֜ה
IV M. 15,30 וְהַמֶּ֜לֶךְ   V M. 6,10 אֶל־הָאָ֜רֶץ   Esther 7,7 וְהַנֶּ֜פֶשׁ

Der Name גרש bezieht sich wohl auf die in die Höhe gehende Melodie des Accenten; denn גֶּרֶשׁ heißt vertreiben, oder in die Höhe treiben. So heißt יָם נִגְרָשׁ (Jes. 57,20) ein aufgewühltes Meer; zu גֶּרֶשׁ יְרָחִים (V M. 34,14) bemerkt Raschi: שתאחך מגרשת ומוליא פירות d. h. „die Erde treibt die Früchte empor und läßt sie hervorwachsen." Auch טקנה אברם faßt die Bedeutung des Namens so auf, indem er erklärt: גֶּרֶשׁ, נקרא כן כי הוא טגרש ודוחק הקול.

גרש findet sich, wie גרשים und אולא sowohl am Anfang, als auch in der Mitte des Verses, nicht aber vor פ"אס, ohne daß תביר und טפחא dazwischen stände. Die ihm vorangehenden Accente sind: [141] רביע und סגול, אתנחתא ,זקף קטן ,תלישא גדולה.

I M. 14,7 וַיִּשֻּׁ֜בוּ וַיָּבֹ֜אוּ מֵאֵלִ֜ים   II M. 16,1 וַיִּסְעוּ
III. M. 1,3 כָּל־אֲשֶׁר־לֹ֜ו הֵמָּ֜ה   IV M. 1,50 יַקְרִיבֻ֜נוּ אֵל־פֶּ֜תַח
V M. 27,4 הַיַּרְדֵּ֜ן תַּעֲבֹ֜רוּ   Esther 8,5 הַסְּפָרִ֜ים נַחְשֶׁ֜בֶת

Nachfolgen können ihm ebenfalls nur fünf פשטא, לגרמיה, זרקא, תביר, רביע.

I M. 43,7 וְעָשִׂ֜ית כִּיֹּר נְחֹ֜שֶׁת   II M. 30,18 לָ֜נוּ וּלְמוֹלַדְתֵּ֜נוּ לֵאמֹ֜ר
III M. 17,4 וַאֲנַחְנוּ נַחֲלֵ֜ן חוּשִׁ֜ים   IV M. 32,17 וְאֵל־פֶּ֜תַח אֹ֜הֶל מוֹעֵ֜ד
V M. 31,20 וְהַמֶּ֜לֶךְ קָ֜ם בַּחֲמָתֹ֜ו ׀   Esther 7,7 אֲבִיאֵ֜נוּ אֵל־הָאֲדָמָ֜ה

---

141) Seltener tritt vor גרש ein פשטא; ein Beispiel findet sich II M. 25,4 הֲלִיכָ֜ה דֶּ֜רֶךְ.

Aus den meisten der vorstehenden Beispiele ersehen wir, daß גרש gewöhnlich ohne משרת steht; wenn ein solcher vorangeht und auf der ersten Silbe des Wortes ruht, ist es immer ein מונח; z. B.

I M. 14,9 אַךְ אֶל־הַפָּרֹ֜כֶת II M. 35,22 חָ֜ח וָנֶ֗זֶם III M. 21,23 אֵ֜ת כְּדָרְלָעֹ֗מֶר
IV M. 13,16 כִּי נָבֹ֗ה V M. 5,21 הֵ֜ן הֶרְאָ֗נוּ Koheleth 5,7 הֵ֜נָּה

Nachbemerkung: Bereits am Schlusse des § 65 haben wir der Eigenthümlichkeit erwähnt, daß nach Anordnung der Punktatoren an fünf Stellen תלישא גדולה mit טרם auf Einem Worte steht. An drei Stellen haben sie ein גרשים gesetzt, da das Wort מלרע ist, oder einsilbig, (s. § 68 Schluß); die beiden anderen Wörter jedoch, nämlich II K. 17,13 und Ezechiel 48,10 haben regelrecht ein גרש neben der תלישא, weil ihre Betonung מלעיל ist.

---

§ 68. b., תְּרֵי גַרְשִׁין oder גְּרְשַׁיִם.

D. i. Doppel-Geresch, kann sowohl auf ein-, wie auf zwei- und mehrsilbigen Wörtern stehen, vorausgesetzt, daß sie מלרע sind; z. B.

I M. 43,11 אֶת־בַּת־בְּנָ֞ה II. 12,17 וּשְׁמַרְתֶּ֞ם אֶת־הַיֹּ֣ום הַזֶּ֔ה III. 11,17 קְחוּ֞
IV M. 4,9 כַּיֹּ֣ום הַהוּא נָתָ֞ן E. 8,1 אֶת־כָּל־הַמְּקֹומֹ֞ות V. 12,2 וּבָ֞חוּ

Die Stellung der גרשים im Verse ist der des גרש gleich; ebenso sind die vorangehenden und nachfolgenden Accente bei Beiden fast die gleichen. Vor גרשים finden sich:
רביע, תלישא גדולה, פשטא, אתנחתא, סגול, זקף קטן, פור, קרני פרה; z. B.:

I M. 29,3 רְאֵ֞ה אַתָּ֗ה II M. 33,12 וּכְשָׁמְעוֹ֙ אֶת־דִּבְרֵ֞י
III M. 9,7 יָמִ֣ים תִּסְגֵּ֞ר IV M. 12,14 קְרַב אֶל־הַמִּזְבֵּ֔חַ וַעֲשֵׂ֞ה
V M. 12,21 אֶסְתֵּ֞ר מַלְכוּת וַתַּעֲמֹד Esther 8,1 לָשׂוּם שְׁעוֹ שָׁם וְזָבַחְתָּ֞
E. 6,13 חָלָ֨ון לְעָרְדְּכַ֞י 7,9 וּמִצְרַ֞יִם יָלַד I. 10,3 אִם מִזֶּ֗רַע הַיְּהוּדִים מָרְדְּכַ֞י

Die nach גרשים folgenden sind: תביר, לגרמיה, רביע, ורקא; z. B.
חלישא גדולה, פשטא; z. B.

I M. 6,4 לֹא־רָאוּ אִישׁ אֶת־אָחִ֞יו II M. 10,23 הַנְּפִלִ֞ים הָיוּ בָאָרֶץ
III M. 16,17 הָעֵינֵי הָאֲנָשִׁ֞ים הָהֵם IV M. 16,14 וְכָל־אָדָ֞ם לֹא־יִהְיֶה
V M. 26,12 וּבָכֵ֞ן אָבָ֞א אֶל־הַמֶּלֶךְ Esther 4,10 כִּי תְכַלֶּ֞ה לַעְשֵׂר

Zu den מתרדפים gehört גרשים nicht, doch kann es zweimal in einem Verse vorkommen; z. B.

II M. 8,24   אָנֹכִ֞י אֲשַׁלַּ֤ח אֶתְכֶם֙ וְזִבַחְתֶּ֔ם

V M. 17,12   וְהָאִ֞ישׁ אֲשֶׁר־יַעֲשֶׂ֣ה בְזָד֗וֹן לְבִלְתִּ֨י שְׁמֹ֤עַ אֶל־הַכֹּהֵן֙ הָעֹמֵ֔ד

Ebenso können in einem Verse גרש und גרשים wechseln, z. B.

I M. 31,40   זֶה־לִּ֞י עֶשְׂרִ֣ים שָׁנָה֮ בְּבֵיתֶ֒ךָ֒ עֲבַדְתִּ֗יךָ

III M. 13,46   וְהַצָּר֜וּעַ אֲשֶׁר־בּ֣וֹ הַנֶּ֗גַע בְּגָדָי֞ו

Ebensowenig wie גרש, kann גרשים mehr als **einen** משרת erhalten, nämlich ein מונח. Dasselbe ruht nur auf Wörtern, welche einsilbig oder מלעיל sind;[142] z. B.

I M. 25,16   שֹׁ֛וק הַתְּרוּמָ֖ה   II M. 3,16   וְאָסַפְתָּ֗   III M. 10,15   לֶ֣ךְ   אֵ֣לֶּה הֵ֑ם

IV M. 14,24   רֵ֣וּחַ וְהַצָּלָ֖ה   V M. 12,14   כִּ֣י אִם־בַּמָּק֗וֹם   C. 4,14   עֵ֣קֶב הָיְתָ֖ה

Obgleich טרם unter die schwachen טפסיקים gehört, so über-trifft es an Trennkraft doch מֻנַח לְגַרְמֵיהּ. Wo also die Wörter-verbindung eine stärkere Scheidung erfordert, wird statt des מונח לגרמיה ein טרם גרש (oder גרשים) gesetzt, wie bereits oben § 52c ausgeführt ist.

An mehreren Stellen scheinen nun die נקדנים zweifelhaft ge-wesen zu sein, ob die Trennkraft des טרם auch eine zutreffende und ausreichende sei. Wir finden daher solche Wörter in einigen Aus-gaben mit גרש oder גרשים, in anderen wieder mit רביע gezeich-net.[143] So heißt es z. B. I M. 11,19 in allen unseren Aus-gaben עַל־כֵּן קָרָ֣א שְׁמָהּ֒, während in älteren Ausgaben ein רביע hat. Die letztere Lesart sucht Heidenheim in seinem ש"י zu rechtfertigen, (s. das.). — Fernere Beispiele sind: I M. 18,14 וַתִּשָׁלַ֣ח(וַתְּשַׁלַּ֣ח); das. 21,18 וַתֵּלֶ֣ךְ; das. 27,42 לַמּוֹעֵ֗ד(לַמּוֹעֵ֗ד); das. 32,10 קָטֹ֜נְתִּי(קָטֹ֜נְתִּי); das. 31,41 עֲבַדְתִּ֞יךָ(עֲבַדְתִּ֞יךָ); das. 43,32

---

[142] Ruht der משרת nicht auf dem ersten Buchstaben des Wortes, so ist er ein קדמא. (S. Note 139 u. § 69.)

[143] יהב"ר hat, um dies anzudeuten, in seinem עה"ק mehrere solche Wörter mit beiden Accenten versehen; z. B. III M. 17,11 וַאֲנִ֞י; das. 26,16 וְהָ֞ר; 4,14 יֹאתִ֞י; das. 27,34 הַמִּצְוֺ֗ת V 2,6 וְגַם־מַ֗יִם; das. 4,11 אַף־אָֽנִי;

(וְלַמִּצְרִ֔ים) וְלַמִּצְרִ֔ים ; II ℳ. 18,1 וַיִּשְׁמַ֖ע (וַיִּשְׁמַ֖ע) ; III ℳ. 20,24
אֵ֖לֶּה הַמִּצְוֺת֒ (אַף־אֲנִ֗י) אַף־אֲנִ֗י : דaf. 26,41 ; דaf. 27,34
(אֵ֖לֶּה הַמִּצְוֺת֒) ; IV ℳ. 35,23 בְּכָל־אֶ֙בֶן֙ א֚וֹ בִכְלִי־אֶ֔בֶן : דaf. 22,1
— (וַיִּשְׁמַ֖ע) וַיִּשְׁמַ֖ע ; V ℳ. 32,27 (לוּלֵ֣י) לוּלֵ֣י 𝔈. 3,15 הָרֹצִ֔ים (הָרָצִ֔ים).

Nachbemerfung: Daß an drei Stellen גרשים und תלישא
גדולה auf einem Worte ruhen, nämlich I ℳ. 5,25 (זֶ֗ה) III ℳ.
10,4 (קָרְבּ֗וֹ) und Zephanjah 2,15 (זֹ֗את) ist bereits oben (§ 65 und
§ 67 Schluß) erörtert worden.

§ 69. c., אַזְלָ֝א.

Wir haben bereits § 66 bemerkt, daß man den verbindenden Accent, den wir gegenwärtig קדמא nennen, ursprünglich אזלא
genannt hat. Seitdem jedoch die dreifach verschiedene Verwendung des טרם durch drei verschiedene Namen ihren Ausdruck gefunden hat kommt der Sondername אזלא nur dem trennenden Accenten zu, welchem ein קדמא als משרת vorangeht.[144]

Der chaldäische Name קַדְמָ֝א, — zusammengezogen קַמָּ֝א, —
bedeutet: der Vorangehende, während אזלא der Weitergehen-
de heißt.

אַזְלָ֝א kann im Gegensatz zu גרש und גרשים sowohl auf מלעיל=
als auch auf מלרע= betonten Wörtern stehen; z. B.

I ℳ. 24,7 וְעֶשְׂר֤וֹן סֹ֙לֶת֙ II. 30,36 וְנָתַתָּ֤ה כַמָּ֙ה֙ III. 14,21 אֲשֶׁ֣ר לְקָחַ֔נִי
IV ℳ. 3,4 וַיִּשְׁלַ֤ח סְפָרִים֙ V. 4,26 אֲשֶׁ֤ר אַתֶּם֙ 𝔈ſther 9,20 אֵ֚שׁ זָרָ֔ה
ebenſo auf ein=, zwei=, und mehrſilbigen Wörtern, wie:

1 ℳ. 35,10	לֹא־יִקָּרֵ֤א שִׁמְךָ֙ ע֔וֹד	II ℳ. 13,15	אֲנִ֣י זֹבֵ֔חַ
III ℳ. 1,11	יִפְל֤וּ פִגְרֵיכֶם֙	IV ℳ. 14,29	וְשָׁחַ֤ט אֹתוֹ֙
V ℳ. 10,4	וַיִּכְתֹּ֤ב עַד־הַלֻּחֹת֙	𝔈ſt. 3,9	וַעֲשֶׂ֤רֶת אֲלָפִים֙

---

[144] Dies geſchieht immer in dem Note 142 angegebenen Falle. Nur
wenn eine תלישא קטנה vorangeht, kann קדמא auch auf dem erſten Buch=
ſtaben des Wortes ſtehen; z. B. IV ℳ. 25,14 וְשֵׁ֞ם אִ֣ישׁ יִשְׂרָאֵ֗ל.

קדמא ואזלא find gewöhnlich durch mindeſtens eine Silbe
getrennt. Nicht ſelten jedoch folgen beide Accente unmittelbar
auf einander; z. B.

I M. 7,4 בְּתֶ֨ךְ־בַּד֩ קֹ֨דֶשׁ III M. 16,3 וְכִֽי־יִבַּ֥ה אִישׁ֙ II M. 21,26 לְיָמִ֖ים עֹ֑וד
IV M. 13,20 הֱי֤וֹת לָ֔הּ Sz. 2,12 V M. 15,21 הַשְׁמֵנָ֖ה הִ֑יא וְכִֽי־יִחְיֶ֔הָ

Und ſelbſt da, wo, um Härten zu vermeiden, die Zurückverlegung des Tones ſonſt einzutreten pflegt, iſt dieſelbe bei
קדמא ואזלא ſeltener gebräuchlich, wie wir u. A. aus folgenden
Beiſpielen erſehen:

I M. 19,20 אִמָּֽלְטָ֥ה נָ֖א   dagegen: I Sam 20,29 אִמָּלְטָ֣ה נָּ֑א
I M. 19,14 וַיֵּצֵ֣א ל֔וֹט   „   I M. 4,16 וַיֵּ֥צֵא ־קַ֗יִן
II M. 22,5 כִּי־תֵצֵ֣א אֵשׁ֒   „   II M. 16,29 אַל־יֵ֥צֵא אִישׁ֙
III. 13,57 וְאִם־תֵּרָאֶ֥ה ע֖וֹד   .   „   Sz. 37,22 וְלֹא־יֵחָ֥צוּ ע֖וֹד[145]

Zuweilen jedoch ſind auch ſolche Wörter נסוג אחור ; z. B.

I M. 21,14 וְלֽהַב֙בֹ לֹ֔ו[146] III M. 15,13 וְסָ֥פַר ל֖וֹ V M. 24,1 וְחֵמַ֖ת מַ֑יִם

––––––––––

Sehr häufig ſtehen קדמא ואזלא auf einem Wort. Das iſt
immer der Fall, wenn das Wort mindeſtens vierſilbig iſt, und
קדמא an Stelle eines מתג auf die zweite oder dritte Silbe geſetzt
werden kann.[147] (S. § unter קדמא); z. B.

I M. 48,20 וַיְבָֽרֲכֵ֥ם II M. 5,10 וַיֵּ֥צְא֖וּ III M. 17,6 וְזֽבְח֖וּ
IV M. 28,26 בְּהַקְרִֽיבֲכֶ֥ם V M. 1,8 לַאֲבֹֽתֵיכֶ֖ם Eſther 3,3 וַיֹּ֥אמְר֖וּ

Nur dann erleidet die Regel eine Ausnahme, wenn ſolchen
Wörtern unmittelbar, (zuweilen auch mittelbar) ein רביע folgt;
ſie erhalten dann ein גרשים ſtatt קדמא ואזלא: z. B.

I M. 11,2 וַיֹּאמְר֞וּ אִ֣ישׁ אֶל־אָחִ֗יו dagegen II. 16,15 וַיֹּאמְר֞וּ אִ֣ישׁ אֶל־רֵעֵ֗הוּ
II M. 28,30 וְנָֽתַתָּ֞ אֶל־חֹ֣שֶׁן הַמִּשְׁפָּט֒   „   Sz. 43,20 וְנָֽתַתָּ֞ עַל־אַרְבַּ֗ע[148]

––––––––––

[145] Vgl. שׁ״שׁ zu 19,14

[146] Unerklärt bleibt, warum I M. 4,3 וַיָּבֹ֥א קַ֖יִן milra, und daſ. 27,33 וַיָּבֹ֥א לִי milel iſt.

[147] Auch hier wird, wie bei ז״ק, das נע שׁוא als Silbe gezählt (§ 44 ob. 3).

[148] Nach ח״ם iſt übrigens II M. 40,5 ונתתה את טובח הזהב זweifel-

Richt. 2,12 וַיֵּלְכוּ וַֽקְנֵי מוֹאָב bag. IV M. 22,7 וַיֵּֽלְכוּ אַֽחֲרֵי־אֱלֹהִים אֲחֵרִים

Jef. 56,7 וַהֲבִיאוֹתִים עַל־הַר קָדְשִׁי „ Jer. 25,9 וַהֲבִיאֹתִים עַל־הָאָרֶץ הַזֹּאת

V M. 10,10 וְאָֽנֹכִי עָמַדְתִּי בָהָר „ Am. 2,9 וְאָֽנֹכִי הִשְׁמַדְתִּי אֶת־הָאֱמֹרִי

I S. 13,21 וְהָֽיְתָה הַפְּצִירָה פִים „ Jef. 24,4 וְהָֽיְתָה צִיצַת נֹבֵל

Diese Ausnahme findet aber nicht statt, die Regel bleibt viel=
mehr bestehen, a., wenn das betreffende Wort ein מקף hat; b., wenn
eine תלישא (selbst eine ח״ג) demselben vorangeht; c., oft wenn ein
לְנַֽרְמַיה ihm folgt:

III M. 14,51 אֶת־עֵץ הָאֶ֔רֶז אֶת־הָאֵזוֹב וְאֵת ׀ שְׁנִי הַתּוֹלַעַת

III M. 22,3 לְדֹרֹתֵיכֶם כָּל־אִישׁ ׀ אֲשֶׁר־יִקְרַב מִכָּל־זַרְעֲכֶם

V M. 7,13 וּפְרִי־אַדְמָתֶךָ דְּגָֽנְךָ וְתִירֹֽשְׁךָ וְיִצְהָרֶךָ

V M. 25,19 מִכָּל־אֹֽיְבֶיךָ מִסָּבִיב

I K. 12,24 [149] לֹא־תַעֲלוּ וְלֹא־תִלָּֽחֲמוּן עִם־אֲחֵיכֶם בְּנֵֽי־יִשְׂרָאֵל

II K. 25,25 [150] בֶּן־נְתַנְיָה בֶּן־אֱלִֽישָׁמָע מִזֶּרַע הַמְּלוּכָה

Folgende Accente gehen סגול, וקף קטן, פסיק; אולא voran; פשטא, תלישא גדולה פור, אתנחתא, רביע : z. B.

I M. 24,7 אֵת כָּל־הַתְּרוּעָה אֲשֶׁר הֵבִיאוּ II. 36,3 וַיִּקַּח הָעֶבֶד עֲשָׂרָה גְמַלִּים

III 11,32 אֲשֶׁר־יִפֹּל עָלָיו ׀ מֵהֶם כָּמוֹתָם III 17,13 וּמִן־הַגֵּר הַגָּר בְּתוֹכְכֶם אֲשֶׁר יָצוּד

V M. 4,10 בְּאִשָּׁה וּבָאוּ בָהּ V M. 5,27 יוֹם אֲשֶׁר עָמַדְתָּ

V M. 6,16 וּבְהַגִּיעַ תֹּר נַֽעֲרָה וְנַעֲרָה S. 2,12 בְּשָׁנָה יֵרָאֶה כָּל־זְכוּרְךָ

---

[149] Ebenso die Parallelstelle II Chr. 11,4.

[150] Demnach wäre auch die Stelle (V M. 34,11) לְכָל־הָאָחֹת mit
קדמא ואולא, wie viele Ausgaben haben, keineswegs regelwidrig, wie Hei=
denheim meint, da selbst nach רש״י beide Lesarten לְכָל הָאֹת und לכל האחת
zulässig sind. Auch ח״ם und ט״ש haben קו״א. — Dagegen scheint וְלֹא תָחֹרוּ
(IV M. 15,39), wie Heidenheim annimmt, mit קדמא ואולא richtig zu sein,
da, wenn das מקף zwischen beiden Wörter gerechtfertigt ist, das so verbun=
dene Wort vier Silben zählt, und die zweite ein מתג haben müßte, also
kein Grund vorhanden ist, ein גרש zu setzen, wie früher allgemein ange=
nommen wurde. Sind aber ולא תתרו nicht durch מקף verbunden, so ist
das קדמא וְלֹא gewiß unerläßlich. —

haft und wird von Einigen וְנִתַּתה, von Anderen וְנִתַּתָה gesetzt.

Einmal (IV M. 35,5) folgt auf קַרְנֵי פָרָה קדמא אולא:

אַלְפַּ֛יִם בָּאַמָּ֖ה וְאֶת־פְּאַת־נֶ֛גֶב אַלְפַּ֖יִם בָּאַמָּ֑ה

und elf mal nach טורח לגרמיה, die betreffenden Stellen f. § 86.

Die nachstehenden Accente können אולא folgen: תלישא, פשטא, תביר, זרקא, רביע, לגרמיה; z. B.

I. 24,49	וְנֵ֤י הָעַמּוּדִים֙ וַחֲשֻׁקֵיהֶ֣ם כֶּ֔סֶף II. 38,17 אִם־יִשְׁקְלֶ֛ם עֹשִׂ֥ים חֶ֖סֶד וֶאֱמֶ֑ת
III M. 13,57	אֲשֶׁר־עַ֖יִן בְּעֵ֣ין נִרְאָ֑ה IV. 11,32 וְאִם־תֵּרָאֶ֥ה ע֖וֹד בַּבֶּ֑גֶד
V M. 1,17	וְנִשְׁל֥וֹחַ סְפָרִ֖ים בְּיַ֣ד הָרָצִים֮ E. 3,13 לֹא־תַעֲבִ֥ירוּ פָנִ֖ים בַּמִּשְׁפָּ֑ט

Der zweite משרת der אולא ist תלישא קטנה, die weiteren sind טונחים; Beispiele sind:

I M. 47,22	לֹ֣א אִ֥ישׁ דְּבָרִים֮ II M. 4,10 כִּ֣י חֹק֩ לַכֹּהֲנִ֨ים
III M. 19,34	בְּאַרְבָּעָ֨ה עָשָׂ֥ר־יוֹם֩ בַּחֹ֨דֶשׁ הַזֶּ֜ה IV. 9,3 כְּאֶזְרָ֣ח מִכֶּ֗ם יִהְיֶ֤ה לָכֶ֨ם
V M. 1,19	אֵ֣ת כָּל־הַמִּדְבָּ֣ר הַגָּד֧וֹל וְהַנּוֹרָ֛א הַה֖וּא
Esther 8,9	וְאֶ֣ל הָאֲחַשְׁדַּרְפְּנִ֣ים וְהַפַּחוֹת֮ וְשָׂרֵ֣י הַמְּדִינוֹת֮

Jeremias 8,1 hat אולא sechs משרתים:

וַיּוֹצִ֣יאוּ אֶת־עַצְמ֣וֹת מַלְכֵי־יְהוּדָ֣ה וְאֶת־עַצְמ֣וֹת שָׂרָ֗יו וְאֵ֣ת עַצְמ֣וֹת הַכֹּהֲנִ֔ים

Schlußbemerkung: Aehnlich wie רביע sich zu זקף קטן verhält, (f. Schluß der §§ 52 u. 59), kann auch nach טרם nur durch Vermittelung des פשטא, (nicht des טונח), ein ז״ק folgen, wie dies in folgenden Beispielen geschieht:

I M. 37,7	אֲנַ֜חְנוּ מְאַלְּמִ֤ים אֲלֻמִּים֙ בְּת֣וֹךְ הַשָּׂדֶ֔ה
II M. 18,22	וְהָיָ֞ה כָּל־הַדָּבָ֤ר הַגָּדֹל֙ יָבִ֣יאוּ אֵלֶ֔יךָ
III M. 2,2	וְהִקְטִ֨יר הַכֹּהֵ֜ן אֶת־אַזְכָּרָתָהּ֙ הַמִּזְבֵּ֔חָה
IV M. 24,28	כָּאֵ֣לֶּה הֶֽעָשׂ֞וּ לַיּ֤וֹם שִׁבְעַ֤ת יָמִ֑ים
V M. 15,11	עַל־כֵּ֞ן אָנֹכִ֤י מְצַוְּךָ֙ לֵאמֹ֔ר
Esther 6,5	וַיֹּאמְר֨וּ נַעֲרֵ֤י הַמֶּ֨לֶךְ֙ אֵלָ֔יו

§ 70. 15., פָּסִיק.

Dieser Accent, welcher durch einen, zwischen zwei Wörtern senkrecht stehenden Strich bezeichnet wird, ist eigentlich nicht mit Recht zu den Tonaccenten zu zählen, da er weder eine Hebung,

noch Senkung des Tones bewirkt.[151] Vielmehr bildet פסיק den
Uebergang von den Ton- zu den Leseaccenten, von welchen
letzteren es sich nur dadurch unterscheidet, daß die Leseaccente die Aussprache regeln, das פסיק hingegen die Scheidung zweier Wörter
bewirkt.

Der Name פסיק „der Trennende," „der Scheidende," ist von
dem chaldäischen פסק trennen, unterbrechen, hergeleitet, welche
Wurzel dem Talmudischen geläufig ist, (vgl. פסוק, מפסיק, הפסק
u. a.), und drückt die Bestimmung des Accents aus, zwei Wörter,
wo es erforderlich ist, aus einander zu halten. Das Wort ist
verwandt mit der hebräischen Wurzel פשק. (Vgl. שפתים פשק
die Lippen aufsperren), (Prov. 13,3), פשק רגלים die Füße auseinander sperren, ausspreizen, (Ezechiel 16,25).

פסיק ist ein unselbstäniger Accent, da ihm stets ein משרת
vorangehen muß; daß er, wie Olshausen glaubt, auch nach einem
trennenden Accent gesetzt wird, ist unrichtig und wäre auch zweck-
los. Vgl. übrigens die Bemerkung bei שלשלת. Aus diesem Grunde
kann er auch nie am Anfang eines Verses stehen, er folgt nach den
meisten משרתים, wie aus nachfolgenden Beispielen ersichtlich ist:

1., Nach) מונח 1 M. 18,15	כִּי ׀ יָרֵאָה
2., Nach) טהפך II M. 30,34	נָטָף ׀ וּשְׁחֵלֶת
3., Nach) קדמא III M. 10,6	וּלְאִיתָמָר ׀ בָּנָיו
4., Nach) דרגא IV M. 15,31	הֻכְרֵת ׀ תִּכָּרֵת
5., Nach) מרכא V M. 7,26	וְהַעֲב ׀ תַּחֲרִבֵנוּ
6., Nach) ת"ק Esther 9,27	הַיְּהוּדִים ׀ עֲלֵיהֶם [152]

Auf פסיק können alle Hauptaccente (mittelbar oder unmit-

---

[151] Ben Bileam hebt außerdem hervor, daß פסיק weder zu den trennenden, noch zu den verbindenden Tonaccenten gehöre. Zu den trennenden nicht, weil es nicht, wie die anderen מפסיקים, selbständig, d. h. auch
ohne משרת, gesetzt werden könne; (s. v. § 12); zu den verbindenden
nicht. weil es Tonkraft besitze, und die Regel, daß בג"ד כפ"ת nach אהו"י
das קל דגש verliert, durch das dazwischen tretende פסיק wiederaufgehoben
werde. (S. משפטי הטעמים 7b und 8a). Uebrigens erwähnt Ben Bileam
nicht, daß auch קרני פרה nicht ohne משרת stehen kann, und dennoch zu den
trennenden Accenten gehört.

[152] Auch zwischen zwei verbindenden Accenten kommt פסיק oft vor.

telbar) folgen, außer יתיב זקף גדול und שלשלת, weil diesen kein משרת vorangeht, ein פסיק also nie erforderlich ist. Beispiele sind:

(רביע)	I. M. 31,29	אֱנֹשׁ ׀ אָמַר אֵלַי לֵאמֹר
(זרקא)	I M. 37,22	וַיֹּאמֶר אֲלֵהֶם ׀ רְאוּבֵן
(ו"ק)	II M. 34,6	ה' ׀ ה'
(תביר)	II M. 13,18	וַיַּסֵּב אֱלֹהִים ׀ אֶת־הָעָם
(פשטא)	III M. 10,3	אֲשֶׁר־דִּבֶּר ה' ׀ לֵאמֹר
(ת"ג)	III M. 5,12	וְקָמַץ הַכֹּהֵן ׀ מִמֶּנָּה
(טפחא)	IV M. 21,1	וַיִּשְׁבְּ ׀ מִמֶּנּוּ שֶׁבִי
(אתנח)	IV M. 3,2	הַבְּכֹר ׀ נָדָב
(סגול)	V M. 9,21	וָאֶשְׂרֹף אֹתוֹ ׀ בָּאֵשׁ
(ס"פ)	V M. 6,4	ה' ׀ אֶחָד
(פור)	Esther 2,15	אֲבִיחַיִל ׀ דֹּד מָרְדֳּכַי
(טרם)	Esther 9,27	עֲלֵיהֶם ׀ וְעַל־זַרְעָם
(ק"פ)	Esra 6,9	וְאָמְרִין ׀ לְעֶבְדָּין ׀ לֶאֱלָהּ שְׁמַיָּא

~~~~~~~~~~~~

Der Accent פסיק hat den Zweck, eine leichte Trennung zweier, inhaltlich zu vereinender Wörter zu bewirken, theils um eine ungenaue Aussprache der betreffenden Buchstaben zu verhüten, theils um einer irrigen Deutung des Sinnes vorzubeugen. Die Nothwendigkeit, ein solches פסיק einzuschalten, liegt in folgenden Fällen vor, die Rabbi Aharon ben Ascher theilweise bereits festgestellt hat:

(Erwähnt wird vorübergehend und absprechend dessen Ansicht in טוב טעם Abschnitt 5 mit folgenden Worten: הנה מצאתי במסורת בן אשר, כי לה"א סבות בא הפסיק, ומנעתי לכתבם, כי מצאתי הרבה והרבה שאינם נכנסים באחד מחמשה כללים ההם, לכן אומר אני שאי אפשר לתת בהם כללים מספיקין)

1., Wenn ein Wort mit demselben Buchstaben beginnt, mit welchem das vorige endet; z. B. I M. 18,15 כִּי ׀ יָרֵאָה II M. 15,18 רָכִים ׀ מִפָּנֶיךָ V M. 7,1 לָהֶם ׀ מֹשֶׁה IV M. 32,33 ה' ׀ יִמְלֹךְ

Ohne פסיק würde der Leser nicht absetzen, und beide Buchstaben am Anfang und Ende der betreffenden Wörter könnten nur

einfach gehört werden, also: כִּרְאָה ,לַהֲמֹשֶׁה u. dgl., durch die kleine
Pauſe aber kommen beide Buchſtaben deutlich zu Gehör.[153]

Dieſelbe Rückſicht waltet auch ob:

2., Wenn der Anfangsbuchſtabe des zweiten Wortes nur
ſchwache Aspiration beſitzt: z. B.

I. 42,21 אֲנַחְנוּ ' אֲשָׁמִים II. 30,34 וּשְׁלֵחַ ' נָטַף III. 23,30 הַבֹּחֵן ' אָדָם
IV. 17,7 אֵשׁ ' וּתְנוּ־בָהֶן V. 27,9 וּשְׁבֻעַ ' הַסְבַּכְתְּ Eſth. 9,27 הַיְהוּדִים ' עֲלֵיהֶם

Ohne Pauſe könnte der unter demſelben ſtehende Vokal leicht
zu dem vorangehenden Buchſtaben geleſen werden, wie הַסְבַּכְתְּוּשְׁבֻעַ;
das dazwiſchen geſetzte פסיק verhütet es. —

Ebenſo erleichtert פסיק die Deutlichkeit der Ausſprache:

3., wenn zwei Lippenbuchſtaben (בומ"ף) auf einander folgen
z. B.

I. 21,14 בַּבֹּקֶר ' אַבְרָהָם III. 11,32 בְּמוֹתָם ' מֵהֶם IV. 21,1 מִמֶּנּוּ ' וַיֵּשֶׁב
IV. 11,26 בְּמַחֲנֵהוּ ' אֲנָשִׁים V. 6,22 כְּמִצְרַיִם ' וְרָעִים V. 16,16 בַּשָּׁנָה ' פְּעָמִים

Die Buchſtaben מ und ב trifft die Regel vorzugsweiſe, nicht
ſo oft פ oder ו'; z. B.

Jeſajah 66,19 פְּלֵטִים ' פְּרוּצִים Nehemiah 2,13 מֵהֶם ' אֲשֶׁר־לָהֶם
III Chr. 5,25 וְהַשָּׁרוֹת ' הַשָּׁרִים

(Vgl. die Bemerkung Heidenheims im עין הקורא zu V M. 22,24).

4, Wenn zwei gleichlautende Wörter (מותאמים) aufeinander
folgen; z. B.

I. 22,11 אַבְרָהָם ' אַבְרָהָם[154] II. 16,5 יוֹם ' יוֹם III. 13,45 טָמֵא ' וְטָמֵא
IV. 5,22 אָמֵן ' אָמֵן V. 17,8 לָהֶם ' בֵּין־דָּם Klgl. 1,16 עֵינִי ' עֵינִי

<hr/>

[153] An einigen analogen Stellen, wo die Regel kein פסיק zuläßt,
haben die Punktatoren durch ein דגש im Anfangsbuchſtaben des zweiten
Wortes jenen Zweck zu erreichen geſucht; z. B. יהושע בֶּן־נוּן V M. 32,44;
(ſ. ק"עה daſelbſt). נֹתֵן נְשָׁמָה Jeſ. 42,5. — עַל־לֵב daſ. 54,17. כָּל־לָשׁוֹן
Maleachi 2,2 u. a. m.

[154] Nach der מסורה haben von den vier in der heiligen Schrift vorkommenden Doppelnamen drei, nämlich אברהם ' אברהם, יעקב ' יעקב,
שמואל ' שמואל (I Sam. 3,10) ein פסיק: bei dem vierten
Beiſpiel משה ' משה fehlt daſſelbe, wie die מסורה ausdrücklich hervorhebt
Ein Grund für dieſe Anordnung iſt nirgends angegeben. Ochloh wë ochloh

Es gibt jedoch viele solcher s. g. Zwillingswörter, bei welchen die Einschaltung des פסיק nicht für angemessen gefunden wurde. Als Regel dafür dürfte anzunehmen sein, daß ein solches Wörterpaar die Stetigkeit der Zeit, oder die Wiederkehr von Dingen angibt, wie:

בַּבֹּקֶר בַּבֹּקֶר, שָׁנָה שָׁנָה, עֲשָׂרָה עֲשָׂרָה, חֲמִשָּׁה חֲמִשָּׁת, אִישׁ אִישׁ, צֶדֶק צֶדֶק

פסיק hat aber auch den Zweck, zwei durch die Accente verbundene Wörter auseinander zu halten, wenn der Sinn eine solche Rücksicht gebietet. Dies geschieht gewöhnlich in dem Fall,

5., wenn der göttliche Name von einem profanen Worte getrennt werden soll; z. B.

I Samuel 18,10 רָעָה ׀ אֱלֹהִים ׀ בָּאוֹיֵב ׀ ה' ׀ הָיָה Klagelieder 2,5
daselbst Vers 8 לְהַשְׁחִית ׀ ה' חָשַׁב.[155]

Ueberhaupt sind die Beispiele zahlreich, in welchen göttliche Namen von vorhergehenden oder nachfolgenden Wörtern getrennt gehalten werden,[156] auch da, wo keine irrige Auffassung zu besorgen ist; z. B.

לָאוֹר ׀ אֱלֹהִים ׀ לֵאמֹר ׀ ה' I M. 1,5 נָשִׂי ׀ ה' II M. 17,16 III M. 10,3 פָּנָי ׀ הֵן V M. 25,19 אֱלֹהֶיךָ ׀ לְךָ ה' Jes. 66,20 IV M. 6,25 לַה' ׀ מִנְחָתָם.[157]

6., Wenn zwei Wörter vermöge ihrer Stellung, — aber dem Wortsinn entgegen. — durch die Accente verbunden werden müssen; z. B.

1 M. 18,21 כָּלָה ׀ עָשׂוּ daselbst Vers 15 לֹא ׀ וַיֹּאמֶר

Dagegen konnte IV M. 22,3 (לֹא וַיֹּאמֶר) das פסיק wegfallen da ויאמר ein טפחא hat.

(s. Freusdorff'sche Ausgabe No. 242) weist zwar darauf hin, daß bei den drei ersterwähnten Namen nach פסיק ein אתנחתא, nach משה hingegen ein מרכא טפחא folgt: allein auch das Wörterpaar טמא ׀ וטמא hat מרכא טפחא und ist gleichwohl durch פסיק getrennt.

[155] Auch für die Bücher אֱ מֶ תֿ hat diese Regel Geltung; z. B. Pf. 139,19 אֱלוֹהַּ ׀ רָשָׁע daf. V. 21 אֶשְׂנָא ׀ ה'.

[156] S. מנחת שׁי zu I M. 2,21. Aus diesem Grund trennt, wie Heidenheim im משפטי הטעם S. 8a ausführt, ein פסיק, (nicht לגרמיה), obwohl es רביע vorangeht, die Wörter הָאֵל ׀ ה Jes. 42,5.

[157] Josua 22,22 enthält vier solcher Beispiele. — Über den Einfluß des פסיק auf מרכא (תביר) s. § 62.

7., Wenn leichtere Trennungen festzustellen sind, wie I M.
14,15 וַיֵּחָלֵק עֲלֵיהֶם ׀ לַיְלָה; das פסיק deutet an, daß ויחלק sich auf
das Subject לילה bezieht (ויחלק לילה עליהם=). So auch IV M.
3,38 קֵדְמָא לִפְנֵי אֹהֶל־מוֹעֵד ׀ מִזְרָחָה. Hier weist das פסיק darauf
hin, daß קֵדְמָא מִזְרָחָה sich einander ergänzen, obwohl sie hier aus=
nahmsweise durch mehrere Worte geschieden sind. Vgl. רש"י und
אב"ע zu IV M. 2,3.

Scheinbare Abweichungen von dieser Regel finden sich in
allen genannten Fällen vor; doch sind sie gewiß nicht ohne Absicht
von den בעלי הטעמים angeordnet, und es kann beispielsweise nicht
Zufall sein, daß V M. 17,8 בֵּין־דָּם ׀ לְדָם mit, בֵּין־דִּין לָדִין ohne
פסיק steht; oder daß יוֹם ׀ יוֹם überall, שָׁנָה שָׁנָה dagegen und
בַּבֹּקֶר בַּבֹּקֶר nirgends mit demselben vorkommt.

Uebrigens treffen für die Hinzufügung eines פסיק oft mehrere
Gründe zusammen, wie wir aus einigen der obigen Beispiele
ersehen.

Da, wie selbstverständlich, der Fall oft eintreten kann, daß
פסיק in einem Verse mehrmals vorkommt, wie u. A. Note 156
zeigt, so gehört es zu den מתרדפים.

Daß שלשלת in den ein und zwanzig Büchern nur mit nach=
folgendem פסיק vorkommt, ist bereits § 61 ausgeführt.

Mit der Lehre vom פסיק ist die vom לגרמיה eng ver=
wandt. (S. § 71). ·

§ 71. 16., ׀ מוּנַח לְנַרְמֵיהּ.

לְנַרְמֵיהּ ׀, welches dem ähnlichen Zweck dient und, wie § 52
(s. Note 60) bereits erwähnt, durch das gleiche Zeichen dargestellt
wird, auch dieselbe Trennkraft besitzt wie פסיק, gehört ebenfalls
zu den trennenden Accenten. (S. משפטי הטעמים S. 7a). Es
kommt nur mit מונח verbunden vor und ist dazu bestimmt, das
vorangehende (verbindende) מונח zu einem trennenden Accent
zu erheben.[158] Dieser Bestimmung verdankt der Accent denn auch

---

[158] S. עירוגת הבושם דף פ"ה ח': es heißt: מס ואין הלגרמיה טעם אלא
סימן בעלמא שאותו המונח הקודם לו הוא לבדו מלך בין יתר המונחים.

seinen Namen; denn das Stammwort גרם, חֲמוֹר גֶּרֶם) (vgl. bedeutet soviel wie עֶצֶם Knochen, das Wesen selbst; לְגַרְמֵיה
drückt daher dasselbe aus, wie לְעַצְמוֹ, nämlich: für sich selbst,
für sich allein, und deutet an, daß, obwohl das ihm vorangehende מונח ein verbindender Accent ist, dasselbe doch dem Sinne
nach für sich allein steht und von dem Nachfolgenden zu trennen
ist.[159])

Was nun פסיק von לגרמיה eigentlich unterscheidet, ist zunächst daß מונח) לגרמיה) zu den selbständigen Tonaccenten
gehört und daher auch am Anfang eines Verses stehen kann, was
bei פסיק nicht der Fall ist.[160]). יהב"ר[161]) und בן בלעם heben noch
den Umstand hervor, daß ersteres nur auf מונח folgt und immer
vor רביע steht, während פסיק den meisten משרתים folgen und fast
allen מפסיקים vorangehen kann,[162]) wie wir § 70 gesehen haben.
Doch wird der Unterschied der Namen nicht überall festgehalten,
und finden wir beispielsweise schon in מערכת viele Stellen unter
den פסקין דספרא aufgezählt, welche nach obiger Regel doch als
לגרמיה zu bezeichnen sind. So u. A.

הָפַּךְ ‘ לָבָן 13,3. III M. (163]זֶה ‘ יָאְתָּנוּ 30,30. II M. ‘ וְעָרֵל ‘ זָכָר 17,14. I M.

---

[159]) S. das. וזה ענין לְגַרְמֵיה כרומר לְבַדּוֹ. Aus dieser Darlegung
erklärt es sich übrigens, warum der Accent bei den Punktatoren bald den
Namen לגרמיה, — insofern das Zeichen an und für sich in Betracht gezogen
wird, — und bald den Namen מונח לגרמיה) שופר לגרמיה) führt, — um
hervorzuheben, daß dem שופר מונח im engen Anschluß an לגרמיה erst der
Werth eines trennenden Accents zuerkannt wird.

[160]) S. משפטי הטעמים S 7b.

[161]) S. 1. עין הקורא כ"י

[162]) וכל לְגַרְמֵיה שבמקרא באים לפניוְרָבִיעַ, לבד במקומות מעוטים המנויים
בוה הביאור בשער הַלְּגַרְמֵיה, ולעולם לא תמצא פָּסִיק לפני רָבִיעַ כי אם
במקום אחד במקרא, והוא כה אָמַר הָאֵ' ‘ ה' בּוֹרֵא שָׁמַיִם (ישעיה מ"ב ה')
אבל בכל משרתים תמצא פָּסִיק בא עֲמָהֶם, כו' (משפטי הטעמים ז' ג').
פָּסִיק וּלְגַרְמָיה חדה הוא, רק כשיבא פָּסִיק ואחריו רָבִיעַ נקרא
לְגַרְמָיה (עין הקורא כ"י).

Und im מסרת המסרה II M. 4 bemerkt R. E. Levita: הטעם הנקרא
לְגַרְמֵיה היא כדמות פָּסִיק מטש אבל תמיד אחריו רביע

IV M. 10,35 ׳ה ׳ קוֹמֶה V M. 1,33 לַיְלָה ׳ בָּאֵשׁ .2.L .H. 8,14 בְּרַח׳ דּוֹדִי׳
(S. auch bie Beiſpiele § 52).

Uebereinſtimmend aber nennen alle Punktatoren[164] ben Ac=
cent in bem Falle מונח לגרמיה, wenn ein zweites ihm
folgt; z. B.

I M. 41,5 וְהִנֵּה׳ שֶׁבַע שִׁבֳּלִים II M. 32,23 כִּי־זֶה׳ מֹשֶׁה הָאִישׁ
III M. 16,27 וְאֶת־שְׂעִיר הַחַטָּאת IV M. 26,62 כִּי׳ לֹא הָתְפָּקְדוּ
V M. 14,28 מִקְצֵה׳ שָׁלֹשׁ שָׁנִים Efther 2,14 בָּעֶרֶב׳ הִיא בָאָה

Da לגרמיה zu ben מתרדפים gehört, ſo folgen oft zwei, (aber
nicht mehr), nach einanber; z. B.
IV M. 31,30 תִּקַּח׳ אֹתָם׳ אָחוּ מִן־הַחֲמִשִּׁים
baſ. 32,33 וְלַחֲצִי׳ שֵׁבֶט׳ מְנַשֶּׁה בֶן־יוֹסֵף
(Weitere Beiſpiele ſ. o. § 52.)

Entgegen jedoch ber oben (Note 161) angegebenen Regel
וכל לגרמיה שבמקרא באים לפני רביע, wirb ber Accent an mehreren
Stellen מונח לגרמיה genannt, obwohl kein רביע ihm folgt:

1.) Vor אולא (קדמא) an 11 Stellen; z. B. I M. 28,40
אֶת־מַחֲלַת׳ בַּת־יִשְׁמָעֵאל׳ בֶּן־אַבְרָהָם (S. מסורה z. St.)

2.) Vor דרגא (תביר) z. B. Jeſ. 36,2 מֶלֶךְ־אַשּׁוּר׳ אֶת־רַבְשָׁקֵה
מִלָּכִישׁ יְרוּשָׁלַיְמָה (S. ט״ה 36b).

3.) Vor פשטא (מהפך); z. B. III M. 10,6 אַל־תִּפְרָעוּ׳ וּבִגְדֵיכֶם
עַל־רֹאשׁ׳ שֶׁמֶן הַמִּשְׁחָה baſ. 2,10 (ſ. עה״ק z. St.) לֹא־תִפְרֹמוּ
(ſ. עה״ק z. St.)

4.) Vor פור; z. B. Nehemiah 8,7 וְשֵׁרֵבְיָה׳ יָמִין (S. מה״ט 34a;
ber Accent wirb jedoch in ber מסורה alß פסיק bezeichnet)

---

[163] An dieſer Stelle bezeichnet bie מסרה ben Accent außbrücklich
alß ג׳ רישי פסוקי בטעם מונח לפני לגרמיה, mit ben Worten, לגרמיה.
Auch וסימן. זֶה׳ יִתְּנוּ׳ זֶה׳ לַחְמֵנוּ (יהושע ט״ו 3׳) זֶה־רַע (קהלת ט׳ ג׳)
— Dagegen an. (Ruth 3,13) alß לגרמיה führt קֵינִי׳ הַלַּיְלָה׳ עֲרוּגַת הַבֹּשֶׂם
ſcheint Heibenheims Notiz zu V M. 1,21 irrig zu ſein, ba im מערכת
zu ben דאו׳ פסיקתא nicht עֲלֹה׳רָאשׁ ſonbern עֲלֵה הַהֹר (V, 3,27) erwähnt wirb.

[164] Außer רד״ק nennt unb alß פָּסִיק לְגַרְמֵיהּ ihn עֵט סוֹפֵר, ber im
Beleg I M. 7,2 מִכֹּל׳ הַבְּהֵמָה הַטְּהוֹרָה anführt.

Vorangehen können dem מונח לגרמיה folgende Accente: .

יְתֶרֶת הַכָּבֵד וְאֵת ‖ II. 29,22 ‖ פשטא וַיֵּשֶׁב יִצְחָק וַיַּחְפֹּר ‖ I מ. 26,18 ‖ אזלא

יַקְרִיבֶנּוּ וְהִקְרִיב ‖ III. 7,12 ‖ סגול וַיַּעַשׂ אֶת־הַבַּדִּים ‖ II. 37,16 ‖ גרש

לְפָנֶינוּ כִּיְזֶה ‖ II. 32,2 ‖ זקף וְכָל בָּקָר ‖ IV. 7,88 ‖ גרשים

וַיִּקַּח אֶת־הַמַּחְלַת ‖ I. 28,40 ‖ פזר

~~~~~~~

Als משרת steht vor מונח לגרמיה nur ein טרכא; z. B.

II מ. 14,10 — וְהִנֵּה מִצְרַיִם ‖ נֹסֵעַ אַחֲרֵיהֶם

III 13,52 — אוֹ אֶת־הַשְּׁתִי ‖ אוֹ אֶת־הָעֵרֶב

daselbst — בֶּגֶד הַצֶּמֶר ‖ אוֹ אֶת־הַפִּשְׁתִּים

V מ. 13,16 — הַמּוֹצִיא אֶתְכֶם ‖ מֵאֶרֶץ מִצְרָיִם

V מ: 27,3 — אֲשֶׁר־יְ אֱלֹהֶיךָ ‖ נֹתֵן לָךְ

Nur selten hat מונח לגרמיה zwei משרתים, nämlich:

1 Sam. 27,1 ‖ אֲשֶׁר בֵּית יִשְׂרָאֵל   Ezechiel 8,11 ‖ כִּי הִמָּלֵט אִמָּלֵט

~~~~~~~

Anmerkung 1. Die Bestimmung, daß Wörter, welche ursprünglich מלעיל sind, wegen eines Kehlbuchstaben am Anfang des
folgenden Wortes מלרע gelesen werden müssen, wird durch ein dazwischen tretendes לגרמיה nicht aufgehoben; z. B. IV מ. 10,35
אָנָּא ‖ אֲנַחְנוּ עָלִים V מ. 1,28 קוּמָה ‖ ה'—

Wir erkennen daraus, daß die Trennkraft des לגרמיה nur
gering ist, wie die des פסיק. (S. daf.)

Anmerkung 2. לגרמיה wird in der מסורה durch לג׳ bezeichnet, zum Unterschied von ל״ג, welches die Zahl 33 angiebt.

Fünftes Kapitel.

Die Eigenthümlichkeiten der verbindenden Accente (משרתים.

Vorbemerkung.

Ueber die Verwendung der verbindenden Accente sowie über einzelne Eigenthümlichkeiten derselben ist bereits an verschiedenen Stellen dieses Buches (s. a. a. O. § 12, 27 u. 28) gelegentlich gesprochen worden. Unter diesen Eigenthümlichkeiten ist die vornehmlichste, daß sie n i ch t s e l b st ä n d i g vorkommen können, sondern, im Dienste der מפסיקים טעמים stehend, diesen vorangehen müssen, weshalb sie den Namen משרתים führen. Die allgemeinen und besonderen Gesetze, welchen sie unterliegen, und die theilweise bei Besprechung der einzelnen trennenden Accente schon erwähnt wurden, sollen in nachfolgendem ergänzt und näher ausgeführt werden.

---

§ 72. Zahl und Namen der משרתים.

Der verbindenden Accente gibt es, wie wir § 10 gesehen, eigentlich nur a ch t; da aber die alten Punktatoren auch den Leseaccent מאיילא dazu rechnen, so wird von denselben gewöhnlich die Zahl neun angenommen, deren Reihenfolge rücksichtlich ihres häufigeren oder seltenern Gebrauchs die nachstehende ist:

1.) מוּנַח 2.) מַהְפַּך 3.) קַדְמָא 4.) תְּלִישָׁא קְטַנָּה 5.) דַּרְגָּא 6.) מֵרְכָא
7.) מְאַיְלָא[165] 8.) מֵרְכָא כְּפוּלָה 9.) יָרֵחַ בֶּן־יוֹמוֹ.

---

§ 73. Verschiedene Verwendung des מונח.

Der bei uns unter dem Namen מונח gebräuchliche Accent hieß ursprünglich שׁוֹפָר, seiner Form entsprechend; und weil er auf eine dreifache Weise verwandt wird, so wird er auch demgemäß bei den Alten durch drei verschiedene Namen bezeichnet: a.) שופר מונח b.) שופר עלוי, c.) שופר מכרבל. — Die Bestimmung jeder einzelnen Art wird weiter unten an der ihr zukommenden Stelle er-

---

[165] Diese Namen sind die je tzt üblichen. Die in der מסורה und bei den נקדנים gebräuchlichen werden bei der speciellen Besprechung der Accente angeführt und erörtert werden.

läutert werden (§ 82 ff.). — Uebrigens wird auch der verbin=
dende Accent מהפך gewöhnlich als שופר מהפך von den Alten auf=
geführt.

§ 74. Gebrauch der verbindenden Accente.

Ein verbindender Accent weist darauf hin, daß das Wort,
auf welchem er steht, logisch oder grammatisch mit dem nachfol=
genden Wort verknüpft ist. Die Fälle, in welchen dies geschehen
kann, mögen, wie sie § 27 angegeben sind, hier der Deutlichkeit
wegen nochmals kurz wiederholt werden:

1.) Wenn eines der beiden Wörter Prädikat ist: z. B.

I M. 50,7   וַיַּעַן יוֹסֵף   daf. 24,1   וְאַבְרָהָם זָקֵן

2.) wenn ein Wort im status constructus mit dem fol=
genden steht; z. B.

II M. 5,10   נֹגְשֵׂי הָעָם,   daf. 29,14   וְאֶת־בְּשַׂר הַפָּר

3.) wenn ein Satztheil mit einem Bestimmwort verbunden
ist; z. B.

III M. 11,9   טְמֵאִים הֵם,   daf. 12,45   וִהְיִיתֶם קְדֹשִׁים

4.) wenn beide Wörter gleichartige Satztheile sind; z. B.

IV M. 20,17   יָמִין וּשְׂמֹאל,   daf. 21,27   תִּבָּנֶה וְתִכּוֹנֵן

5.) wenn das zweite Wort Apposition des ersten ist; z. B.

V M. 2,8   אַחֵינוּ בְּנֵי־עֵשָׂו,   Esther 9,29   וּמָרְדֳּכַי הַיְּהוּדִי

§ 75. Aufeinanderfolge mehrerer משרתים (שמונת משרתים).

Der logische oder grammatische Zusammenhang eines Satzes
erfordert oft die Aufeinanderfolge von mehreren משרתים. Dieselbe
kann auf zweierlei Weise ausgeführt werden: entweder indem glei=
che Accente neben einander stehen; oder wenn verschiedene
Accente mit einander abwechseln.

Daß zwei und mehr gleiche משרתים nach einander folgen,
findet nur bei שופר עלוי, שופר מונח und טרכא statt, — am häu=
figsten bei שופר מונח; z. B.

Jer. 38,25   V M. 31,17 וְחָרָה אַפִּי בוֹ בַיּוֹם־הַהוּא וּבָאוּ אֵלֶיךָ וְאָמְרוּ אֵלֶיךָ

IV M. 9,10   E. 2,9 וַתִּשָּׂא חֵן לְפָנָיו ׀ אִישׁ אִישׁ כִּי־יִהְיֶה טָמֵא ׀ לָנֶפֶשׁ

Ezechiel 47,12   וְעַל־הַנַּחַל יַעֲלֶה וְעַל־שְׂפָתוֹ מִזֶּה ׀ וּמִזֶּה ׀ כָּל־עֵץ־מַאֲכָל

Auch שופר עלוי und טרכא kommen zuweilen zweimal, aber nicht öfter, hinter einander vor; z. B.

I M. 40,16   כִּי טוֹב פָּתָֽךְ   II M. 3,4   כִּי סָר לִרְאֽוֹת

Ez. 8,6 | כִּי הַמְלֵט אִמָּלֵט   I Sam. 27,1[166]   ([166]אֲשֶׁר בֵּית יִשְׂרָאֵל

---

§ 76. Fortsetzung.

Die Verschiedenheit in der Aufeinanderfolge der משרתים sowie die Anzahl der letzteren und ihre Wahl hängt von den Eigenthümlichkeiten des trennenden Accents ab, vor welchem sie stehen. Zwei oder mehr משרתים können folgende Accente haben:

1.) זַרְקָא

מָצָא עַבְדְּךָ חֵ֣ן   שׁוֹפר עלוי, קדמא; z. B. I M. 19,19

מִן־הַדָּם אֲשֶׁר עַל־הַמִּזְבֵּ֗חַ   קדמא טרכא; z. B. II M. 19,21

וְאִם־הָעָפֵר יָפֵר אֹתָם | אִשָּׁ֗ה   ת"ק קדמא טרכא; z. B. IV M. 30,13

הוּא מְסַפֵּר לַמֶּ֗לֶךְ   טרכא מונח; z. B. II Könige 8,5 (§ 56 A.)

בַּהֲדָף ה' אֱלֹהֶיךָ אֹתָם | מִלְּפָנֶ֗יךָ   מונח, ת"ק, קדמא, טרכא; z. B. V M. 9,4

2.) רְבִיעַ

מֹאזְנֵי צֶדֶק אַבְנֵי־צֶ֗דֶק   דרגא, מונח; z. B. III M. 19,36

אֲשֶׁר יְשָׁרְתוּ עָלָיו בָּהֶ֗ם   מונח דרגא, מונח; z. B. IV M. 4,14

3.) פַּשְׁטָא

אִישׁ אִמּוֹ וְאָבִי֙ו   מונח, מהפך; z. B. III M. 19,3

אֶל־בֵּית עַבְדְּךָ וְלִינ֙וּ   קדמא מהפך; z. B. I M. 19,2

כִּי טוֹב לָנ֙וּ   מונח, מרכא; z. B. II M. 14,12

הַעוֹד אֲבִיכֶם חַ֙י   קדמא, מרכא; z. B. I M. 43,7

קֹרְאוּ לַיָּמִים הָאֵלֶּה פּוּרִי֙ם   ת"ק, קדמא, מהפך; z. B. Esther 9,26

שָׂרָה אֵשֶׁת אֲדֹנִי בֵ֙ן   ת"ק, קדמא, מרכא; z. B. I M. 24,36

לָאֶל־אֶרֶץ זָבַת חָלָב וּדְבַ֙שׁ   מונח, ת"ק, קדמא, מהפך; z. B. IV M. 16,14

---

[166] Diese beiden Stellen sind auch im הוריות הקורא (unter לגרמיה) mit zwei טרכות angegeben, ebenso in (einem handschriftlichen) עין הקורא und in den טקראות גדולות; in den משפטי הטעמים und anderen correkten Bibelausgaben hingegen sind die Worte כִּי־הַמְלֵט und אֲשֶׁר־בֵּית durch ein מקף verbunden.

4.) אַזְלָא

תֵּרֵ֫ נַעֲרָ֥ה וְנַעֲרָ֖ה   ת"ק, קדמא; ז. B. Esther 2,12

כִּי שְׁאַל־נָ֤א לְיָמִ֣ים רִאשֹׁנִ֔ים   מונח ת"ה קדמא; ז. B. V M. 4,32

5.) תְּבִיר

וְכִפֶּ֤ר עָלָ֥יו הַכֹּהֵ֖ן   קדמא, דרגא; ז. B. III M. 4,35

נֶ֣גֶד אַחֵ֥ינוּ הַכֶּר־לְךָ֖   מונח, דרגא; ז. B. I M. 31,32

נָבִ֤יא אָקִ֥ים לָהֶ֖ם   קדמא, מרכא; ז. B. V. M. 18,18

עַם גָּד֥וֹל וָרָ֖ב   מונח, מרכא; ז. B. V M. 2,21

יַעֲרֹ֣ךְ אֹתוֹ֩ אַהֲרֹ֨ן וּבָנָ֜יו   ת"ק, קדמא, דרגא; ז. B. II M. 17,11

אַף לֹֽא־הֵבִיאָה֩ אֶסְתֵּ֨ר הַמַּלְכָּ֧ה עִם־הַמֶּ֛לֶךְ   מונח, ת"ק, קדמא, דרגא; ז.B. E. 5,12

§ 77. Abſchwächung und Verſtärkung des Accentwerthes.

Die verbindende Accenten bilden keine Abſtufungen, wie die
trennenden Accente; ſie ſind vielmehr hinſichtlich ihres Ranges
einander völlig gleich.[167] Um nun eine Anhäufung derſelben zu
vermeiden, welche dem Wohlklang des Vortrags Eintrag thun
würde, wird in gegebenen Fällen, da wo ein Abſetzen im Vor=
trag erforderlich iſt, ein trennender Accent ſtatt eines verbin=
benden verwandt, wofür die §§ 49 und 59 (ſ. S. 113) mehrfache
Beiſpiele enthalten.

Wo jedoch die Wortfolge für eine ſolche Abſchwächung
des trennenden Accents nicht geeignet erſcheint, haben die בעלי
הטעמים die Aufeinanderfolge der verbindenden Accente zwar bei=
behalten, aber durch Einſchaltung eines פסיק die nothwendige Aus=
einanderhaltung der Worte bewirkt; z. B. Ez. 47,12 כִּזֶּה ׀ וּמִזֶּה
Eſt. 2,15 בַּת־אֲבִיחַ֤יִל ׀ דּוֹד·

---

§ 78. Fortſetzung.

Es gibt aber auch Wortverbindungen, welche untrennbar ſind,
weil gerade durch die Aufeinanderfolge der משרתים ihre Zuſam=
mengehörigkeit hervorgehoben werden ſoll. In ſolchen Fällen

---

[167] ראו שתדע כי הטעמים המשרתים כולם שוים בענין החבור (ל"ה).

barf weder ein trennender Accent, noch ein פסיק ihre Reihenfolge unterbrechen; dagegen verstärkt sich der Werth eines derselben an geeigneter Stelle von selbst, sodaß er fast die Trennkraft eines מפסיק erreicht.[168]) Zu einer solchen Rangerhöhung eignen sich vorzugsweise קדמא und תלישא קטנה. Bei ת"ק leuchtet dies selbst dem Laien sofort ein, weil es uns geläufig ist, daß der ת"ק stets nachfolgende קדמא zu dem mit ihm verbundenen אזלא zu lesen, wie uns folgende Beispiele beweisen:

I M. 21,12 אַתָּה וְזִקְנֵי יִשְׂרָאֵל   II M. 3,18 וַיִּקַּח־לֶחֶם וְחֹמַת מַיִם

III M. 20,2 עַל חַטָּאתוֹ אֲשֶׁר חָטָא   IV M. 4.3 אִישׁ אִישׁ מִבְּנֵי יִשְׂרָאֵל

V M. 18,20 הִפִּיל פּוּר הוּא הַגּוֹרָל   Esther 3,7 אֲשֶׁר יָזִיד לְדַבֵּר דָּבָר

Der Leser würde bei diesen und allen ähnlichen Stellen die Verbindung der Wörter durch קדמא ואזלא ebenso selbstverständlich finden, wie die trennende Bestimmung der תלישא קטנה.

---

§ 79. Fortsetzung.

Auffälliger ist es dagegen, wenn auf dem Worte, bei welchem man eine Vortragspause erwartet, das קדמא steht, sodaß dieser Accent dadurch von der vorangehenden תלישא קטנה getrennt und mit der nachfolgenden אזלא verbunden erscheint. Nehmen wir als Beispiel die Stelle I M. 30,35 an וַיָּסַר בַּיּוֹם הַהוּא אֶת־הַתְּיָשִׁים Wir würden bei flüchtiger Prüfung es für richtiger gefunden haben, wenn etwa ויסר ביום ההוא את־התישים accentuirt wäre, um ביום mit ההוא einander zu verbinden. Die בעלי הטעמים wollten aber darauf hinweisen, daß die Worte: ויסר את התישים verbunden sein müssen, und setzten deshalb drei משרתים hinter einander.[169]) Nach dieser

---

[168]) Diese Verstärkung geht jedoch nicht so weit, daß בג"ד כפ"ת nach beihielten; z. B. II M. 19,16 וַיְהִי בַיּוֹם הַשְּׁלִישִׁי das קל דגש אהו"י.

[169]) Ein andere משרתים=Folge, die etwa am Schlusse eines Verses gelautet hätte ויסר ביום ההוא את־התישים würde uns auch nicht anstößig sein; aber gerade die Vereinigung der Wörter ההוא את־התישים klingt befremdend, weil sich unser musikalisches Gehör dagegen sträubt, welches die mit קדמא ואזלא verknüpfte Melodie nur bei zusammengehörigen Wörtern erwartet.

Darlegung werden ähnliche Stellen zu beurtheilen und leicht zu verstehen sein, z. B.

I M. 40,5 וַיַּרְדוּ כָל־עֲבָדֶיךָ אֵלֶּה אֵלָי   II M. 12,8 וַיַּחַלְמוּ חֲלוֹם שְׁנֵיהֶם

III M.3,14 כָּל־הַיּוֹם הַהוּא וְכָל־הַלַּיְלָה   IV. 11,32 וְאִם בַּהֶרֶת לְבָנָה הִיא

V M. 7,16 וְכָל־כֵּלָיו מַצְרִים הָרָעִים   Esther 9,12 הָרְגוּ הַיְּהוּדִים וְאַבֵּד

In dem ersten Beispiel weisen die Accente darauf hin, daß חלום Object ist, was den Sinn ergibt, welchen alle Exegeten annehmen, nämlich: ויחלמו שניהם חלום.[170]) Aus dem zweiten Beispiel ersehen wir, daß וַיַּרְדוּ אֵלַי zu verbinden sind; im dritten daß ואם היא zusammen zu nehmen sind, und als Prädifat: בהרת לבנה; im vierten daß der Sinn ist: כָּל־הַיּוֹם וְכָל־הַלַּיְלָה(הַהוּא); im fünften: daß הָרָעִים nicht das Attribut von מצרים ist, sondern von כֵּלָיו; im sechsten endlich, daß beide Verben, הָרְגוּ und וְאַבֵּד Prädifate von הַיְּהוּדִים sind.[171])

Erwähnenswerth ist auch folgende Stelle: וַיַּרְא יוֹשֵׁב הָאָרֶץ הַכְּנַעֲנִי (I M. 50,11). הארץ kann hier nicht status constructus sein, weil es den Artifel hat; auch der Sinn spricht dagegen. Die Accente weisen nun darauf hin, daß יוֹשֵׁב und הַכְּנַעֲנִי im Appositionsverhältniß stehen, und das וירא הכנעני, יושב הארץ zu construiren ist, wie auch רשב״ם zur Stelle erflärt.

§ 80. Fortfetzung.

קדמא kann auch dann trennende Kraft annehmen, wenn es, statt vor אולא, in einer anderen משרתים-Folge vorkommt; z. B.

[170]) Nur der מדרש faßt חלום als status constructus auf. Entspräche aber diese Annahme der einfachen Worterklärung, so würde das Prädifat ויחלמו wohl einen trennenden Accent erhalten haben, und nur die beiden folgenden Wörter würden verbunden worden sein wie in folgenden Beispielen: I M. 40,4

III M. 27,15 וַיָּבִיאוּ אֶת־תְּרוּמַת ה׳   II M. 35,21 וַיִּפְקֹד שַׂר הַטַּבָּחִים יוֹסֵף

V M. 26,11 לֹא חָמוֹר אֶחָד מֵהֶם   IV M. 16,15 וְיָסַף חֲמִשִׁית כֶּסֶף־עֶרְכֶּךָ

Esther 6,1 לְהָבִיא אֶת־סֵפֶר הַזִּכְרוֹנוֹת   לַעֲשֹׂר אֶת־כָּל־מַעֲשֵׂר תְּבוּאָתֶךָ

[171]) Daß הָרְגוּ הַיְּהוּדִים zusammen zu lesen ist, und nicht הַיְּהוּדִים beweist Vers 6, wo auf הַיְּהוּדִים הָרְגוּ הַיְּהוּדִים וְאַבֵּד, ein trennender Accent gesetzt ist.

שְׁנַיִם עָשָׂר עֲבָדֶיךָ אַחִים אֲנַחְנוּ I M. 42,13 דַּרְגָּא (תביר) vor. Von
diesen fünf zusammengehörigen Wörtern schließen sich die drei
ersten einander näher an.[172]

Desgleichen vor (תביר) מֵרְכָא II M. 18,5 יִתְרוֹ חֹתֵן מֹשֶׁה.
Hier ist יִתְרוֹ von חֹתֵן מֹשֶׁה getrennt, wie kurz zuvor (B. 2) in
der gleichen Wortfolge יתרו חתן משה, טו פשטא ein פשטא hat.

Ebenso vor (פשטא) מַהְפָּךְ III M. 8,35 תֵּשְׁבוּ יוֹמָם וָלַיְלָה—
לָכֶת יוֹמָם וָלַיְלָה sind inhaltlich verbunden, wie II M. 13,21
und Jer. 8,23 וָאֶבְכֶּה יוֹמָם וָלָיְלָה.

Vergleiche ferner: IV 1,3 מִבֶּן עֶשְׂרִים שָׁנָה mit IV 26,4 מִבֶּן עֶשְׂרִים שָׁנָה
V. 11,9 „ II 20,12 וּלְמַעַן יַאֲרִיכֻן יָמֶיךָ וּלְמַעַן תַּאֲרִיכוּ יָמִים

Auch Esther 1,11 לְהַרְאוֹת הָעַמִּים וְהַשָּׂרִים ist להראות von den
beiden folgenden Wörtern geschieden, welche untrennbar sind. (S.
§§ 27c, und 74, 4)

---

§ 81. Fortſetzung.

Die Wortfolge bedingt, außer bei קדמא, auch bei einigen
anderen משרתים zuweilen eine schwache Pause, deren Berechtigung
nur durch den Wortsinn erkennbar ist und durch Vergleichung mit
ähnlichen Stellen Bestätigung findet; z. B.

(פשטא) מַהְפָּךְ I M. 31,46	וַיֹּאמֶר יַעֲקֹב לְאֶחָיו
vergl. mit I M. 27,19	וַיֹּאמֶר יַעֲקֹב אֶל־אָבִיו
(פשטא) מֵרְכָא II M. 16, 1	בַּחֲמִשָּׁה עָשָׂר יוֹם
vergl. mit II M. 12,6	עַד אַרְבָּעָה עָשָׂר יוֹם
(פשטא) מַהְפָּךְ III M. 1,5	בְּנֵי אַהֲרֹן הַכֹּהֲנִים[173]
vergl. mit III M. 1,8	בְּנֵי אַהֲרֹן הַכֹּהֲנִים
(מהפך) מוּנַח IV M. 13,32	אֶרֶץ אֹכֶלֶת יוֹשְׁבֶיהָ
vergl. mit III M. 17,10	נֶפֶשׁ הָאֹכֶלֶת אֶת־דַּדָּם

---

[172] אֲנַחְנוּ ׀ אַחִים sind nur mit Rücksicht auf den Wohllaut durch
פסיק getrennt. (S. § 70. ad. 2.)

[173] בְּנֵי הכהנים ist von אהרן getrennt, da es Apposition von בְּנֵי ist.

(זרקא) כֵּרְכָּא ‏V M. 28,51	פְּרִי בְהֶמְתְּךָ וּפְרִי־אַדְמָתֶךָ
vergl. mit V M. 28,4	בָּרוּךְ פְּרִי־בִטְנְךָ וּפְרִי אַדְמָתֶךָ
(תביר) דַּרְגָּא ‏Esther 4,8	לָבֹא אֶל־הַמֶּלֶךְ לְהִתְחַנֶּן־לוֹ
vergl. mit II Sam. 15,2	לָבֹא אֶל־הַמֶּלֶךְ לַמִּשְׁפָּט

Doch in der Regel wird erforderlichen Falles die Wort=
scheidung durch פסיק vollzogen.

Diesen allgemeinen Gesetzen über die verbindenden Accente
schließen sich die Regeln über die Eigenthümlichkeiten an, denen je=
der einzelne von ihnen insbesondere untersteht, und die in den
nächstfolgenden Paragraphen besprochen werden sollen. —

---

§ 82. 1., מוּנַח oder שׁוֹפָר.

מוּנַח im weiteren Sinne heißt dieser verbindende Accent
in allen verschiedenen Arten seines Gebrauchs. Um aber diese
Arten schärfer unterscheiden zu können, haben die Punktatoren den=
selben nach den fein nüancirten Regeln, denen sie unterliegen, ent=
sprechende Specialnamen beigelegt, und die am meisten vorkommende
Art mit שׁוֹפָר מוּנַח im engern Sinne bezeichnet, die beiden andern
aber mit den Namen שׁוֹפָר עִלּוּי und שׁוֹפָר מְכַרְבֵּל benannt.[174]

Diese Eintheilung war gewiß für die alten Gelehrten von
praktischem Werth, und die Kenntniß der darauf bezüglichen Regeln
ist ihnen unzweifelhaft geläufig gewesen; für die Gegenwart hat sie
nur ein theoretisches Interesse, indem sie das Verständniß älterer
Autoren uns erschließt.

Am einfachsten und klarsten ist die Lehre vom

§ 83. a., שׁוֹפָר מוּנַח

welches von späteren Punktatoren auch שׁוֹפָר יָשָׁר genannt
wird. — Rührt der Name שׁוֹפָר von der Form des Accents
her, (§ 73), so weist מוּנַח vermuthlich auf die Melodie desselben

---

[174] Für מוּנַח wird von Einigen der Name גַּלְגַּל (f. מנחת שי zu
מ M. 12,3) und שׁוֹפָר הוֹלֵךְ (f. אור תורה zu I M. 41,45 und ש״ש z. St.)
gebraucht. (מקנה אברם bemerkt שהיא הולך מימין לשמאל dazu).

hin. Wie die Tonfigur des מונח aus einfachen, ruhigen Inter=
vallen besteht, so enthält נוח, die Wurzel dieses Wortes, den Begriff
des Gefälligen, Gelassenen, Ruhigen, (vgl. die Phrase נוח לתשחורת
und ניחא לי).

Als שופר מונח (שופר ישר) ist der Accent am häufigsten ge=
braucht und steht entweder unmittelbar vor seinem Haupt=
accent, nämlich:

סגול; vor z. B. I M. 44,81 וַיֹּאמֶר כִּי אֲדוֹנִי daf. 36,39 וַיֹּ֔קָם֩ בַּעַל חָנָן בֶּן־עַכְבּוֹר

רביע „ z. B. I M. 28,22 וְהָאֶבֶן הַזֹּאת II M. 16,29 שְׁבוּ ׀ אִישׁ תַּחְתָּיו

פּוּר „ z. B. II M. 4,9 אִם־לֹא יַאֲמִינוּ IV M. 11,26 שֵׁם הָאֶחָד אֶלְדָּד

ת"ג; „ z. B. II M. 33,1 אֲשֶׁר נִשְׁבַּעְתִּי III M. 20,17 בַּת־אָבִיו אוֹ בַת־אִמּוֹ

גרש; „ z. B. III M. 21,23 אַךְ אֶל־הַפָּרֹכֶת IV M. 35,23 אוֹ בְכָל־אֶבֶן

גרשים; „ z. B. IV M. 2,17 פֶּן אַחֵר Esther 4,14 רֶוַח וְהַצָּלָה

oder zunächst vor einem anderen verbindenden Accente,

מהפך (פשטא); vor z. B. IV M. 18,28 בֶּן תָּרִימוּ גַם־אַתֶּם

מרכא (פשטא) „ z. B. II M. 4,12 כִּי טוֹב לָנוּ

ת"ק; (פשטא) „ z. B. V 28,49 יִשָּׂא ה' עָלֶיךָ גּוֹי מֵרָחוֹק

מרכא (תביר) „ z. B. IV M. 18,9 קֹדֶשׁ קָדָשִׁים לָךְ

תביר (דרגא) „ z. B. V M. 2,6 אֹכֶל תִּשְׁבְּרוּ מֵאִתָּם

דרגא (רביע) „ z. B. IV M. 4,14 אֲשֶׁר יְשָׁרְתוּ עָלָיו בָּהֶם

קדמא (אולא) „ z. B. I M. 28,9 אֶת־מָחֲלַת בַּת־יִשְׁמָעֵאל בֶּן־אַבְרָהָם

ת"ק; (אולא) „ z. B. III M. 20,2 אִישׁ אִישׁ מִבְּנֵי יִשְׂרָאֵל

קי"פ) „ z. B. IV M. 35,5 אֶת־פְּאַת־קֵדְמָה אַלְפַּיִם בָּאַמָּה) (ק"פ

In allen diesen Fällen behält der Accent den Namen שופר
מונח bei, auch wenn er mehrere Male nach einander folgt.

---

§ 84. b., שׁוֹפָר מְכַרְבֵּל und c., שׁוֹפָר עֲלוִי.

Nicht so einfach liegt das Verhältniß, wenn מונח vor זָקֵף
זרקא, אתנחתא, (abgekürzt אֹ֫ ֑ ֔) steht, in welchem Falle der Accent
entweder שׁוֹפָר עֲלוִי[175] oder שׁוֹפָר מְכַרְבֵּל heißt.[176] Er trägt un=
bebingt den Namen עֲלוִי, wenn er unmittelbar steht

---

[175] Nach Ben Bileam wird ber שׁוֹפָר עֲלוִי vor משרת סגול ebenfalls
genannt.

a.) vor זרקא; z. B. I M. 3,17 וּבְתֵי כָל־עֲבָדֶ֜יךָ II M. 10,2 כִּי שָׁמַ֨עְתָּ֙ III M. 23,2 שֵׁ֤שֶׁת יָמִים֙

b.) vor אתנחתא; z. B. IV M. 16,21 מִתּ֧וֹךְ הָעֵדָ֛ה הַזֹּ֖את V M. 4,9 כֹּ֖ל שָׂרֵ֣י הַמֶּ֑לֶךְ Eſt. 1,18 כֹּ֖ל יְמֵ֣י חַיֶּ֑יךָ

c.) vor זקף קטן; doch nur, wenn die erſte Silbe unbetont iſt; z. B. I M. 1,6 וִהְיִיתֶ֖ם קְדֹשִׁ֑ים II M. 12,4 לִפְנֵ֥י אֲכָלֹ֖ו III M. 12,45 וִיהִ֥י מַבְדִּ֖יל IV M. 16,21 וַיַּגִּ֥ידוּ לָ֖הּ V M. 4,9 כְּכֶ֥רֶם רָעֶ֖ךָ Eſther 4,4 עֹלַ֥ת הַבֹּֽקֶר

Ruht hingegen der Ton auf der erſten Silbe, ſo wird der Ton מכרבל genannt.[177] Beiſpiele ſind:

I M. 4,26 גֶּ֤רֶשׁ כַּרְמֶ֑ל II M. 32,18 א֣וֹ הוּחַ֑ל III M. 2,14 ק֣וֹל עַנֹּ֑ות IV M. 1,49 אִ֣ישׁ יְהוּדִ֑י V M. 1,4 מֶ֤לֶךְ הָאֱמֹרִ֑י Eſt. 2,5 סָלַ֣ת עֶשְׂרֹ֑ון

～～～～～

Nur wenn der Accent mit זקף קטן auf Einem Worte ſteht, wird der Name מונח beibehalten; z. B.

I M. 4,1 הֲבִיאָ֥כֶם II M. 15,7 חֲרֹ֥ונְךָ III M. 23,14 וְהָֽאָרֶ֥ם IV M. 15,2 שְׁאֵ֥תָי V M. 9,5 מֹו֥שְׁבֹ֑תֵיכֶם Eſther 5,8 לְבָבֶ֥ךָ

～～～～～

Es können vor א֞וּ auch zwei משרתים ſtehen. Bei אֶתְנַחְתָּא kommt dies nur ſelten vor, (§ 41 f.,) und heißt der erſte derſelben מונח, der zweite עלוי; z. B.

---

176) Beide Namen ſcheinen ſich auf die Melodie zu beziehen, und be=
deutet עלוי שופר wohl „des tonhebende Schofar." Die Grundbedeutung
von מכרבל oder כרבלא dagegen, welche ſchmückend, zierend iſt, kann
ſich dagegen auf die Verſchönerung der Melodie beziehen, da כרבל nicht
nur, (wie Daniel 3,21 und I Chr. 15,27), vom Kleiderſchmuck, ſondern auch
von muſikaliſchen Inſtrumenten gebraucht wird. Nach dem ערוך (ſ. u. כרבלין)
iſt es eine Flöte In בראשית רבה Kap. 24 werden die Subſtantive
כנּ֣וֹר וְע֖וּגָב durch ערדבלין וכרבלין wiedergegeben. — שופר מכרבל kann
alſo die Bedeutung von „tonzierende Schofar" beſitzen, und in der That
wird kein anderer Accent gefänglich ſo verſchiedenartig ausgeführt, wie מונח
in Rückſicht auf ſeine jemalige Stellung.
177) Nach der Lehre Ben Bileams in ſeinem טעם המקרא, ſ. מה"ט
13a. Rabbi David Kimchi nennt ihn שופר קלקל ſ. עט סופר (S. 32.)

II M. 3,4   כִּי סָר לִרְאוֹת   daf. 12,29   כִּי לֹא חָמֵץ

Vor זרקא kommen zwei מונחים nur in dem Fall vor, wenn der erste משרת auf dem ersten Buchstaben ruht (§ 56A.); dann bleibt טונח als Specialname für den ersten משרת, für den zweiten עלוי bestehen; z. B.

IV M. 6,21   וְאֵת תּוֹרַת הַנָּזִיר   daf. 15,24   אִם מֵעֵינֵי הָעֵדָה

Und ruht das zweite טונח ebenfalls auf dem Anfangs= buchstaben, so werden beide עלוי genannt (§ 56A.); z. B.

V M. 14,24   כִּי לֹא תוּכַל   II M. 4,11   מִי שָׂם פֶּה

Der Name des zweiten משרת vor זרקא bleibt übrigens auch in dem Falle עלוי, wenn der משרת ein מרכא, oder ein קדמא ist, (56 A u. B); z. B.

II Chr. 6,32   לֹא מֵעַמְּךָ יִשְׂרָאֵל   V M. 30,19   הַעִדֹתִי בָכֶם הַיּוֹם

Endlich kann auch מונחים zwei זקף קטן haben; aber in allen Fällen, d. h. unabhängig von der Betonung, heißt dann der erste מכרבל, der zweite עלוי; z. B.

I M. 33,1	וְהִנֵּה עֵשָׂו בָּא	II M. 4,8	אִם־לֹא יַאֲמִינוּ לָךְ
III M. 18,8	הִנֵּה נָתַתִּי לָךְ	IV M. 7,3	וּשְׁנֵי עָשָׂר בָּקָר
V M. 1,23	שְׁנֵים עָשָׂר אֲנָשִׁים	E. 7,8	אֲשֶׁר אֶסְתֵּר עָלֶיהָ

Wiederholt möge hier das Gesetz hervorgehoben werden, daß מונח mit einem der drei folgenden Hauptaccente auf einem Worte stehen kann:

a.) mit פור, I M. 50,17 אָנָּא (vgl. § 63).

b.) mit זקף קטן, II M. 32,30 וַיְהִי מִמָּחֳרָת (f. § 44, ad 2)

c.) mit רביע, II M. 32,31 אָנָּא (vgl. § 52).

d.) mit אתנחתא, I Chr. 5,20 שֶׁעֲמָהֶם (vgl. § 41d).

Anmerkung: Die Bestimmung darüber, wo קדמא oder מונח als erster, (beziehungsweise vorletzter) משרת vor חביר, פשטא, זרקא zu verwenden sind, f. Schluß des § 86 (über קדמא).

§ 85. 2., מַהְפָּךְ

wird wegen seiner Form (ᴎ) auch שׁוֹפָר מְהוּפָּךְ, umgekehr=
tes Schofar genannt, im Gegensatz zu שׁוֹפָר יָשָׁר (ᴗ), dem ge=
raden Schofar.[178] Von dem gleichgeformten יְתִיב welches,
wie ausgeführt, nur solchen Wörtern zukommt, deren erste Silbe betont
ist, unterscheidet sich מהפך dadurch, daß jenes immer zur Rechten,
dieses nur zur Linken des Vokals steht, (§ 60), wie in folgenden
Beispielen:

אֶרֶץ אֲשֶׁר אֲבָנֶיהָ בַרְזֶל vgl. mit אֶרֶץ הַכְּנַעֲנִי V M. 8,9

בֶּן־לְשֵׁשֶׁת הַזְּקֵנִים V M. 20,15 vgl. mit בֶּן פְּעַשָׂה כְּכָל־הֶעָרִים II M. 25,33

Die Bedingungen, unter denen מַהְפָּךְ verwandt wird, sind
einfach, da es nur und zwar unmittelbar vor פשטא steht.

מהפך kann ebensowohl auf Wörter, welche milel, als auch auf
solche, welche milra sind, gesetzt werden; doch muß es durch eine
Silbe mindestens von seinem Hauptaccente getrennt sein. Folgen
aber die betreffenden Silben unmittelbar nach einander, so steht
statt מהפך ein מרכא, (§ 59); z. B.

אִם־בֶּן הוּא וַהֲמִתֶּן אֹתוֹ 1 M. 49,12 vgl. mit בֶּן פֹּרָת יוֹסֵף II M. 1,16

(179) וְהֵבֵאתָ שָׁמָּה II M. 25,14   „   „   וְהֵבֵאתָ אֶת־הַבַּדִּים II M. 26,33

Dieselbe Regel ist auch auf die wenigen Fälle anwendbar, in
welchen קדמא und der משרת auf einem Worte ruhen, wie IV M. 20,1

וַיָּבֹאוּ בְנֵי־יִשְׂרָאֵל כָּל־הָעֵדָה מִדְבַּר־צִן Auch hier steht mit Recht
כָּל־הָעֵדָה, weil das פשטא von seinem משרת getrennt ist.[180] Aber
הַמַּאֲכִלְךָ מָן בַּמִּדְבָּר (V M. 8,16) hat statt das מהפך ein מרכא,
da das פשטא unmittelbar darauf folgt.[181]

---

[178] מִקְנֶה אַבְרָם.

[179] Die von Heidenheim gebrachte Version Jesajah 58,2 יוֹם ׀ יוֹם
(statt יוֹם, wie andere correcte Ausgaben haben), scheint darauf hinzuweisen,
daß hier vor פשטא ein מרכא gehört, das dazwischen tretende פסיק (ähnlich
dem Verhältniß des תביר zu דרגא s. § 62) die Regel aber wieder auf=
hebe, und daher das ursprüngliche מהפך beibehalten wird. Hei=
denheim selbst gibt weder an, welchem Autor er seine Lesart entnommen,
noch die Regel, durch welche sie begründet ist. (Vgl. ש"ת u. א"ת z. St.).

[180] Nach der מסורה zu III M. 25,46 sind an noch fünf Stellen
מהפך und קדמא auf einem Worte vereinigt. (S. Note 93).

Obwohl טרכא und מהפך einander überhaupt nicht folgen können,[181]) finden wir doch zuweilen beide Accente unter einem Worte; z. B. III M. 26,36 וְהֵבֵאתִי מֹרֶךְ. Diese abnorme Zeichen=setzung hat aber nur den Zweck, uns die von einander abweichen=den Ansichten zweier Autoritäten vorzuführen. Ueberall nämlich ist in תנ״ך die Betonung von וְהֵבֵאתִי wegen des Waw conversivum (ויו ההפוך) milra.[183]) Ben Ascher hält die Anwendung dieser grammatischen Regel auch an unserer Stelle für berechtigt, wes=halb er וְהֵבֵאתִי מֹרֶךְ accentuirt, mit טרכא unten der letzten Silbe. Nach Ben Naphtali hingegen ist das Wort נסוג אחור, d. h. der ursprüngliche Ton weicht zurück, das Wort wird also milel, und es ist somit richtig, וְהֵבֵאתִי מֹרֶךְ zu lesen, mit מהפך unter der be=tonten Silbe. Die Sopherim, (die gelehrten Abschreiber) haben aber diesen Streit nirgends entscheiden wollen, haben ihn jedoch durch Beibehaltung beider Zeichen angedeudet. — Selbstverständlich aber hat der Leser in seinem Vortrag nur Eines zu berücksichtigen, und pflegen die abendländischen Juden (מערבאי) sich nach Ben Ascher zu richten.[184])

Anmerkung: Daß מהפך mit seinem Hauptaccenten פשטא

---

[181]) טרכא und קדמא kommen auf einem Worte nicht weiter vor.

[182]) Nicht recht verständlich ist in Bezug hierauf die Bemerkung Ben Bileam's (f. 20b) משפטי הטעמים אם תמצא שופר הפוך וטרכא קודם לפשטא הנה הוא שופר יתיב כי לעולם לא יתחברו לו בשירותו שופר ומנחים) (auch zwei מונח nur יתיב, da auf מהפך ומרכא קודם יחד, aber nirgends ein טרכא folgt.

[183]) u. A. I M. 27,12 וְהֵבֵאתִי עָלַי, II M. 6,8 וְהֵבֵאתִי אֶתְכֶם, III M. 26,25 וְהֵבֵאתִי עֲלֵיכֶם.

[184]) Eine ähnliche Meinungsverschiedenheit waltet zwischen diesen bei=den Gelehrten über die Vokalisation einiger anderen Wörter ob; z. B. וְשִׁלַּחְתִּי דֶבֶר (III M. 26,25). Ben Ascher liest aus obigem Grunde וְשִׁלַּחְתִּי דֶבֶר; Ben Naphtali hält die Zurückverlegung des Tones auch hier erforderlich und setzt demgemäß וְשִׁלַּחְתִּי דֶבֶר mit מהפך. Die gleiche Bewandtniß hat es auch mit לְהִנָּתֵן דֹת (Esther 3,14.) —

auf einem Worte ruhen kann, (z. B. שֶׁהַמֶּלֶךְ H. L. 1,12), haben
wir bereits § 59 gesehen.

---

§ 86. 3., קַדְמָא.

קדמא kommt bei den Punktatoren nur unter den Namen
אולא vor (§ 69), während unser אולא von ihnen טרס oder גריש
genannt wird (§ 66). Die Bedeutung der chaldäischen Namen
קדמא ואולא ist bereits § 69 angegeben, (s. u. אולא); nach טקנה
אברם figurirt er auch unter dem Namen אשל.

Der Accent wird auf die betonte Silbe gesetzt und unterschei=
det sich dadurch vom פשטא, welches allezeit am Ende des
Wortes steht. Er ist insofern von größerer Wichtigkeit, als die
übrige משרתים, da er bestimmt ist, die Uebergänge von den
höheren Tönen zu den tiefen zu vermitteln, weshalb er nie
nach תביר, זקף גדול, und טפחא folgen kann. Vielmehr schließt
er sich direkt an die übrigen ihm vorangehenden trennenden
Accente an und verbindet sie mit den Schlußaccenten. Die
ersteren finden sich in folgenden Beispielen:

1.) רְבִיע I. 26,28 גרשׁ"ם II. 2,14 וַנֹּאמֶר תְּהִי נָא אָלָה 2.) מֵי שָׁמְךָ לְאִישׁ
3.) וְאֶת־הָאַיִל יַעֲשֶׂה III. 5,6 אולא 4.) אֲשֶׁר חָטָא נְקֵבָה גרשׁ IV. 6,17
5.) מְקוֹם אֲשֶׁר דִּבֶּר־הַמֶּלֶךְ פשטא S. 4,3 6.) וּבְנֵיכֶם אֲשֶׁר לֹא־יָדְעוּ לְאַ־הֵ"וג V. 1,39
7.) וַאֲמַרְתֶּם זֶבַח־פֶּסַח הוּא II. 12,27 פור 8.) כָּא נִגְנּוֹף וְכַאֲשֶׁר I. 26,29 זו"ק
9.) סגול III 4,35 וְאֶת־בְּרִית לֹא־הֵרָאֵי הוּ S. 1,11 אתנחתא 10.) מִזְבַּח הַשְּׁלָמִים וְהִקְטִיר

Außerdem geht dem קדמא an elf Stellen in תנ"ך ein לגרמיה
voran[185]) und einmal wird לגרמיה durch קדמא mit תביר verbun=
den. Jesajah 36,2 וַיִּשְׁלַח מֶלֶךְ־אַשּׁוּר אֶת־רַבְשָׁקֵה מִלָּכִישׁ יְרוּשָׁלְמָה

Von den verbindenden Accenten geht ihm nur קטנה חלישא
voran (s. u. unter § 87); dagegen kann von den trennenden Accenten

---

[185]) Die bereits mehrfach erwähnte Stelle אֶת־נַחֲלַת בַּת־ I M. 28,40
יִשְׁמָעֵאל בֶּן־אַבְרָהָם ist die einzige im Pentateuch; die übrigen in der
מסורה angegeben sind: I Sam. 14,3 u. 14,44 II Sam. 13,32 II Könige 18,17
Jer. 4,19 38,11 und 40,11 Ez. 9,2 Hagg. 2,12 und II Chr. 26,15. (S.
מסורה zu I M. 28,40).

nur אולא direkt folgen, und von den verbindenden: 1.) ‏מַהְפַּךְ,
2.) ‏מוּנַח 3.) ‏מֵרְכָא, 4.) ‏דַּרְגָּא[186]); z. B.

מַהְפַּךְ (פשטא) I M. 32,3	וַיִּשְׁלַח יַעֲקֹב מַלְאָכִים
מֵרְכָא (פשטא) IV M. 3,9	נְתֻנִם נְתוּנִם הֵמָּה לִי
מוּנַח (זרקא) II M. 20,17	וַיֹּאמֶר מֹשֶׁה אֶל־הָעָם
מֵרְכָא (הביר) V M. 18,18	נָבִיא אָקִים לָהֶם
מֵרְכָא (זרקא) III M. 4,35	כַּאֲשֶׁר יֹסֵר חְקֵב־הַכֶּשֶׂב
דַּרְגָּא (הביר) Esther 8,11	אֶת־כָּל־חֵיל עַם וּמְדִינָה

Die Eigenthümlichkeit einiger משרתים, daß sie mit ihrem
Hauptaccent auf Einem Worte vereinigt stehen, haben wir bereits
§ 64 und 69 kennen lernen. An erfterer Stelle find Fälle von
מונח ז׳׳ק, an letzterer von קדמא ואזלא angegeben. Fernere Beispiele
find:
I M. 22,7 ‏וְלַחוֹשָׁבֶךָ II M. 28,9 ‏וְלָקַחְתָּ III M. 25,6 ‏וְהָעֵצִים
IV M. 16,32 ‏וַיֵּרְדוּ V M. 28,1 ‏וּנְתָנְךָ Esther 3,3 ‏וַיֹּאמְרוּ

Die Vorbedingungen, unter welchen dies bekanntlich geschehen
kann, — daß nämlich das betreffende Wort vierfilbig fein muß,
und die zweite Silbe fähig ift, ein מתג anzunehmen, — haben als
Regel auch dann bei קדמא statt zu finden, wenn dasselbe mit
einem מַהְפַּךְ oder einem מֵרְכָא bei פשטא ober bei זרקא (f. § 57
Schluß) auf dasselbe Wort gesetzt werden soll; z. B.
III M. 25,46 ‏וּבְאַחֵיכֶם בְּנֵי־יִשְׂרָאֵל V M. 8,16 ‏הַמַּאֲכִלְךָ, כָּן
III M. 10.12 ‏וְאֶל־אִיתָמָר בָּנָיו

In einigen von den in § 83 erwähnten Fällen wird ftatt
מונח ein קדמא gesetzt. Dies hängt von der Betonung des betref=
fenden Wortes ab. Ruht der משרת nämlich auf dem ersten Buch=
ftaben, so ift er ein מונח; in allen anderen Fällen ein קדמא, wie
folgende neben einander geftellte Beispiele barthun:

---

[186]) Nach הוריות הקורא (S. 8a) und משפטי הטעמים (S. טעמי המקרא)
folgt ausnahmsweise מאילא auf קדמא, nämlich Daniel 4,9
und 18 ‏וּמָזוֹן לְכֹלָּא־בֵהּ; doch stimmt diese Punktation nicht mit der in unfern
gebruckten Ausgaben überein. —

1.) vor גֶּרֶשׁ 45,4 .וֹ vgl. mit I מ. 1,12 וַתּוֹצֵא הָאָרֶץ קֶדֶשׁ מִן־הָאָרֶץ

2.) „ גֵּרְשַׁיִם V מ. 7,27 פַּר אֶחָד „ „ II מ. 29,36 וּפַר חַטָּאת

3.) „ (פשטא) מַהְפָּךְ IV מ. 18,28 בֶּן תְּרִימוּ גַם־אַתֶּם
vgl. mit I מ. 30,15 לָכֵן יִשְׁכַּב עִמָּךְ

4.) „ (פשטא) מֵרְכָא II מ. 12,42 לֵיל שִׁמֻּרִים הוּא
vgl. mit Jef. 7,2 אֲשֶׁר עַם־בֵּית אֶוֶן

5.) „ (תביר) מֵרְכָא III מ. 11,36 אַךְ מַעְיָן וּבוֹר
vgl. mit IV מ. 28,15 וּשְׂעִיר עִזִּים אֶחָד

6.) „ (תביר) דַּרְגָּא III מ. 9,2 עֵגֶל בֶּן־בָּקָר לְחַטָּאת
vgl. mit III מ. 9,3 וְעֵגֶל וָכֶבֶשׂ בְּנֵי־שָׁנָה

7.) „ (זרקא) עָלוּי Secharj. 2,12 כִּי כֹה אָמַר
vgl. mit V מ. 30,16 אֲשֶׁר אָנֹכִי מְצַוְּךָ

Aber auch auf Wörter, deren erster Buchstaben den Ton hat, wird ein קדמא gesetzt, wenn ihnen ein תלישא קטנה vorangeht; z. B.

I מ. 24,26 כִּי שׁוֹר נַגָּח הוּא שָׂרָה אֵשֶׁת אֲדֹנִי בֶן vgl. mit II מ. 21,63
II מ. 26,6 „ „ III. 19,9 אִישׁ אִמּוֹ וְאָבִיו אִישׁ אֶל־רֵעֵהוּ כִּי־יִתֵּן
III מ. 22,13 „ „ I מ, 32,18 כִּי יְפַנֶּךָ וּבַחְדַּכֵּן לִי תִהְיֶה
IV מ. 18,18 „ „ Richt. 19,19 וְגַם לֶחֶם וַיַּיִן־לִי־שַׁ בְּרִית מֶלַח עוֹלָם הִיא
Richt. 13,2 „ „ Jof. 2,2 אֲנָשִׁים בָּאוּ הֵנָּה הַלַּיְלָה וַיְהִי אִישׁ אֶחָד מִצָּרְעָה

Daß ein mit זקף קטן auf demselben Wort stehendes קדמא nicht als משרת betrachtet wird, sondern für das fehlende מתג ein= tritt, ist § 45 bereits besprochen. (S. daf.)

---

§ 87. 5., תְּלִישָׁא קְטַנָּה

Eine Definition des Wortes תלישא ist § 65 schon gegeben worden. Die sonst noch hin und wieder gebräuchliche Benennung תרסא,[187] welche ursprünglich einen Panzer bedeutet, bezieht sich vermuthlich auf die Formähnlichkeit mit einem solchen. —

Wiederholt möge hier jedoch erwähnt werden, was in dem oben citirten § 65 bereits ausgeführt ist, nämlich daß auch der

---

[187) ©. שום שכל 8,13, תרסא und unter מקנה אברם ©. 85, ערוגת הבשם ©.

תְּלִישָׁא קְטַנָה‎, — worauf schon ihr Name hinweist, — an vielen Orten eine leichte Trennkraft inwohnt. Beispiele dafür und die nähere Begründung enthält § 78. Als weitere Belege mögen noch folgende Stellen hinzugefügt werden:

I M. 38,14	וַתִּלְבַּשׁ בִּגְדֵי אַלְמְנוּתָהּ vgl. mit V. 19	וַתָּסַר בִּגְדֵי אַלְמְנוּתָהּ
III 13,28	וְאִם־פָּתֹחַ תִּפָּתֵחַ הָעֲמֹד הַבֶּחָרֶת‎ „ K. 13,23	אִם־פָּתֹחַ תִּפָּתֵחַ הָעֲמֹד הַבֶּחָרֶת
IV M. 13,2	אִישׁ אֶחָד vgl. mit dem folgenden
V M. 21,4	זִקְנֵי הָעִיר הַהִיא‎ „ „ V. 6
II M. 12,31	וַיִּקְרָא לְרָחֵל וּלְלֵאָה‎ „ I M. 31,4	וַיִּקְרָא לְמֹשֶׁה וּלְאַהֲרֹן
Esther 5,14	וַיֹּאמֶר לוֹ יִצְחָק אָבִיו‎ „ I M. 27,32	וַתֹּאמֶר לוֹ זֶרֶשׁ אִשְׁתּוֹ

Aber obwohl תְּלִישָׁא קְטַנָה, wie wir sehen, eine leichte Trennung bewirken kann, so bleiben die darauf folgenden Buchstaben בג"ד כפ"ת dennoch רפה nach אהו"י, wie

I M. 19,17	וְהִפָּלִיתִי בַיּוֹם הַהוּא II M. 8,18	וַיְהִי כְהוֹצִיאָם אֹתָם
III M. 5,2	וַיִּקַּח אֵלֶיךָ פָרָה אֲדֻמָּה IV M. 19,2	אוֹ בְנִבְלַת חַיָּה
V M. 24,15	בְּיוֹמוֹ תִתֵּן שְׂכָרוֹ Esth. 2,5	וַיְהִי כִרְאוֹת הַמֶּלֶךְ

תְּלִישָׁא קְטַנָה steht immer auf dem letzten Buchstaben des Wortes. Ist daher dasselbe מִלְעֵיל, so wird auch auf die betonte Silbe der gleiche Accent gesetzt, wie a. a. D. § 65 gelehrt worden, und wie noch folgende Beispiele zeigen:

I M. 13,1	וַיֹּאמֶר אִם־שָׁמוֹעַ תִּשְׁמַע II M. 15,26	וַיַּעַל אַבְרָם מִמִּצְרָיִם
III M. 24,9	וַיָּבֹאוּ אֶל־מֹשֶׁה וְאֶל־אַהֲרֹן IV M. 13,26	קֹדֶשׁ קָדָשִׁים הוּא לֹו
V M. 17,20	אַף לֹא־הֵבִיאָהּ Esth. 5,12	לְמַעַן יַאֲרִיךְ יָמִים

~~~~~~~~~~~~~

Auch תְּלִישָׁא קְטַנָה gehört, wie קַדְמָא zu den verbindenden Accenten, welche eine höhere Configuren einleiten können, oder sich ihr anschließen. Die trennende Accente, welche ihr daher voraus zu gehen pflegen, sind: זָקֵף גָּדוֹל‎, זָקֵף קָטָן‎, יְתִיב‎, קַרְנֵי פָרָה‎, תְּלִישָׁא גְדוֹלָה‎, אַתְנַחְתָּא‎, רְבִיעַ‎, פַּשְׁטָא‎, פּוּר‎, סְגוֹל‎.

I M. 23,15	וַיְצַו אֹת II M. 34,32	אֲדֹנִי שְׁמָעֵנִי אֶרֶץ
III M. 5,2	בְּרֹאשׁוֹן בְּאַרְבָּעָה IV M. 9,4	דָּבָר טָמֵא אוֹ
V M. 4,32	לְמִן־הַיּוֹם אֲשֶׁר I M. 6,17	וַאֲנִי הִנְנִי

I M. 27,1 בָּא הֵנָּה וְאֶשְׁלָחָה II Samuel 17,32 עֲצֵי שִׁטִּים חָמֵשׁ
IV M. 35,5 בָּאַמָּה וְאֶת־פְּאַת־נֶגֶב־ Richter 4,9 אֶפֶס כִּי לֹא תִהְיֶה

Von den משרתים kann der תלישא קטנה nur ein מונח oder
zwei מונחים vorangehen; z. B.

I M. 27,33 קַח נָא וּנְטֵה־יָדְךָ II M. 7,19 הוּא הַצַּר־צִיד
III M. 11,32 פַּר בֶּן־בָּקָר IV M. 15,24 וְכָל אֲשֶׁר־יִפֹּל עָלָיו
V M 5,23 אֲשֶׁר־יָבֹא אֶל־הַמֶּלֶךְ Esth. 4,11. אֲשֶׁר שָׁמַע קוֹל

Dagegen kann kein trennender Accent direkt nach תלישא קטנה
stehen; es ist vielmehr festes Gesetz, daß die Verbindung mit dem
nachfolgenden Hauptaccenten nur durch ein קדמא erfolgen
kann. Die in Frage stehenden Accente sind פשטא, אולא, זרקא
תביר; z. B.

I M. 33,16 דֶּרֶךְ שְׁלֹשֶׁת יָמִים II M. 5,3 וַיֵּשֶׁב בַּיּוֹם הַהוּא עֵשָׂו
III M. 18,3 אֶרֶץ זָבַת חָלָב וּדְבָשׁ IV M. 16,14 אֲנִי מֵבִיא אֶתְכֶם שָׁמָּה
V M. 19,5 נִשְׁמֹה־הַמֶּלֶךְ אֲחַשְׁוֵרוֹשׁ E. 10,1 וַאֲשֶׁר־יָבֹא אֶת־רֵעֵהוּ בַיַּעַר

§ 88.   5., דַּרְגָּא

Auch dieser Accent scheint seinen Namen von der Figur, die
er darstellt, erhalten zu haben; denn דרגא heißt im Chaldäischen
Stufe oder Treppe,[188] und auf eine solche weist die Figur [s]
hin, welche ursprünglich wohl winkelförmig (etwa ⌐) gewesen sein
mag, wie sie sich in einigen ältern Ausgaben vorfindet. — Die
Stellung der דרגא im Satze, welche gewissermaßen die Stufenleiter
von den hohen zu den niederen Accenten bildet, entspricht ebenso
dieser Bedeutung. — Für דרגא werden auch die Namen שישלא
und גלגל gebracht.[189]

---

[188] ולא היסק (II M. 20.23) der ת"א umschreibt וְלָא תַּעֲלֶה בְּמַעֲלוֹת
בְּדַרְגִּין. Auch das biblische מַדְרֵגָה bezeichnet denselben Begriff. (S. רש"י
zu H. L. 2,14). Unter מַדְרֵגוֹת (Ez. 38,20) scheinen terrassenförmige Hügel
verstanden zu sein. (דרק טערכת הפרחון unter).

[189] שישלא (verwandt mit שַׁלְשֶׁלֶת,) wie בֶּן אֲשֵׁר den Accent
nennt, (s. שכל טוב 12,20 u. 18,18), bedeutet Kette, Kettenglied, womit sich [s] ebenfalls vergleichen läßt. — Der Name גלגל, welcher im

Dreien Accenten kann דרגא als משרת dienen, nämlich רביע,
טפחא und תביר.

a.) Vor תְּבִיר kommt sie am meisten vor, und zwar steht sie
immer vor dem Accent; z. B.

I M. 31,24 וַיֵּצֵא הַכֹּהֵן‌ II M. 14,29 וּבְנֵי־יִשְׂרָאֵל III M. 14,38 הַשָּׁמֶר לְךָ
IV M. 16,20 וַיִּיטַב הַדָּבָר‌ V M. 6,12 אֲשֶׁר הוֹצִיאֲךָ‌ Esth. 4,14 כִּי נָצֲוּ

b.) Vor רְבִיעַ steht דרגא, wenn dieser Hauptaccent mindestens
zwei משרתים hat. In diesem Falle folgt nämlich, wie wir § 52, c.
u. d., gesehen haben, auf דרגא noch ein מונח; z. B.

I M. 20,13 שְׁתֵּי כַחְפוֹת הָבְדָּת‌ II M. 28,7 כַּאֲשֶׁר הִתְעוּ אֹתִי
III M. 19,36 כְּדֶרֶךְ יוֹם כֹּה‌ IV M. 11,31 מֹאזְנֵי צֶדֶק אַבְנֵי־צֶדֶק
V M. 26,13 חָמֵשׁ מֵאוֹת אִישׁ‌ Esth. 9,12 בְּעַרְתִּי הַקֹּדֶשׁ מִן־הַבַּיִת

c.) Endlich dient דרגא als משרת der טִפְחָא an den vierzehn
Stellen, an welchen vor dem Hauptaccenten eine מרכא כפולה (§ 90)
kommt. Diese Stellen sind sämmtlich bei der Lehre vom טפחא
(§ 50) bereits angeführt, beziehungsweise besprochen.

Wenn der דרגא noch ein anderer verbindender Accent vorangeht, so ist es entweder מונח oder קדמא, was davon abhängt,
ob der Ton bei dem betreffenden Wort auf dem ersten Buchstaben
ruht, oder nicht. (S. Schluß des § 62,)[190]. Gehen aber zwei

עֲרוּגֹת הַבֹּשֶׂם und מִקְנֶה אַבְרָם verwendet wird, kann wohl auf die Aehn-
lichkeit mit der Form einer sich fortbewegende Welle hindeuten, da גַּל (von גלל
wälzen) im hebräischen auch Welle heißt. Nach Einigen hat גלגל die Bedeutung von Wirbel, Doppelwelle. Die Landschaft גלגל ist von
wellenförmigen Bergen durchzogen.

[190]) Das § 62 erwähnte Beispiel IV M. 4,14 אֲשֶׁר יְשָׁרְתוּ עֲלָיו בָּהֶם
scheint indessen doch eine Ausnahme zu bilden, — wenn wir nicht einen
Schreib- oder Druckfehler annehmen wollen, indem auf אֲשֶׁר, wie in allen
anderen ähnlichen Fällen, zweifellos ein קדמא gehört. So heißt es u. A.
I M. 48,30 וַיְבַשֵּׂא הָאָדָם‌ II 36,2 אֲשֶׁר נָתַן ה'‌ III 5,4 אֲשֶׁר בִּשְׂדֵה הַמַּכְפֵּלָה
IV M. 9.20 אֲשֶׁר הִגִּיד דְּבַר־הַמֶּלֶךְ‌ E. 9,1 אֲשֶׁר עָשָׂה אִתְּכֶם‌ V 1,30 אֲשֶׁר יִהְיֶה הֶעָנָן
also überall ein קדמא vor דרגא, weil der Accent auf dem zweiten
Buchstaben ruht.

מטרתים voran, so sind es jedenfalls קדמא und קטנה חלישא; z. B.

III ‎מ. 1,11 אֲשֶׁר פָּקַד מֹשֶׁה וְאַהֲרֹן IV ‎מ. 3,39 בְּנֵי אַהֲרֹן הַכֹּהֲנִים אֶת־דָּמוֹ

Jeder weiterer מטרת ist מונח; z. B. Esther 5,12 אַף לֹא־

הֵבִיאָה אֶסְתֵּר הַמַּלְכָּה עִם־הַמֶּלֶךְ׃

דרגא kann fast allen trennenden Accenten direkt folgen, wie aus den in der Lehre vom תְּבִיר gegebenen Beispielen ersichtlich ist. (Vgl. Schluß des § 62).

Alle sonstigen דרגא betreffenden Regeln, namentlich das Verhältniß von מֵרְכָא zu דַּרְגָא תְּבִיר von מוֹנַח, מוֹנַח ׀ דַּרְגָא מוֹנַח zu מוֹנַח ׀ , der Einfluß des תְּבִיר vor פסיק auf den vorangehenden מטרת תְּבִיר, und ähnliche accentuelle und massoretische Bestimmungen sind in der Lehre von תביר und רביע ausgeführt. (S. § 52 und 62).

---

§ 89. 6., מֵרְכָא.

Es ist die Bestimmung dieses Accents, die Betonung der Silbe hervorzuheben, auf welcher er ruht. Wo daher die Aussprache einer Silbe gedehnt werden soll, treten die minder dehnbaren מטרתים wie מֵרְכָא vor דַּרְגָא und מוֹנַח, מַהְפַּךְ zurück. Obgleich nun dieses Gesetz in den einzelnen Fällen gelegentlich der Lehre von זַרְקָא, פַּשְׁטָא und תְּבִיר schon besprochen ist, so möge dasselbe hier doch nochmals zum besseren Verständniß durch Zusammenstellung darauf bezüglicher Beispiele in seinem Zusammenhang vorgetragen werden.

und מרכא זרקא, מונח זרקא, מהפך פשטא, מרכא תביר, Auch vor מרכא פשטא waltet das gleiche Verhältniß ob, wie alle Punktatoren übereinstimmend lehren. Daher finden wir:

‎מ. 10,14 I אֲשֶׁר הֵם זֹבְחִים III 17,5 אֲשֶׁר שֵׁם הָאַחַת II 1,15 אֲשֶׁר יָצְאוּ מִשָּׁם
‎מ. 18,16 IV אֲשֶׁר יִהְיֶה בּוֹ V ‎מ. 17,1 אֲשֶׁר יָרִימוּ בְּנֵי־יִשְׂרָאֵל

Der Grund des erwähnten Ausnahmefalles ist vielleicht darin zu finden, daß hier מונח רביע nach דרגא folgen, was sonst nicht weiter vorkommt. Denn das in Note 62 angeführte, scheinbar analoge Beispiel Jerem. 7,14 לַבַּיִת ׀ אֲשֶׁר נִקְרָא־שְׁמִי עָלָיו ist darum kein Beleg, da לַבַּיִת ׀ kein einfaches מונח, sondern ein מונח לגרמיה hat.

Was zunächst זַרְקָא betrifft, so wird in der Regel vor die=
selbe statt מונח ein מרבא gesetzt, wenn ihr ein מתג oder ein פסיק
vorangeht; (§ 56. A. B. u. C.); z. B.

I M. 47,4 אֶת־רֹאשׁ בְּנֵי־יִשְׂרָאֵל לָגוּר בָּאָרֶץ בָּאנוּ vgl. mit II. 30,12
III 9,9 וּבְיוֹם שִׂמְחַתְכֶם וּבְמוֹעֲדֵיכֶם „ וַיַּקְרִיבוּ בְנֵי אַהֲרֹן אֶת־הַדָּם IV 10,10
Esther 2,9 וַתֵּיטַב הַנַּעֲרָה בְעֵינָיו „ „ V. 28,25 יִתֶּן־ךָ ה' י' נִגָּף

Anders erhält es sich mit פשטא, dem ein משרת vorangeht.
Ist letzterer durch mindestens eine Silbe von פשטא getrennt, so
ist er immer ein מהפך, weil beide Worte sich dann geläufig nach
einander aussprechen lassen; z. B.

I M. 38,5 אָז הַמְטַהֵר' III M. 14,17 קַלְעֵי הֶחָצֵר II M. 38,9 וַתָּחֵף עוֹד'

Folgen aber beide betonte Silben unmittelbar nach´einander,
so entsteht in der Aussprache eine Härte, welche dadurch vermie=
den wird, daß man den Ton der ersten Silbe hervorhebt, indem
man מהפך durch den (Dehnungs=)Accenten מרבא ersetzt (§ 59),
wie in folgenden Beispielen:

IV M. 20,8 דֶּרֶשׁ טוֹב C. 10,3 כִּי־יִהְיֶה רִיב V. 25,1 וְהוֹצֵאתָ לָהֶם מַיִם

Anmerkung: Unter einige Wörter sind beide Accente
מרבא und מהפך zugleich gesetzt; z. B.

191) וָאֶתֵּן נֹזֶם עַל־אַפֵּךְ III 26,36 לְהַנָּתֵן C. 3,14 וְשִׁלַּחְתִּי דְּבֶר C. 16,12
Ruth 2,14 נָשִׁי Klgl. 4,9 אָדְמוּ. Der Grund ist, wie bereits am
Schluß des § 85 angegeben, daß die Koryphäen der Punktations=
lehre rücksichtlich der Betonung verschiedener Ansicht waren, und
dies durch Doppelnamen angedeutet werden sollte.

Der gleiche Fall findet auch bei תְּבִיר (§ 62 a. b.) und
seinem משרת statt, nur mit dem Unterschied, daß דרגא nur dann
vorgesetzt wird, wenn beide Accente durch mindestens zwei Silben
getrennt werden, und zwar auch hier, weil sich die Aussprache
mit Leichtigkeit dabei vollzieht; z. B.

I 19,24 וְהֵנִיף אֶת־הָעֹמֶר III 23,11 וְנָטָה אֶת־יָדֶךָ II 14,16 הִמְטִיר עַל־סְדֹם

---

191) In unsern Ausgaben ist nur die Lesart Ben Ascher's aufgenom=
men, nämlich וָאֶתֶּן נֶזֶם (S. משה"ט 25b.)

Trennt aber nur eine, oder gar keine Silbe תְּבִיר von seinem מְשָׁרֵת, so tritt, um den Vortrag zu verdeutlichen, das tonanhalten= de טרכא an Stelle des דרגא; z. B.

וְתָלוּ אֹתוֹ Esth. 9,25 שָׁחֵת לוֹ V M. 32,5 וְהַגֵּהֶם הַגֵּ IV M. 29,12

Daß die Dehnung des Silbentons auch wirklich Zweck des Accents ist, deutet schon die Benennung טרכא, welche aus מַאֲרְכָה (der verlängernde Accent) zusammengezogen ist.[192] Der Name מאריכה ist noch bei אשר בן[193] und רד"ק[194]) üblich. Im מקנה heißt der Accent schlechthin מאריך, welcher Name übrigens aus gleichem Grunde auch der גיא und dem מתג beigelegt wird, sowie den Wörtern, welche an der Stelle des feh= lenden מקף einen Accenten erhalten. (S. unter מאילא und מקף). Außerdem wird das Gesagte ausdrücklich bestätigt im הוריות הקורא (S. 9 b.) bei Besprechung der Lehre vom פשטא, סטו sich der Verfasser über den Grund des Namens טרכא wie folgt ausspricht: והתנאי על הפשטא טתי יהיה טשרתו שופר מַהֲפָּךְ וטתי יהיה מֵרְכָא התכונן מקום הַמְשָׁרֵת וְהַפַּשְׁטָא ואם לא יהיה ביניהם מלך כלל דע כי יהיה המשרת מֵרְכָא כמו הָיְתָה חוֹבוֹ נֹצֵר חֶסֶד וְהָכֵן לִי בָּוֶה וְוֶה ודוֹטיהן כדי לְהַאֲרִיךְ המשרת שלא יבא פתאום אל הטעם, כי על שֵׁם כך נקראת מֵרְכָא שמאריכה התיבה.

Und weiter heißt es: ואם היה בין הפשטא ובין חטשרת מלך אחד או יותר היה הטשרת שופר מַהֲפָּךְ ואו ישמע הנגון באר היטב.[195]

) Solche Contractionen sind namentlich bei dem Buchstaben א nicht selten, wie z. B. הָאֲזִין für הַאֲזִין, הֵזִין (Prov. 77,4) für מַאלְפֵנוּ, הַזִין (Job 35,11) u. dgl.

) In seinem סימן שִׁישְׁלָא bemerkt der Verfasser: משפטי הטעמים (הוא דרגא) וּמַאֲרְכָה כאשר יהיה טעם בין תברא לתבֵרא ג' טלכים, (ר"ל מנוטוח) יהיו בְשִׁישְׁלָא נמשכים, ואם יהיו שני מלכים או פחות, יהיו בְמַאֲרְכָה לדבר צחות, כמו וַיָּבֹא מֹשֶׁה (שמות כד' יא') כו' (ועיין ש"ש יב' כ':

) Zu IV M. 5,18 fügt עט סופר רד"ק im erklärend hinzu: וְהִשְׁבִּיע הַכֹּהֵן אֶת־הָאִשָּׁה, במֹאֲרכֹא.

Als משרת מרכא fungirt sowohl vor trennenden als auch
vor einigen verbindenden Accenten. Die trennenden sind:
מונח־לגרמיה, סילוק, חביר, פשטא, זרקא, טפחא, und indirekt, durch
Vermittelung einer מאילא, auch אתנחתא; z. B.

I M. 1,1   אֵת הַשָּׁמַיִם   II M. 30,12   אֶת־רֹאשׁ בְּנֵי־יִשְׂרָאֵל

III M. 16,31   שַׁבַּת שַׁבָּתוֹן הִיא   IV M. 34,6   וְהָיָה לָכֶם

V M. 14,26   וְשָׁמַחְתָּ אַתָּה וּבֵיתֶךָ   Jer. 2,31   אִם־אֶרֶץ מַאְפֵּלְיָה

II M. 14,10   וְהִנֵּה מִצְרַיִם ׀ נֹסֵעַ

Die verbindenden, welche ihr folgen können, sind in seltenen
Fällen entweder מרכא selbst: z. B. I M. 27,1 כִּי הִמְלֵט אָמָרֶט [196)
(s. § 75 u. Note 165), oder מונח; z. B. II K. 8,5 וַיְהִי הוּא
אֲשֶׁר לֹא מֵעַמְּךָ יִשְׂרָאֵל II Chr. 6,32, מִסָּפֵר כָּמֶלֶךְ

- - - - - - -

Vorausgehen können der מֵרְכָא folgende trennende
Accente:

גרשים, גרש, אולא, תביר, תלישא גדולה, זקף גדול, טפחא, סגול, אתנח
פשטא: z. B. רביע, זקף קטן.

I M. 15,5   וְאִם לֹא תָצֵאוּ   II M. 12,22   וַיֹּאמֶר לוֹ כֹּה יִהְיֶה

III M. 8,21   תֵּימָנָה תִּרְוָעָה יִתְקְעוּ   IV M. 40,6   לְרִיחַ־נִיחֹחַ אִשֶּׁה הוּא

V M. 1,7   אֶת מְצוַֹת הַמֶּלֶךְ   Esth. 3,3   וְאֶל־כָּל־שְׁכֵנֵינוּ בָּעֲרָבָה בָחָר

I M. 21,6   כִּי לֹא־יִתֵּן אֲחִכֶם   II M. 3,19   צְחֹק עָשָׂה לִי

III M. 2,9   וַיֵּצֶר מוֹאָב מִפְּנֵי הָעָם   IV M. 22,3   אִשֵּׁה רֵיחַ נִיחֹחַ

V M. 22,16   וּבְהִקָּבֵץ נְעָרוֹת רַבּוֹת   Esth. 2.8   נָתַתִּי לָאִישׁ הַזֶּה

Ebenso beiden die verbindenden Accente קדמא und מונח; z. B.

[195) Durch diese Darlegung wird übrigens constatirt, daß der Name
מרכא nur chaldäisirt ist, und dieselbe Bedeutung hat, wie das hebräische
מאַרכה, denn ארך heißt auch im Chaldäischen verlängern, behnen
(vgl. ארכה Dan. 4,24); וַיֵּחַל (I M. 8,10) übersetzt Onkelos: וְאוֹרִיךְ. Daß
durch Contraction auch im Chaldäischen das א' ausfüllt, finden wir noch bei
anderen Wörtern; z. B. Daniel 3,2 לְמֵחֵא von der Wurzel אתא; daj. 6,24
von der Wurzel אמן.

196) Nach einigen Punktatoren folgen auch V M. 32,44 zwei מרכות
nacheinander, nämlich: אֶת־כָּל־דִּבְרֵי הַשִּׁירָה (s. עין הקורא von Heidenheim z. St.)

I M. 41,19   דַּלּוֹת וְרָעוֹת תֹּאַר   II M. 12,42   לֵיל שִׁמֻּרִים הוּא

III M. 11,36   אַךְ מַעְיָן וּבוֹר   IV M. 30,13   יָפֵר אֹתָם ׀ אִישָׁהּ

V M. 4,22   בִּשְׁלֹשָׁה עָשָׂר יוֹם   Esther 9,1   כִּי אָנֹכִי מֵת

Zuweilen kommt מרכא mit seinem Hauptaccent, טפחא ´oder תביר, unter ein Wort zu stehen, wenn nämlich das Wort vierſil= big ist, (wobei שוא נע bekanntlich als Silbe gezählt wird), und מרכא an die Stelle eines מתג treten kann.[197]) (S. u. A. auch § 86).

מרכא und טפחא finden sich nach der מסורה a ch t mal unter einem Worte, wovon nur eine Stelle im Pentateuch vorkommt, nämlich: כְּמוֹשְׁבֹתֵיכֶם (III M. 23,21). Die übrigen Stellen sind § 50 unter טפחא erwähnt.[198])

Ebenso kommt nach autorativen Zeugnissen מֵרְכָא תְבִיר unter obiger Voraussetzung auf ein und dasselbe Wort. Ben Bileam führt folgende Beispiele an:

II M. 35,20   וַיִּנָּעֲעוּ   V M. 13,16   אֶת־יֹשְׁבֵי   Josua 8,15   וַיִּשְׁבוּ

Jer. 9,16   הִתְבּוֹנֲנוּ   Klgl. 1.14   יִשְׂתָּרֲגוּ   I Chr. 4,28   וַיֵּשְׁבוּ

Ez. 36,3   וַתֵּעֲלוּ   II Chr. 13,12   תִּלָּחֲמוּ   daſ. 31,9   הַכֹּהֲנִים [199])

Ausführlich ist das hierauf Bezügliche bereits Ende des § 62 besprochen.

In Betreff der Vereinigung des מרכא mit קדמא (z. B. אִיתָמָר III M. 10,12) ſ. § 86.

---

§ 90.   7., מֵרְכָא כְּפוּלָה

steht nur an vierzehn Stellen in der heiligen Schrift als

---

[197]) Nur שָׁהֶם (H. L. 6,5) macht nach der מסורה eine Ausnahme.

[198]) Nach Heidenheim ist נְבוּכַדְנֶצַּר (Esther 2,6) wie in den מ״ג, ſo auch in mehrere Handschriften mit מרכא טפחא accentuirt. (S. עין הקורא zur Stelle).

[199]) R. D. Kimchi erwähnt folgende Beispiele: II Chr. 1,10 וָאֵצְאָה I Chr. 4,28 וַיֵּשְׁבוּ IV M. 16,34 וישבע (?) (jedenfalls ein Schreib= oder Druckfehler; ſoll vielleicht וַיֵּשְׁבוּ heißen welches I Chr. 5,16 und Jer. 26,10 vorkommt?) Klgl. 1,14 יִשְׂתָּרֲגוּ, Ez. 36,3 וַתֵּעֲלוּ II Chr. 13,12 תִּלָּחֲמוּ, daſ. 31,9 הַכֹּהֲנִים. — In הוריות הקורא, in welchen ebenfalls mehrere dieser Stellen citirt werden, wird auch וְרָחֲצוּ (II M. 30,19 u. 21) dazu gezählt.

משרת der טפחא (§ 50) und nie anders, als mit vorhergehendem
דרגא. Der Name מרכא כפולה,[200]) Doppel=Mercha, erklärt sich
selbst. In der מסורה und von älteren Punktatoren wird der Ac=
cent, wohl in Rücksicht auf seine Figur, תרי חוטרין Doppelstab,
Doppelruthe[201]) genannt, ähnlich wie גֵּרְשַׁיִם (f. daf.) auch תרי
גרשין heißt. — Vermuthlich soll מרכא כפולה die betreffende Silbe
etwas länger dehnen, als ein einfaches מרכא,[202]) was sich aus der
damit verbundenen Melodie wol schließen läßt, obschon dieselbe für
den Werth der Accente ja eigentlich nicht maßgebend ist. — Daß
aber ungeachtet der verlängerten Betonung מרכא כפולה ein ver=
bindender Accent bleibt, ist daraus ersichtlich, daß nach dem=
selben בג"ד כפ"ת kein דגש קל erhalten, wenn einer der Buchstaben
אהו"י vorangeht.[203])

Fünf von den erwähnten vierzehn Stellen, kommen im Pen=
tateuch vor und sind bereits § 50 angegeben; die übrigen neun
sind folgenden:

1.) Ezechiel 14,4   נַעֲנֵיתִי לוֹ בָּהּ בְּרֹב גִּלּוּלָיו
2.) I K. 20,29   [204])וַיַּחֲנוּ אֵלֶּה נֹכַח אֵלֶּה שִׁבְעַת יָמִים
3.) daselbst 10,3   אֲשֶׁר לֹא הִגִּיד לָךְ
4.) Hab. 1,3   וַיְהִי רִיב וּמָדוֹן יִשָּׂא
5.) Sacharjah 3,2   הֲלוֹא זֶה אוּד מֻצָּל מֵאֵשׁ
6.) Esra 7,25   וְדִי לָא יָדַע תְּהוֹדְעוּן
7.) Nehemiah 3,38   וַיְהִי לֵב לָעָם לַעֲשׂוֹת
8.) II Chr. 9,2   אֲשֶׁר לֹא הִגִּיד לָהּ
9.) daf. 20,30   וַיָּנַח לוֹ אֱלֹהָיו מִסָּבִיב

---

[200]) Oder מרכא מוכפלת, auch מרכא מכופלת, wie der Accent im
הוריות הקורא genannt wird.

[201]) Nach Gesenius ist unter חֶטֶר eine schwanke Ruthe zu verste=
hen, welcher Bedeutung die Figur des Accents eher entspricht.

[202]) Woraus sich auch sprachlich erklären ließe, warum das ה in
לָהּ (IV M. 32,42) das מפיק verliert, was in den beiden anderen Stellen
(Ruth 2,14 u. Sacharjah 5,11) nicht der Falle ist.

[203]) Vgl. תַעֲשֶׂה כֹּה (II M. 5,15) und לִי בָּהּ (Ez. 14,4).

[204]) S. Note 53.

§ 91. 3., יָרֵחַ בֶּן יוֹמוֹ,

bei den Alten גלגל genannt, wird ausschließlich als nächster משרת der קרני פרה verwendet, und kommt daher, wie sein Haupt=accent (ק"פ), nur sechzehn Mal in תנ"ך vor. Es stellt die Figur eine Mondsichel dar, (◡ bei יהב"י, auch ˅), und dem entsprechend ist der Name ירה בן יומו, d. i. „der eintägige Mond.“

Die verbindenden Accente, welche dem ירה בן יומו vor=angehen, sind nur מונחים. Der Accent steht sowohl auf Wörtern welche מלעיל, als auf solchen, welche מלרע sind, doch immer di=rekt vor dem Hauptaccenten. Im Pentateuch kommt er nur ein Mal vor, nämlich IV M. 34,5 אֶת־פְּאַת־קֵדְמָה אַלְפַּיִם בָּאַמָּה. Die übrigen fünfzehn Beispiele sind § 64 erwähnt. (S. das.).

---

§ 92. 9., מְאַיְלָא

Dieser Accent, welchen wir bereits in seinen Beziehungen zu אתנחתא und פסוק סוף (§ 56 C.) kennen gelernt haben, wird von den Massoreten und Punktatoren gewöhnlich noch im Anschluß an die verbindenden Tonaccenten gebracht,[205] obgleich er eigentlich nur ein Leseaccent ist und in der Accentenfolge der sogenannten „ורקא“[206] nicht aufgezählt wird. Und wirklich erscheint es auch zweckmäßiger, ihn hier am Schluß der Lehre von den Tonaccenten zu besprechen, einmal wegen seiner engeren Be=ziehungen zu den genannten drei Hauptaccenten und mehr noch darum, weil ihm vor אתנחתא und פסוק סוף die ursprüngliche טפחא=Form [֧] verblieben ist,[207] er also von den Laien leicht als טפחא selbst angesehen werden kann, wiewohl doch ein trennender Accent nicht in mitten eines Wortes seine Stelle finden könnte. Er bildet

---

[205] Im שערי נגינות zählt R. Moses Punktator die מאילא aus=drücklich und wiederholt zu den משרתים.

[206] I M. 18,18 spricht sich der Verfasser des מבין חדות gelegentlich der Definition des Begriffs מאילא mit folgende Worten aus: וכאשר הטעם מאיילא אינו שגור בפי כל, טפני שלא נדפס בְּוַרְקָא שנדפסת בחומשים לכן אגיד טבעו ומהותו של מאיילא כו׳:

[207] חנונת הַמְּאַיְלָא קו אחד כדמות הַטְּפָחָה. טוב טעם פרק ה,

also, an der Grenze zwischen beiden stehend, eigentlich den Ueber=
gang von den Tonaccenten zu den Leseaccenten.

Zum bessern Verständniß der Lehre von der מאילא möge man sich
das vielen Sprachen gemeinsame Sprachgesetz vergegenwärtigen, daß
in jedem Wort eine Silbe den Hauptton hat, und in mehrsilbigen Wör=
tern neben tonlosen Silben auch solche mit Nebentönen (Halbtönen)
vorkommen. Dies ist auch im Hebräischen der Fall,[208] in welchem
der Hauptton meistens durch die Accente, — seien es trennende oder
verbindende, — bezeichnet wird; der Nebenton hingegen durch
גְעיא, מאילא, מתג, oder הַעֲמדה. —

Zur Bezeichnung dieses Halbtons oder Nebentons gebrauchten
die Massoreten, wie oben erwähnt, die טפחא=מאילא Figur, welche sie
nannten. Bei späteren Abschreibern und in Druckausgaben wurde
aber allmählich ein einfacher senkrechter Strich, das סִלּוּק=Zeichen [׀]
mit dem Namen מתג (גְעיא) dafür üblich.[209] Bei den Mas=
soreten gab es mithin weder hinsichtlich der Form noch des Na=
mens einen Unterschied: sie bezeichneten alle Halbtöne mit dem
Namen מאילא und mit der Form der טפחא,[210] während
die späteren סופרים und נקדנים nur für den Halbton vor אס״פ
den Namen und das Zeichen der מאילא, vor זרקא und anderen
Accenten aber das מתג=Zeichen beibehielten. —

Die Kenntniß dieses von einander abweichenden Verfahrens
liefert uns auch den Schlüssel zur Lösung einer unter זרקא
bereits erwähnten, vielfach mißverstandenen massoretischen Re=
gel: י״ח מאילין מאריכין. Der Sinn dieses kurzen und bündigen

---

[208] Die Regeln darüber enthält die Grammatik.

[209] ואחר שידענו שצורת המאילא והגעיא כצורת הטפחא היו ראויים
כל אלה להיות בתמונה ההיא אלא שהמדפיסים לא הקפידו כל כך וכתבו
צורת געיא כצורת המאילא. lehrt: רמ״ה Auch: ש״ש מא' אה'
.והטפחא, וכולם נוטים משמאל לימין הקורא

[210] המסורה קראה מאילא לגעיא בעבור שווי הצורות. ש״ש מ״א
המאילא מ״ה: In ähnlicher Weise äußert sich z. I M. 8.18 מבין חידות
תוארו כעין הטפחא, ולהכיר בינו ובין הטפחא הוא זה, כי אם ישרת
המאילא לאתנחתא כמו הכא וַיֵּצֵא־נֹחַ לא יהיה בין המאילא לאתנחתא כי
אם תנועה אחת, ואם נמצאים יותר מתנועה אחת ביניהם אוי הוא טפחא
טעם מפסיק, ועוד כי המאילא חבא תמיד עם האתנחתא במלה חדא לכן
יש כאן מקיף בין מלת וַיֵּצֵא למלת נֹחַ:

Ausspruches ist: „An achtzehn Stellen im Pentateuch veranlaßt die מאילא, daß statt מונח [‍] ein טרכא=מאריך [‍] der וֹרקא vorangeht." Indem nun aber in späteren Handschriften und gedruckten Pentateuch=Ausgaben statt der מאילא ein einfaches מתג vor וֹרקא sich findet, so war selbst vielen älteren Grammatikern der obige Satz nicht mehr ganz verständlich, und das veranlaßte irrige Auf=fassung und Deutungen desselben. Für den Kenner der masso=retischen Ausdrucksweisen aber liegt eine Unklarheit nicht vor.[211])

---

[211]) Beweis dafür ist der gleiche Sinn und die übereinstimmende In=terpretation, welche die Lehrbücher der ältesten נקדנים enthalten, zu welchen außer רמ"ה und בן אשר auch בן בלעם gehören. Von den irrigen Aus=legungen, die erst späteren Ursprungs sind, und theilweise von fehlerhaften Drucken herrühren, mögen hier nur einige hervorgehoben werden:

1.) וַיָּבֹא יַעֲקֹב bemerkt zu I M. 30.16 מנחת ש"י, במאריך ומקיף, also: מִן־הַשָּׂדֶה. Er setzt also statt der מאילא oder געיא ein מֶרְבָא unter מִן־ woraus Heidenheim und תקון סופרים schließen, daß ש"י über=haupt jene מסורה nicht gekannt habe müssen. Und wenn auch die Schule der בני אשר das טרכא nicht unter יעקב setzen, sondern ausdrücklich מִן־הַשָּׂדֶה notiren, so beruht diese Notiz nach Heidenheim's, in ש"י ausgespro=chene Ansicht, umsomehr auf einer irrthümlichen Correctur des Druckers, da מִן־כֵן wegen des מקף einen געיא, (aber kein מרכא) erhalten muß, und weil בן אשר, der Meister selbst, es so in seinem משה"ט ja angibt. (S. auch ש"ש 3,14).

2.) רש"ד interpretirt im תח"ם den in Frage stehenden Satz wie folgt: בי"ח מקומות אלו ישרת המאילא לורקא במקום מ‍שרתו התמידי שהוא המוׁנַח וצורתו כצורת מֶרְכָא ואין אחריו פסיק ובכל מקום שיש פסיק אחר הטלה המחוברת לורקא ישרת ג"כ המרכא ואו לא נקרא מאילא. עכ"ל: Der Verfasser verwechselt demnach מאילא mit טרכא, indem er beiden Zeichen eine gleiche Figur zuschreibt, während doch der מאילא unzweifelhaft die טפחא=Form zukommt. — Nicht minder widerspricht die Annahme, daß vor einem פסיק der Name מאילא in Wegfall komme, dem klaren Wortsinn der מסורה.

3.) R. D. Kimchi gebraucht in seinem Commentar zu Ez. 11,18 statt מאילא schlechthin den Namen טפחא (=טרחא).

4.) Auch Rabbi Eliah Levita ist der Ansicht, daß מאילא an Stelle des verbindenden Accenten מונח tritt. Nach ihm ist die richtige Accen=tuation also: וַיָּבֹא יַעֲקֹב מִן־הַשָּׂדֶה 5 unter טוב טעם (f. תמונת הורקא. Die Verfasser des עין הקורא (S. 23b) und חדות נכין z. St. scheinen gleicher Ansicht zu sein.

Der Name מָאיְירָא deutet darauf hin, daß die betreffende Silbe gehoben, nicht tonlos ausgesprochen werden soll; denn die Wurzel אול (אָיל) heißt kräftig sein, wovon אַיִל Widder, Kraft (Pf. 88,5) אֱילוּת Macht, Stärke, אֵילֵי מוֹאָב die Mäch= tigen Moabs (II M. 15,15) abgeleitet das sind im פָּעֵל ungebräuch= liche אָיֵל heißt demnach kräftigen 212) und מָאיְירָא, als Accent, dürfte auf die kräftigere Betonung der betreffenden Silbe hinweisen.

——————

Für die Anwendung der מאײלא vor אס"פ besteht im Allge= meinen die Bedingung, daß sie vom Hauptaccente durch einen Vocal getrennt ist; z. B. וַיֵּצֵא־נֹחַ (I M. 8,18) und לְהַחֲלִי (III M. 21,4). Nur in einem Falle steht מאײלא direkt vor אתנחתא, nämlich II Chr. 20,8 וַיִּשְׁכְּבֶּה (§ 40).

——————

In der טפחא=Form ist die מאײלא in unsern jetzigen Bibel= ausgaben nur noch an sechzehn Stellen aufgeführt, und zwar im= mer unter einem Worte mit dem Hauptaccent; nämlich elf mal mit אתנחתא (§ 40, d.) und fünf mal mit סוֹף פָּסוּק (§ 41, d.). In den erwähnten §§ sind sämmtliche Stellen angegeben.

5.) Selbst Heidenheim nahm anfangs noch das Wort מאײלן, ob= wohl es dem Prädikat vorangeht, als Objekt an und erklärte מאײלין ומאריכין: Man betont an den achtzehn Stellen das מאײלא, während in allen anderen Fällen מונח oder מרכא zu betonen seien. (בי"ח מקומות ימריך) ש"ש S. (המאײלא בין אולא לזרקא ובאחר מקומות ימריך ביניהם מונח או מרכא). 30,16. Erst später, als er die bis dahin ihm nicht vorgelegene Accentenlehre טעמי המקרא von ר"י בן בלעם benutzen konnte, und, wie aus seinen Be= merkungen zu I M. 41,45 hervorgeht, aus derselben den richtigen Sinn des Satzes erkannte, erklärte er מָאיְירָלין, wie es eigentlich selbstverständlich ist, als Subjekt und umschreibe jenen Satz folgendermaßen: י"ח גטיות בתורה גורמים שמחריכין בין אולא לזרקא, והמסורה קראה מ א י י ל ה מרכא כו' b. i. „Achtzehn Gaâjoth im Pentateuch veranlassen ein zwischen אולא und זרקא, nach der Massorah aber sind Gaâjoh und Meaj'loh identisch."

212) Aehnlich wie קָיַם aufrecht erhalten zu קוּם aufstehen oder das aramäische חַיֵל stärken zu חִיל stark sein sich verhalten. (S. Gesenius Wörterbuch unter חִיל u. חוּל.

Auch) טרכא wird, wenn sie mit טפחא unter einem Worte steht, von Levita als טאײלא bezeichnet, wie derselbe unter Bezug=nahme auf die Masoreten im טוב טעם Kap. 5 darlegt.[213] In=dessen ist die מסורה, auf welche er sich stützt, die er aber nicht näher angibt, weder im עין הקורא, הוריות הקורא und משפטי הטעמים, noch von Heidenheim, Frensdorff u. a. Neueren irgendwo erwähnt.

Sechstes Kapitel.

Einfluß der Accente auf Vokalisation und Betonung.

§ 93. Wechselbeziehungen des Textes und der Accente.

Die Accente stehen naturgemäß in einem abhängigen Ver=hältniß zu dem Texte, da nur der Inhalt desselben maßgebend für ihre Verwendung sein kann. (§ 2). Gleichwohl bleibt die Ac=centuation wiederum nicht ohne Einfluß auf die formale Gestal=tung des Textesworte, indem sie in vielen Fällen nicht allein eine veränderte Betonung, sondern oft auch einen Wechsel der Vokalisation, oft sogar beide Veränderungen zugleich bewirkt.

Diesen Einfluß üben die meisten trennenden Accente; von den verbindenden nur תְּלִישָׁא קְטַנָּה in Ausnahmefällen.[214] Da סוף פסוק und אתנחתא eine stärkere Pause im Lesen erfordern, so wird gewöhnlich das von diesen beiden Hauptaccenten abhängige Wort als in pausa stehend bezeichnet; aber der Einfluß auch an=derer trennenden Accente ist in vielen Fällen ein gleichmäßiger. Als feststehende Regel gibt hierbei, daß je nach der Stärke ihrer Trennkraft die betreffenden Wörter jenen Veränderungen unter=worfen sind.

§ 94. Allgemeine Bestimmungen.

Ueber die Ursache der Ton= und Vokalveränderungen belehrt

---

[213] ובי״ח טקוטות ישרת הטרכא לטפחא בתיבתו ובעלי המסורת קראו אותו טאײלא.

[214] Die Einwirkung des מקף auf die Ton= und Vokalveränderung gehört in den II. Abschnitt, (von den Lesetonzeichen).

uns die Grammatik; die Accentenlehre aber hat nur die Art und Weise anzugeben, in welcher sich diese Veränderungen vollziehen. Der Ton kommt hierbei stets auf denjenigen Vokal, welcher durch die Pausa verwandelt wird. Daß sich der Einfluß der letzteren auf alle Wortarten erstrecken kann, ergibt sich aus den weiter unten aufgeführten Beispielen.

Von den verschiedenen Fällen, in welchen die Pausa eine Veränderung bewirkt, sind die folgenden hervorzuheben:

1.) Die Vokale bleiben unverändert, aber die Betonung wird verlegt, (d. h. sie wird milel oder milra); z. B.

Regelmäßige Fälle		in pausa stehende Fälle.	
I M. 24,13	אָנֹכִי נִצָּב	vgl. mit I M. 24,34	עֶבֶד אַבְרָהָם אָנֹכִי
II M. 32,1	אַתָּה וְהָעָם	„ „ II M. 32,3	כִּי עַם־קְשֵׁה־עֹרֶף אַתָּה
III M. 9,24	וַתֹּאכַל עַל־הַמִּזְבֵּחַ	„ „ I M. 3,6	וַתִּקַּח מִפִּרְיוֹ וַתֹּאכַל
IV M. 11,6	מְעֵינוּ וְעַד־עַתָּה	„ „ I M. 46,34	וְעַתָּה נַפְשֵׁנוּ יְבֵשָׁה

2.) Der Ton bleibt unverändert, aber die Vokale wechseln;[215) z. B.

I M. 3,29	וָחַי לְעֹלָם	vgl. mit II M. 33,20	לֹא־יִרְאַנִי הָאָדָם וָחָי
III 16,24	בַּמַּיִם	„ „ III. 16,26	וְרָחַץ אֶת־בְּשָׂרוֹ בַּמָּיִם
137,26	אֶת־אָחִינוּ	„ „ II M. 18,21	מַה־בֶּצַע כִּי נַהֲרֹג שִׂנְאֵי בָצַע
IV M. 28,9	בַּשֶּׁמֶן	„ „ IV M. 28,20	בְּלוּלָה בַשָּׁמֶן
V M. 22,14	לְקַחְתִּי	„ „ IV M. 32,20	הָאִשָּׁה הַזֹּאת לָקַחְתִּי
III M. 20,22	לָשֶׁבֶת בָּהּ	„ „ IV M. 35,2	עָרִים לָשָׁבֶת

3.) Ton und Vokal werden verändert. Diese Veränderung kann auf folgende verschiedenen Arten geschehen:

a., das kurze סגול (ֶ) verwandelt sich in ein geschärftes פתח (ַ); z. B.

V M. 31,1	וַיֵּלֶךְ מֹשֶׁה	vgl. mit I M. 25,34	וַיָּקָם וַיֵּלַךְ
Esther 9,13	וַתֹּאמֶר אֶסְתֵּר	„ „ Esther 5,7	וַתַּעַן אֶסְתֵּר וַתֹּאמַר

b., das פתח verwandelt sich in ein קמץ גדול; z. B.

---

215) Das ist selbstverständlich bei allen einsilbigen Wörtern der Fall; z. B. רַע, מַר, צַר, שַׁק, רַב, הַל, גַּר u. a. m. welche in der Pausa lauten: צָר, דָּל, כָּל u. s. w.

I M. 27,18   כִּי אַתָּה בְּנִי   vgl. mit I M. 27,37   כִּי־אַתָּה

I M. 19,9   נְאַחַר עַד־עֲרֶבָה   „   „   I M. 32,5   עַתָּה נֵרֵעַ לְךָ מֵהֶם

     c., das חטף קמץ (ָ) verwandelt sich in (das ursprüngliche) חולם; z. B.

IV M. 24,25   וַיֵּלֶךְ וַיָּשָׁב לִמְקוֹמוֹ   vgl. mit II S. 3,16   לֵךְ שׁוּב וַיָּשָׁב

IV M. 21,6   וַיְרַגְּמוּ אֹתוֹ בָּאֲבָנִים וַיָּמֹת   „   daf. 15,36   וַיֵּמֶת עַם־רַב מִיִּשְׂרָאֵל

     d., das שוא (bezw. חטף) verwandelt sich in einen gedehnten Vokal, wie dies bei allen Wortarten vorkommt; z. B.

1. 3,5   כַּאֲשֶׁר שָׁמַעְתָּ אַתָּה וָחָי וַיְחִי   vgl. mit V. 4,33   אָדָם שְׁלֹשִׁים וּמְאַת שָׁנָה

II M.12,29   בְּשִׁבְךָ כִּמְּנוּ שֶׁבִי   „   IV M. 21,1   עַד בְּכוֹר הַשֶּׁבִי

III M. 18,4   אֶת־חֻקֹּתַי תִּשְׁמֹרוּ   „   daf. 19,19   וְאֶת־חֻקֹּתַי תִּשְׁמֹרוּ

II M. 12,18   שִׁבְעַת יָמִים מַצּוֹת תֹּאכֵלוּ   daf.12,15   בָּעֶרֶב תֹּאכְלוּ מַצּוֹת

IV M. 13,2   וְאוֹכָם חַי־אָנִי   „   daf. 14,20   אֲשֶׁר־אֲנִי נֹתֵן

IV M. 22,33   אֲשֶׁר צִוִּיתִי אֹתְכָה   „   II M. 29,35   גַּם־אֹתְכָה הָרַגְתִּי

V M. 28,61   וְהֵסִיר ה' מִמְּךָ כָּל־חֳלִי   „   daf. 7,15   גַּם כָּל־חֳלִי וְכָל־מַכָּה

     5.) שוא und Vokal wechseln ihre Stellen mit einander; z. B.

I M. 25,29   וְנִכְרְתָה בְּרִית עֹלָם עִמָּךְ   vgl. mit daf. 25,28   עָשִׂינוּ עִמְּךָ רַק־טוֹב

V M. 4,23   עֵדֹתָיו וְחֻקָּיו אֲשֶׁר צִוְּךָ   „   daf. 6,17   אֲשֶׁר צִוְּךָ ה'

     5.) Bei Eigennamen wird die Betonung durch die Pausa nicht beeinflußt; die Vokalisation hingegen ändert sich bei einigen derselben. (ֵ und ֶ verwandeln sich in ָ); z. B.

הִנֵּה, יִשַׁי, שׁוּשָׁן, מָרְדְּכַי, יֶפֶת, פֶּרֶץ, אֶפְרַיִם, הֶבֶל, קַיִן u. a. lauten in pausa קָיִן, הָבֶל, אֶפְרָיִם u. f. w.

     6.) Manche Wörter sind zu dieser Vokalveränderung leichter geneigt, wie z. B. das Wörtchen עַם. In demselben verwandelt sich das פַּתַח bei fast jedem trennenden Accente in קָמֶץ, und nur bei den verbindenden wird [ַ] beibehalten.[216] Ebenso werden manche

---

[216] Diese Wirkung hat sogar תלישא קטנה V M. 4,33 (הֲשָׁמַע עָם) die hier eine schwach trennende Kraft besitzt. (Vgl. § 78 u. § 87) אֶל־עָם אֲשֶׁר לֹא־יָדַעְתָּ (Ruth 2,11) ist als status constructus zu betrachten, wie מְקוֹם אֲשֶׁר דְּבַר הַמֶּלֶךְ u. a. m.

Wortformen leichter von den Einwirkungen der Pausa beherrscht, wie die Wörter, in denen sich das שׁוא in einen Vokal verwandelt, (besonders דֶ ךָ in דְ ךָ s. oben die Beispiele ad 3 d.).

7.) Eine große Anzahl von Wörtern endlich widerstrebt über=haupt dem Einfluß der Pausa gänzlich. Dahin gehören:

a., viele in Substantivform nach מִשְׁקַל פֶּעַל gebildeten Wör=ter, wie בֶּטַח ,מֶרַח ,אַחֶרֶת ,נֶגֶב ,קֶדֶם ,צֶדֶק ,גֶדֶר ,כֶלֶה u. a. m.

b., manche in Infinitivform und im Präteritum stehenden Verben, wie הִשְׁבַּתִּי ,הִצַלְתָּ ,זָקַנְתִּי ,דִּבַּרְתָּ ,שָׁבַּרְתָּ ,רֶדֶת ,לֶדֶת u. a. auch וַתַּהַר I M. 16,4.

c., einige einsilbige Wörter, wie בַּת ,הֲדַם ,בֶּן[217]) u. a.

§ 95. Von dem Einfluß der nachgeordneten Accente.

Wie wir bereits im Vorhergehenden (§ 93) gesehen, kann eine veränderte Vokalisation oder Betonung der Wörter von den meisten trennenden Accenten abhängig sein, aber entscheidend für die Einwirkung der Pausa ist vornehmlich der größere Werth der Ac=cente. Demgemäß kommt sie bei אתנחתא und סוף פסוק am ge=wöhnlichsten vor, — obwohl nicht ausnahmslos. Nach diesen steht sie, in entsprechend abnehmender Zahl von Fällen, bei סגול ,זקף, טפחא רביע u. s. w.

Beispiele mit אתנחתא סוף פסוק enthält der vorhergehende § in genügender Zahl. Nachstehend mögen auch einige von den üb=rigen מפסיקים angeführt werden.

1., סֶגּוֹל·

Bei סגול macht sich die Pausa leichter geltend, als bei den übrigen trennenden Accenten.[218]) Beispiele sind:

---

[217]) Auch מַם (לֶנַם) gehört unzweifelhaft hierher. In unsern Bibel=ausgaben heißt es zwar (I M. 5,23) וַאֲדֹנִירָם עַר הַמָּם; das קמץ scheint jedoch unkorrekt zu sein, da weder die מסורה die Stelle, wie sonst üblich, mit 'ל bezeichnet, noch אכלה ואכלה sie unter ול' וחד קמץ א"ב חד auf=führt, (s. Frensdorff'sche Ausgabe No. 21), während die Ausnahmestelle הַבֵּן (IV M. 31,32) in beiden erwähnt wird. Auch Heidenheim entscheidet sich, auf das Zeugniß des מכלול sich stützend, für die Leseart הַמָּם (S. b. תרומה ,ס' הפטרה.)

עָשָׂה בַיְרִיעָה הָאֶחָת II M. 36,12 כִּי־הָיָה ה' ׀ עִמֶּךְ I M. 26,28

מִשָּׁם נָסָעוּ IV M. 21,13 אֶת־הֻקֹּתַי תִּשְׁמֹרוּ III M. 19,19

שָׁמַיִם וִיסֶד אָרֶץ Jesajah 51,13 וַיַּעַנְךָ וַיַּרְעִבֶךָ V M. 8,3

Ueberaus zahlreich sind die Fälle mit

2., זָקֵף קָטָן

מְחַלְלֶיהָ מוֹת יוּמָת II M. 31,14 יִהְיֶה־לִּי עָבֶד I M. 44,10

קוּם בָּלָק וּשֲׁמָע IV M. 23,18 רֹאשׁוֹ לֹא יִפְרָע III M. 21,10

מִי זֶה אָמַר וַתֶּהִי Klgl. 3,37 מִמֶּנֶּר שָׁמַיִם מָטָר V M. 33,43

3., טִפְחָא

לְמִי זָהָב הִתְפָּרְקוּ וַיִּתְּנוּ־לִי II M. 33,24 וְגַם אֶת־הַגּוֹי אֲשֶׁר יַעֲבֹדוּ I M. 15,14

וַיַּעֲשׂוּ בְנֵי־יִשְׂרָאֵל אֶת־הַפָּסַח 9,2 IV M. טוֹב בָּרַע אוֹ־רַע בְּטוֹב III M. 27,10

אֶר־הַמִּשְׁתֶּה אֲשֶׁר־עָשְׂתָה Esther 5,12 וְאֹתוֹ תַעֲבֹד · וּבוֹ תִדְבָּקוּן V M. 13,5

4., פְּשְׁטָא

הִנֵּה אָנֹכִי יֹצֵא מֵעִמֶּךְ II M. 8,25 וּלְיוֹסֵף יֻלַּד שְׁנֵי בָנִים I M. 41,50

אֱמֹר אֲלֵהֶם חַי־אָנִי IV M. 14,28 וּבְנֻדֵיכֶם קָא־תְּפְרֹמוּ III M. 10,6

גַּם מְעַכָּה יִרָאוּ Koh. 12,5 אַתָּה וּבְנֶךָ וּבִתֶּךָ V M. 12,18

5., רְבִיעַ

לֹא אִישׁ דְּבָרִים אָנֹכִי II M. 4,10 וַיֹּאמֶר שָׁלוֹם לָכֶם אַל־תִּירָאוּ I M. 43,23

נַעְבְּרָה־נָּא בְאַרְצֶךָ IV M. 20,17 בְּכָל־קֹדֶשׁ לֹא־תִגָּע III M. 12,4

שִׁמְעוּ כִּי נֶאֶנְחָה אָנִי Klgl. 1,17 חֲלֹם הַחֲלוֹם הַהוּא יוּמָת V M. 13,6

Bei den übrigen schwächeren Accenten kommen die von der Pause bedingten Veränderungen seltener zur Geltung.[219] Auch von diesen mögen einige Beispiele hier noch folgen;

פָּסִיק · (לְגַרְמֵהּ) 6., זַרְקָא 7., תְּלִישָׁא גְדוֹלָה 8., אַזְלָא 9., תְּבִיר 10., שַׁלְשֶׁלֶת 11.,

פְּרִי־בִטְנֶךָ וּפְרִי־אַדְמָתֶךָ 6. V M. 16,11 אַתָּה וּבְנֶךָ וּבִתֶּךָ 7. daf. 7,13

---

[218] „והרבה שמנהיגים הסגול הבא אחר" So lehrt Kusari (II 80) „ורקא מנהג האתנח וס"פ והוקף" עם"ה. Irrig ist daher die Behauptung des S. 85b „ואין כחו לעשות טעיל או טלרע ערוגת הבשם. Wenn sich gleichwohl die Pausa bei סגול nicht so häufig findet, wie bei den וקפים, so liegt dies einfach daran, daß breitheilige Verse mit סגול nicht so häufig vorkommen wie Verse mit זקף.

[219] Bei פוך und טרם fallen sie gänzlich aus.

8. V M. 24,19   קְצִירְךָ בְּשָׂדֶךָ   9. II M. 27,20   שֶׁמֶן זַיִת זָךְ

10. III M. 10,6   רָאשֵׁיכֶם אַל־תִּפְרָעוּ   11. daf 8,23.   וַיִּשְׁחָט ׀ וַיִּקַּח

§ 96. Ungleiche Einwirkung gleichartiger Accente.

Bei der Besprechung der gleichartigen und gleichwerthigen Accente (§ 15) ist bereits ausgeführt, daß ein und derselbe Accent an verschiedenen Stellen verschiedene Trennkraft besitzen kann, da der Sinn des Textes allein demselben die Stärke verleiht. Dieser Lehrsatz macht sich auch bei dem Einfluß der Pausa auf Ton= und Vokalveränderungen[220]) geltend, und es erklärt sich dadurch die Ungleichmäßigkeit, welche uns in deser Hinsicht bei gleichen Accenten oft entgegentritt. Einige Beispiele mögen dies erläutern:

a., אַתָּה, אָתָּה, אָתָּה·

אַתָּה ist der Regel nach milra, nicht nur, wenn es einen verbindenden Accent hat, sondern auch bei schwach trennenden Accenten wie z. B.

I M. 31,52   וְאַתָּה הַקְּרֵב אֵלֶיךָ   II M. 38,1   וְאִם־אַתָּה לְא־תַעֲבֹר אֵלַי

III M. 10,9   אַתָּה וּבָנֶיךָ וּבֵית־אָבִיךָ   IV M. 18,1   אַתָּה ׀ וּבָנֶיךָ אִתָּךְ

V M. 7,6   אַתָּה תִּהְיֶה עַל־בֵּיתִי   I M. 41,40   עַם קָדוֹשׁ אַתָּה

II M. 10,25   וְאַתָּה תִּתֵּן אֶת־מַטְּךָ   II M. 14,16   גַּם־אַתָּה תָתֵּן בְּיָדֵינוּ

IV M. 11,17   וְלֹא־תִשָּׂא אַתָּה לְבַדֶּךָ   V M. 18,14   וְאַתָּה לֹא כֵן

Oft hingegen ist bei dem gleichen Accente אַתָּה milel, wenn der Sinn des Satzes dieses Wort von dem Folgenden stärker scheidet. Im Pentateuch kommt dies nur an folgenden 6 Stellen vor:

I M. 3,19   כִּי־עָפָר אַתָּה   daf. 22,12   יְרֵא אֱלֹהִים אַתָּה

daf. 29,12   הֲכִי־אָחִי אַתָּה   daf. 32,17   לְמִי־אַתָּה

daf. 49,3   בְּכֹרִי אַתָּה   II M. 33,3   עַם־קְשֵׁה־עֹרֶף אַתָּה

---

220) So lehrt Kufari Abschnitt II § 80, (in der Kaffel'schen Ausgabe S. 186). נמלא עוד פָּעַל בשני קמלים, בזקף, ונבקט עלמתו, ונמלאהו מקום ספסק בעניין, והיה דינו שיהיה מחנם או סוף פסוק ולגלי דחקים אחרים הליכו וינקדו וַיִּשְׁחָט בקמוץ. Und weiterhin: S. 190 שלא יפול לו בתחנם ולא בסוף פסוק ואם אינם במקום הפסק דבור, זה היה במומקום הפסק עניין:

Die übrigen Stellen find sämmtlich שכל שום 22,12 ange=
führt. — Ausnahmslos hat das א jedoch ein קמץ und ist be=
tont, wenn unter אתה ein אתנחתא oder ס"פ steht z. B.

I M. 3,11 עָצְמִי וּבְשָׂרִי אָתָּה | I M. 29,14 כִּי עֵירֹם אָתָּה
IV M. 27,13 כִּי־עַם־קְשֵׁה־עֹרֶף אָתָּה | V M. 9,6 וְנֶאֱסַפְתָּ אֶל־עַמֶּיךָ גַּם־אָתָּה

Eine scheinbare Ausnahme bilden folgende vier Stellen:
Psalm 2,7 עֶזְרָתִי וּמְפַלְטִי אָתָּה 25,7 זְכָר־לִי־אָתָּה 40,18 בְּנֵי אָתָּה
70,6 עֶזְרִי וּמְפַלְטִי אָתָּה.

Dies erklärt sich dadurch, daß א in den ספרי אמת nicht den
Werth besitzt, wie in den übrigen 21 Büchern, vielmehr dem
עֹלֶה וְיוֹרֵד nachsteht, das in dem angeführten Beispielen dem א auch
vorangeht.

6., (וַתֹּאבַר וַתֹּאכַל) וַיֹּאכַל וַיֹּאבַל.

Die im Futurum des Kal stehenden Wörter des Verbums
אכל werden durch die Pausa in eigenthümlicher Weise verändert;
nämlich:

1.) Die erste Person sing. אֹבַל ist, wenn das Wort nicht
נסוג אחור ist, wie (1 K. 13,8 u. 16) אֹבַל לֶחֶם, — immer milra
und bleibt es auch mit וי"ו הַהֶפוּךְ, in der Pausa, in welcher sich
jedoch das פַתַח in צֵרֵה verwandelt.

Vgl. M. 24,3 אֶצְלֶה בָשָׂר וְאֹבַל u. in pausa Jes. 44,19 וַיֹּאמֹר לֹא אֹבַל
I M. 27,33 הַנֹּחֵשׁ הַשִּׂיאַנִי וָאֹבַל " " I M.3,33 וָאֹכַל מִכֹּל

2.) Die zweite Person m. תֹּאבַל, — wenn sie nicht נ"א ist,
wie תֹּאכַל לֶחֶם, — ist zwar ebenfalls milra, und in der Pausa
verändert sich der Vokal in gleicher Weise;
vgl. II M. 13,6 וּבַבָּשָׂר תֹּאכֵר שִׁבְעַת יָמִים תֹּאכַל מַצּוֹת u. V M. 12,27
hingegen wird das Wort durch וי"ו ההפוך milel ; z. B. I M. 3,17
וַתֹּאכַל מִן־הָעֵץ.

3.) Auch in der ersten Person plur. findet ein gleiches
Verhältniß statt:
Vgl. III M. 25,20 מִפְּרִי עֵץ־הַגָּן נֹאכֵל u. I M. 3,2 מַה־נֹּאכַל בַּשָּׁנָה הַשְּׁבִיעִית

4.) Die dritte Person singl. (m. u. f.) תֹּאכַל, יֹאכַל verhält
sich etwas abweichend. Wenn diese beiden Wörter nämlich nicht

לֹא־תֹאכַל‎ ‏נ"א‎ finb, — wie I M. 49,27 ‏עַר‎ ‏יֹאכַל‎ ‏בַבֹקֶר‎ III M. 17,12
‏דָם‎, - fo find fie immer milra; z. B.

IV M. 18,10 ‏אֹתוֹ‎ ‏יֹאכַל‎ ‏כָל־זָכָר‎ II M. 10,12 ‏הָאָרֶץ‎ ‏אֶת־כָל־עֵשֶׂב‎ ‏וַיֹאכַל‎
V M. 32,42 ‏בָּאָרְצֶךָ‎ ‏תֹאכַל‎ ‏וְחַרְבִּי‎ Sech. 11,1 ‏בְּאַרְזֶיךָ‎ ‏אֵשׁ‎ ‏וַתֹאכַל‎

Gleicher Weife verwandelt fid) durd) die Paufa auch in der
dritte Perfon das [_] in [..]; z. B.

IV M. 6,3 ‏יֹאכֵל‎ ‏לֹא‎ ‏וְיָבֵשִׁים‎ III M. 22,13 ‏תֹאכֵל‎ ‏אָבִיהָ‎ ‏מִלֶחֶם‎

Mit ‏הַהִפּוּךְ‎ ‏וי"ו‎ jedod) bleibt aud) in pausa das ‏פַּתַח‎ unver=
ändert und nur die Betonung wechfelt; b. i. ‏וַיֹאכַל‎ u. ‏וַתֹאכַל‎,
welche fonft milel find, werden in pausa milra; z. B.

II M. 10,15 ‏אֶת־כָל־עֵשֶׂב‎ ‏וַיֹאכַל‎ bag. I M. 27,25 ‏וַיִגַּשׁ־לוֹ‎ ‏וַיֹאכַל‎
V M. 32,23 ‏הָאָרֶץ‎ ‏וַתֹאכַל‎ „ I S. 1,18 ‏וַתֹאכַל‎ ‏לְדַרְכָּהּ‎ ‏הָאִשָׁה‎ ‏וַתֵּלֶךְ‎

Daß aud) hier die gleichen Accente verfchiedener Einwirkung
unterliegen, beweifen folgende Stellen:

I M. 30,11 ‏וַיֹאכַל‎ ‏וַיִגַּשׁ־לוֹ‎ bag. I M. 27,25 ‏וַיֹאכַל‎ ‏לֶחֶם‎ ‏וַיִתֶּן־לוֹ‎
IV M. 11,1 ‏שָׂדָי‎ ‏תְּנוּבֹת‎ ‏יֹאכַל‎ „ V M. 32,13 ‏הַמַחֲנֶה‎ ‏בִּקְצֵה‎ ‏וַתֹאכַל‎
‏וַיֹאמֶר‎, ‏וַיֹאמֶר‎, ‏וַיֹאמֶר‎ c.,

Einfacher ift das Verhältniß diefer Wortformen. ‏יֹאמֵר‎
ift nämlich, da im Futurum der Ton immer auf dem erften oder
zweiten Wurzelbuchftaben ruht, regelmäßig milra, und erft durd)
‏וי"ו הַהִפּוּךְ‎ verwandelt fid) das [–] in [∵], und das Wort wird
milel, alfo ‏וַיֹאמֶר‎ (wie ‏וַיֹאכַל‎). Darum ift die Form ‏וַיֹאמֶר‎ die
vorherrfchende. ‏וַיֹאמַר‎ aber, wie es in pausa heißt, ift wieder
milra. Mit ‏שַׁלְשֶׁלֶת‎, ‏סֶגוֹל‎, ‏אתנחתא‎ fteht das Wort immer in
pausa;[221] mit ‏רְבִיעַ‎, ‏זָקֵף קָטָן‎ und ‏זָקֵף גָדוֹל‎ nur da, wo der Sinn
es erheifcht. Beifpiele find:

I M. 24,12 ‏וַיֹאמַר‎ II M. 5,22 ‏וַיֹאמַר‎ V M. 33,7 ‏וַיֹאמַר‎
V M. 33,2 ‏וַיֹאמַר‎ I M. 20,4 ‏וַיֹאמַר‎ II M. 2,14 ‏וַיֹאמַר‎

Die Maffora(h) gibt im ganzen 91 Fälle an,[222] und es läßt fid)

---

221) Mit ‏סלוק‎ fommt ‏ויאמר‎ überhaupt nicht vor, (außer im B. Job. f. u.).

222) Im ‏מערכת‎ (Massora finalis) find fie fpecialifirt, und zwar
werden 87 in den biblifchen Büchern außer Job gezählt, und 4 im erften
Kapitel diefes Buches, nämlich V. 14. 16. 17. 18. — Diefe Angabe ift in=

als Regel aufstellen, daß da, wo die Rede eines Anderen wörtlich
angeführt wird,[223]) es וַיֹּאמֶר heißt; und daß וַיֹּאמֶר hingegen da
steht, wo es, eine ruhige Unterhaltung ausdrückend, sich der fol=
genden Rede anschließt. Daher üben auch hier gleiche Accente
einen verschiedenen Einfluß, wie folgende Beispiele beweisen:

II M. 1,16 וַיֹּאמֶר שִׁפְחַת שָׂרַי | I M. 16,8 וַיֹּאמַר בְּיַלְדֶּכֶן אֶת־הָעִבְרִיֹּות
II M. 2,18 וַיֹּאמֶר הֲלֹא־אָצַלְתָּ לִּי בְרָכָה | I 27,36 וַיֹּאמַר מַדּוּעַ קִתַּרְתֶּן בֹּא הַיֹּום
I M. 40,18 וַיַּעַן יֹוסֵף וַיֹּאמֶר זֶה פִּתְרֹנֹו | II 32,5 וַיִּקְרָא אַהֲרֹן וַיֹּאמַר חַג כָּה'

Wie sehr der Sinn des Textes maßgebend für die Pausa
ist, davon überzeugt uns die Stelle V M. 21,7, wo es heißt
וְעָנוּ וְאָמְרוּ. Wegen des אתנחתא müßte es entschieden וְאָמָרוּ heißen,
ähnlich wie I M. 41,35 ... אֹכֶל בֶּעָרִים וְשָׁמָרוּ oder I M. 6,2
מִכֹּל אֲשֶׁר בָּחָרוּ. Aber der Zusammenhang von וְעָנוּ וְאָמְרוּ mit den
vorangehenden und nachfolgenden Wörtern weist darauf hin, daß
hier eine Pausa nicht am Platze ist, sondern daß die Rede וכל
זקני העיר ירחצו ידיהם על העגלה וְעָנוּ וְאָמְרוּ יָדֵינוּ כו' vielmehr in
rascher Folge der Worte sich bewegt, und der Wortsinn daher die
Vokalisation rechtfertigt.

Die Kenntniß dieses Gesetzes gewährt uns nun Aufschluß über
eine merkwürdige dritte Form dieses Wortes, nämlich וַיֹּאמַר (mit
סלוק), welches nur dem poëtischen Theil des Buches Job eigen ist.
Hier erhält das ט"ם zwar ein פתח, das Wort bleibt aber gleich=
wohl milel. Dieser eigenthümliche Fall wird in der Massorah
nach Aufzählung der obenerwähnten 91 Stellen mit folgendem
Zusatz angegeben: וכל וַיַּעַן, וַיֹּוסֶף דאיוב דכותיה אבל הס כולם מלעיל. So
u. A. K. 3 B. 2 וַיֹּאמַר ויען איוב וַיֹּאמַר und Kap. 36,1 ויסף אליהו וַיֹּאמַר.

Einleitende Worte, wie die vorstehenden, bilden sonst nir=
gends einen besondern Vers, und wo sie noch außerdem vor=
kommen, bleibt וַיֹּאמֶר unverändert.[224]) (Vgl. I M. 40,18 und

sofern schwer zu verstehen, als in dem erzählenden Theil des Buches (Kap.
1 u. 2) וַיֹּאמַר nicht 4, sondern 8 mal milra vorkommt, (nämlich auch Kap.
1,7. 1,9. 2,2. 2,4.); ebenso bleibt im poëtischen Theil eine 9. Stellen (32,6)
unerwähnt. Diese Schwierigkeit habe ich nirgends angedeutet, noch gehoben
gefunden; auch Frensdorff erwähnt sie nicht.

[223]) Aehnlich den Fällen, in welchen im Deutschen nach einem Kolon
ein großer Anfangsbuchstabe gesetzt wird.

II M. 4,1). Aber in Job haben die בעלי הטעמים, um sie von der eigentlichen Dichtung zu scheiden, daß ט"ם wegen des סלוק zwar mit פתח vokalifirt, aber das Wort dennoch מלעיל gelassen, um damit anzudeuten, daß ebenso wenig, wie bei dem obenerwähnten ואמרו, Grund zu einer Pausa vorliegt, daß vielmehr auch hier die Einleitung sich ununterbrochen an die nachfolgende Rede anschließen soll.

Unter Berücksichtigung dieses dargelegten Accentuationsgesetzes ist es leicht verständlich, wenn u. a. מְצַוְּךָ (V M. 6,2) מְצַוֶּךָ (daf. 12,19 מְצַוְּךָ (daf. 12,28) mit einander abwechseln, oder wenn mit זקף קטן es bald לְךָ (II M. 34,22 und V M. 28,68) bald לָךְ heißt, (II M. 32,34 und V 28,41), und weshalb ähnliche scheinbare Unregelmäßigkeiten der Pausa in Wirklichkeit berechtigt sind.

Siebentes Kapitel.

Die Accentuation des Dekalogs.

Vorbemerkung.

Die Accentuation der f. g. zehn Gebote[225] ist nach den selben Grundsätzen durchgeführt, wie die des übrigen Bibeltextes, Dennoch bietet sie dem Laien insofern einige Schwierigkeiten dar, weil viele Stellen darin doppelt accentuirt sind, wozu noch kommt, daß an diesen Stellen auch mehrfach Silben mit Doppelvokalen vorkommen, und einigemal sogar, — in scheinbarem Widerspruch mit den Regeln der Elementarlehre. — D a g e s ch und R a p h e gleichzeitig bei demselben Buchstaben verwand werden. Da nun hierdurch bei Ungeübten hinsichtlich der correkten Lesung der betreffenden Wörter Verwirrung entstehen muß, so dürfte eine zur Aufklärung jener ausnahmsweisen Anordnungen

---

224) Nur mit אתנחתא ist es regelrecht milra, wie וַיַּעַן אַבְרָהָם וַיֹּאמַר (I M. 18,27).

225) Richtiger: z e h n A u s f p r ü ch e, welcher Begriff dem hebräischen עשרת הדברות „" wie dem griechischen „Dekalog" entspricht. Einzelne diefer Aussprüche enthalten nach Angabe des Maimonides u. anderer autoritativer Exegeten sogar mehrere Gebote.

dienende Besprechung an dieser Stelle um so weniger zu umgehen
sein, als die Vokalisation, wie der Gebrauch des Dagesch
zu der Accentuation in bekannter Wechselwirkung stehen. —

---

§ 97. Schriftliche Anordnung des Dekalogs.

Die schriftliche Abfassung des Textes, wie wir ihn heute in
Verbindung mit den Vokalen und Accenten besitzen, liegt uns nicht
nur als mit den zuerst gedruckten Bibelausgaben übereinstimmend
vor, sie ist bereits auch in den ältesten Handschriften vorhanden;
in der Massora finalis wird auf sie hingewiesen, sowie sie auch
von dem Exegeten Chiskuni (חזקוני) (um das Jahr 1250), als
eine traditionelle, aus früher Zeit uns überkommene Einrichtung
schon erwähnt wird. — Obwohl demnach jede gute Bibelausgabe
den correkten Text des Dekalogs enthält, so erscheint es doch
zweckdienlich, auch hierher einen Abdruck desselben zu setzen, und
dadurch das Verständniß der nachfolgenden darauf bezüglichen
Erläuterungen zu erleichtern.

---

§ 98. Text des Dekalogs mit den Accenten und Vokalen.

Der Dekalog welcher im 20. Kapitel II B. M. enthalten
ist, lautet mit den Accenten und Vokalen, wie folgt.

2 אָנֹכִי֙ ה' אֱלֹהֶ֔יךָ אֲשֶׁ֧ר הוֹצֵאתִ֛יךָ מֵאֶ֥רֶץ מִצְרַ֖יִם מִבֵּ֣ית עֲבָדִ֑ים :

3 לֹא־יִהְיֶ֥ה לְךָ֛ אֱלֹהִ֥ים אֲחֵרִ֖ים עַל־פָּנָֽי׃ לֹֽא־תַעֲשֶׂ֨ה־לְךָ֥ פֶ֣סֶל ׀ וְכָל־
4 תְּמוּנָ֡ה אֲשֶׁ֣ר בַּשָּׁמַ֣יִם ׀ מִמַּ֡עַל וַֽאֲשֶׁ֣ר בָּאָ֣רֶץ מִתַּ֗חַת וַאֲשֶׁ֥ר בַּמַּ֣יִם

5 מִתַּ֣חַת לָאָ֑רֶץ׃ לֹֽא־תִשְׁתַּחְוֶ֥ה לָהֶ֖ם וְלֹ֣א תָֽעָבְדֵ֑ם כִּ֣י אָֽנֹכִ֞י ה' אֱלֹהֶ֙יךָ֙
אֵ֣ל קַנָּ֔א פֹּ֠קֵד עֲוֹ֨ן אָבֹ֧ת עַל־בָּנִ֛ים עַל־שִׁלֵּשִׁ֥ים וְעַל־רִבֵּעִ֖ים לְשֹׂנְאָֽי :

6 וְעֹ֥שֶׂה חֶ֖סֶד לַאֲלָפִ֑ים לְאֹהֲבַ֖י וּלְשֹׁמְרֵ֥י מִצְוֹתָֽי ׃ ס לֹ֥א תִשָּׂ֛א אֶת־
7 שֵֽׁם־ה' אֱלֹהֶ֖יךָ לַשָּׁ֑וְא כִּ֣י לֹ֤א יְנַקֶּה֙ ה' אֵ֚ת אֲשֶׁר־יִשָּׂ֥א אֶת־שְׁמ֖וֹ

8 לַשָּֽׁוְא ׃ פ זָכ֛וֹר אֶת־י֥וֹם הַשַּׁבָּ֖ת לְקַדְּשֽׁוֹ ׃ שֵׁ֤שֶׁת יָמִים֙ תַּֽעֲבֹ֔ד וְעָשִׂ֖יתָ
9 כָּֽל־מְלַאכְתֶּֽךָ ׃ וְי֙וֹם֙ הַשְּׁבִיעִ֔י שַׁבָּ֖ת ׀ לַה' אֱלֹהֶ֑יךָ לֹֽא־תַעֲשֶׂ֣ה כָל־
10 מְלָאכָ֡ה אַתָּ֣ה ׀ וּבִנְךָֽ־וּבִתֶּ֡ךָ ׀ עַבְדְּךָֽ וַ֠אֲמָתְךָ֠ וּבְהֶמְתֶּ֣ךָ וְגֵרְךָ֔ אֲשֶׁ֖ר

11 בִּשְׁעָרֶיךָ ׃ כִּי שֵׁשֶׁת־יָמִים עָשָׂה ה' אֶת־הַשָּׁמַיִם וְאֶת־הָאָרֶץ אֶת־הַיָּם
וְאֶת־כָּל־אֲשֶׁר־בָּם וַיָּנַח בַּיּוֹם הַשְּׁבִיעִי עַל־כֵּן בֵּרַךְ ה' אֶת־יוֹם

12 הַשַּׁבָּת וַיְקַדְּשֵׁהוּ ׃ ס כַּבֵּד אֶת־אָבִיךָ וְאֶת־אִמֶּךָ לְמַעַן יַאֲרִיכוּן

13 יָמֶיךָ עַל הָאֲדָמָה אֲשֶׁר־ה' אֱלֹהֶיךָ נֹתֵן לָךְ ׃ ס לֹא תִּרְצָח ׃ ס

14 לֹא תִּנְאָף ׃ ס לֹא תִּגְנֹב ׃ ס לֹא־תַעֲנֶה בְרֵעֲךָ עֵד שָׁקֶר ׃ ס לֹא
תַחְמֹד בֵּית רֵעֶךָ ס לֹא־תַחְמֹד אֵשֶׁת רֵעֶךָ וְעַבְדּוֹ וַאֲמָתוֹ וְשׁוֹרוֹ
וַחֲמֹרוֹ וְכֹל אֲשֶׁר לְרֵעֶךָ ׃ פ

---

§ 99. Grund der doppelten Zeichensetzung.

Die Zeichensetzung richtet sich bekanntlich nach dem Umfang
der Verse, indem zu Wortverbindungen in größeren Sätzen anderen
Accente zu verwenden sind, als in kleineren, wie dieses in der
allgemeinen Einleitung erklärt worden ist. Bei ihrer Mannich=
faltigkeit lassen die Accente genügende und entsprechende Wahl
auch zu.

Der Dekalog ist aber schon in den frühesten Zeiten aus einem
zweifachen Gesichtspunkte aufgefaßt und in Sätze abgetheilt worden,
einmal, wie jeder andere Abschnitt der biblischen Literatur, in Rück=
sicht auf seine Eintheilung in Verse, und dann in Betracht seiner
Bestimmung für liturgische Zwecke, nach den einzelnen Geboten.
Insofern nun alle Verse von mittlerer, annähernd sogar von gleicher
Größe sind, ist die Zeichensetzung auch eine normale. Die Accen=
tuatoren hatten aber gleichzeitig, in Rücksicht auf die liturgischen
Zwecke,226) den Dekalog nach den einzelnen Geboten mit den ent=
sprechenden Zeichen zu versehen. Da aber der Umfang der Ge=
bote von dem der Verse bedeutend abweicht, indem beispielsweise
das zweite Gebot (Abgötterin) und das vierte Gebot (Sabbath=
heiligung) mehrere vollständige Verse enthalten, während im Ge=
gensatz hierzu die spätere Gebote (Mord, Ehebruch, Diebstahl und
Zeugnißfälschung) nur aus einigen Wörtern bestehen, so mußte
selbstverständlich die letztere Zeichensetzung eine, von der bereits

---

122) Die zehn Gebote werden nämlich an gewissen Sabbathen, wie
auch am Tage der Gesetzgebung (Wochenfest) in den Synagogen mit Berück=
sichtigung der Accente vorgelesen.

erwähnten ersten vollständig verschieden sein. Indem aber b e i d e zugleich dem Text unterfügt wurden, entstand die vorliegende doppelte Zeichensetzung, welche von dem Kenner zwar leicht auseinander gehalten werden kann, die aber für den Anfänger und den Uneingeweihten Unklarheit und Irrthum erzeugen muß.

A n m e r k u n g : Die den G e b o t e als solchen angepaßten Accente werden טעם עליון (oberer Accent) genannt, weil sie meistens ü b e r dem Text stehen. Die Accente, welche dem Text in Rücksicht auf die Verseintheilung zukommen, stehen vorzugsweise u n t e r dem Text; sie heißen daher טעם תחתון (unterer Accent), vgl. § 6. — In der Praxis sind letztere eigentlich für den privaten Gebrauch bestimmt; der טעם עליון hingegen wird in den meisten Gemeinden, so auch in Frankfurt a. M., beim öffentlichen Gottesdienst ausschließlich angewandt. — Indessen ist es in vielen Gemeinden üblich, an den S a b b a t h t a g e n, an welchen der Dekalog als Perikopentheil vorgelesen wird, den טעם תחתון zu benutzen, während der טעם עליון, (nach Geboten), nur am W o c h e n f e s t e, חג השבעות, als dem Tage der Gesetzgebung am Sinai, in Gebrauch ist. —

§ 100. Abgrenzung der einzelnen Gebote.

Daß der mit dem Namen D e k a l o g bezeichnete Bibelabschnitt, wirklich aus zehn Geboten besteht, ist im Pentateuch ausdrücklich ausgesprochen, (vgl. II M. 34,28. V M. 4,13 u. 10,4), und wird bei allen Confessionen als unzweifelhaft feststehend vorausgesetzt. Dagegen waltet über die Abgränzung einzelner Gebote eine Meinungsverschiedenheit ob, indem nach der Ansicht Einiger die beiden erste Verse nur ein Ein Gebot ausmachen; nach Anderen aber der erste Vers nur als Einleitung angesehen wird und erst mit den folgenden Versen (bis ולשטרי מצותי) zusammen das erste Gebot bildet. Nach Ansicht dieser Letzteren zerfällt dafür der Schlußvers (לא תחמד) in zwei Gebote. — Die zweite Accentuation (טעם עליון) entspricht jedoch ganz der Auffassung hervorragender jüdischer Autoritäten, wonach der erste Vers (אנכי), auch ohne eine direkte Verpflichtung auszusprechen, implicite ein Gebot

enthält, nämlich das Gebot zu glauben an den einzigen und all=
mächtigen Gott, der die Geschicke seiner Geschöpfe lenkt, und wo=
nach ferner das zweite Gebot mit dem folgenden Vers (לא יהיה)
beginnt, der letzte Vers (לא תחמד) aber ungetheilt mit dem zehn=
ten Gebot sich deckt.

---

§ 101. Zusammenstellung der durch die Doppeleintheilung entstandenen Abänderungen.

Die durch die Zeichensetzung nach Geboten nothwendig
gewordenen Abänderungen betreffen also:

1.) in erster Linie die Accente selbst; dann durch deren
Einwirkung:

2.) die Vokale an drei Stellen: עַל־פָּנַי im טַעַם עֶלְיוֹן (statt
עַל־פָּנַי im ט"ת), בָּאָרֶץ מִתָּחַת (statt טַעַם מִתָּחַת מִתְּתוֹן) im
לֹא תִּרְצָח im ט"ת (statt לֹא תִרְצַח).

3.) Die Buchstaben in Bezug auf Dagesch und Raphe an
vier Stellen:

ft.) לֹא תִּרְצָח וְעָשִׂיתָ כָּל־מְלַאכְתֶּךָ im ט"ת; (statt וְעָשִׂיתָ כָּל־מְלַאכְתֶּךָ
ft.) לֹא תִּגְנֹב לֹא תִנְאָף im ט"ת; (ft. לֹא תִנְאָף im ט"ת; (ft. לֹא תִּרְצָח
לֹא תִגְנֹב im ט"ת).[227]

4.) die Verwendung eines verbindenden Accents statt des Makef
an drei Stellen: לֹא תַעֲשֶׂה־ im ט"ת; (statt לֹא־יִהְיֶה לְךָ im לֹא־יִהְיֶה לְךָ;
לֹא־תַעֲשֶׂה לְךָ (ft. לֹא־תַעֲשֶׂה כָל־מְלַאכָה im ט"ת; (statt לֹא תַעֲשֶׂה כָּל־מְלַאכָה לְךָ
כָל־מְלַאכָה im ט"ת).

5.) die Einfügung eines פסיק an zwei Stellen: פֶּסֶל ׀ וְכָל־
בַּשַּׁלַּיִם (ft. בַּשָּׁמַיִם ׀ מִמַּעַל im ט"ת; (statt פֶּסֶל וְכָל־תְּמוּנָה תְּמוּנָה
מִמַּעַל im ט"ת). Beide Zeichen (nach ׀ פֶּסֶל und בַּשָּׁמַיִם ׀) werden
מערכת המסורה פסיקתא דאורייתא ausdrücklich unter die gesetzt.

Nach den bis dahin vorausgeschickten Erläuterungen lassen
sich an der Hand grammatischer und punktatorischer Gesetze nun=
mehr alle schwierigen Fragen leicht lösen, welche der Dekalog bie=

---

[227] Außerdem erhält im zweiten Gebot das ל in לֹא תַעֲשֶׂה־לְךָ ein
דחיק (ft. לֹא תַעֲשֶׂה לְךָ im ט"ת).

tet. Wir unterziehen sie in nachfolgenden §§ einzeln, der Rei=
henfolge der Gebote nach, einer speciellen Besprechung.

---

§ 102. Betrachtung der einzelnen Gebote.

Das erste Gebot

ist vollständig in dem Vers „אָנֹכִי" enthalten, und es lag also
für die בעלי הטעמים eigentlich keine Veranlassung vor, denselben
mit zweifacher Zeichensetzung zu versehen. In der That wird
auch in vielen Gemeinden von dem טעם עליון wirklich keinerlei
Notiz genommen, sondern es wird dieses Gebot in den Synagogen
selbständig, d. h. ohne Anschluß an das zweite Gebot, mit dem
טעם תחתון vorgetragen, wie auch Wolf Heidenheim diese Lese=
art als richtig anerkannt und sie in allen seinen Pentateuchaus=
gaben (s. dessen treffliche, darauf bezügliche Abhandlung nach dem
Schluß des II B. M.) dementsprechend abgedruckt hat.

Der Grund, warum dennoch eine zweite Zeichensetzung noth=
wendig befunden ward, ist auch nur ein theoretischer, der hier
kurz angegeben sei. Nach der Tradition sind nämlich am Sinai
nur die beiden ersten Gebote von der Gottheit selbst an das ver=
sammelte Volk gerichtet worden; die übrigen vernahm es aus
Moses Munde, weshalb auch bei den ersten beiden Geboten die
erste Person (אָנֹכִי עַל־פָּנַי u. s. w.), bei den übrigen acht aber
die dritte Person (וַיָּנַח לֹא יִנָּקֶה u. a.) gebraucht sei.

Nun besteht aber noch eine dritte Ansicht, nach welcher von
dem zweiten Gebot nur der erste Vers (לֹא יהיה) zu dem voran=
gehenden ersten Gebot gezogen wird. Hierdurch wird gewisser=
maßen eine dreifache Zeichensetzung für das erste Gebot nöthig,
welche auch durch die drei Accente, welche das letzte Wort עֲבָדִים
erhält, nämlich רביע, אתנחתא, סוף פסוק, zum Ausdruck kommt. Die
Wahl der Accente aber wird von dem jedesmaligen Zweck bestimmt,
welchem sie dienen.

Die erste Zeichensetzung (ט״ח), welche für Vers und
Gebot identisch ist, ist wie erwähnt, auch für den praktischen Ge=
brauch maßgebend. Sie stellt sich heraus wie folgt:

אָנֹכִי ה' אֱלֹהֶיךָ אֲשֶׁר הוֹצֵאתִיךָ מֵאֶרֶץ מִצְרַיִם מִבֵּית עֲבָדִים :

עֲבָדִים hat also regelrecht das סוף פסוק.

In der zweiten Zeichenſetzung, bei welcher beide Ge=
bote als ein Ganzes betrachtet werden, kommt der טעם עליון zur
Geltung. Nach dieſer Auffaſſung kann der Vers אָנֹכִי weder ein
סוף פסוק, noch ein אתנחתא erhalten. Die Accentuation lautet:

אָנֹכִי ה' אֱלֹהֶיךָ אֲשֶׁר הוֹצֵאתִיךָ מֵאֶרֶץ מִצְרַיִם מִבֵּית עֲבָדִים :

עֲבָדִים erhält ein רְבִיעַ. Das אֶתְנַחְתָּא iſt לְשִׁנְאַי geſetzt.

Nach der dritten Leſeart, welche mit dem erſten Gebot
noch den einen Vers לא יהיה לך in Verbindung bringt, ſteht das
סוף פסוק ſelbſtredend unter פָּנָי und die Zeichenſetzung des ſo ge=
ſtalteten erſten Gebotes iſt die folgende:

אָנֹכִי ה' אֱלֹהֶיךָ אֲשֶׁר הוֹצֵאתִיךָ מֵאֶרֶץ מִצְרַיִם מִבֵּית עֲבָדִים לֹא־יִהְיֶה לְךָ
אֱלֹהִים אֲחֵרִים עַל־פָּנָי :

und in dieſem Falle hat אֶתְנַחְתָּא das עֲבָדִים.

Wiederholt muß jedoch hervorgehoben werden, daß nur die
erſte Leſeart für den Gebrauch maßgebend ſein ſoll, die beiden
anderen aber nur einen theoretiſchen Werth beſitzen, welcher darin
beſteht, daß ſie auf die oben erwähnte Gemeinſamkeit der beiden
Gebote hindeuten und daran erinnern ſollen.[228]

---

§ 103. Fortſetzung.

Das zweite Gebot.

Ueber die Gründe der im Dekalog vorkommenden grammatiſchen
Ausnahmen werden wir uns am leichteſten durch eine geſonderte
Nebeneinanderſtellung des טעם עליון und des טעם תחתון orientiren
da doch alle Abweichungen erſt durch die Änderung der Accente
bewirkt werden.

---

[228] Daß die Praxis nicht in allen Gemeinden dieſer Beſtimmung ent=
ſpricht, iſt bereits in der Anmerkung zu § 99 angeführt.

Das zweite Gebot lautet pure mit einfachen Accenten
im טעם עליון   im טעם תחתון

טעם עליון	טעם תחתון
לֹא יִהְיֶה לְךָ אֱלֹדִים אֲחֵרִים עַל־	3 לֹא־יִהְיֶה לְךָ אֱלֹהִים אֲחֵרִים עַל־
פָּנַי יָא לָא תַעֲשֶׂה־לְךָ פֶסֶל ׳ וְכָל־	4 פָּנָי : לֹא־תַעֲשֶׂה לְךָ פֶסֶל וְכָל־
תְּמוּנָה אֲשֶׁר בַּשָּׁמַיִם ׀ מִמַּעַל ׳ וַאֲשֶׁר	תְּמוּנָה אֲשֶׁר בַּשָּׁמַיִם מִמַּעַל וַאֲשֶׁר
בָּאָרֶץ מִתַּחַת ׀ וַאֲשֶׁר בַּמַּיִם ׳ מִתַּחַת	בָּאָרֶץ מִתַּחַת וַאֲשֶׁר בַּמַּיִם מִתַּחַת
לָאָרֶץ לֹא־תִשְׁתַּחֲוֶה יְרָהֶם וְלֹא	5 לָאָרֶץ : לֹא־תִשְׁתַּחֲוֶה לָהֶם וְלֹא
תָעָבְדֵם כִּי אָנֹכִי ת' אֱלֹדֶיךָ אֵל	תָעָבְדֵם כִּי אָנֹכִי ה' אֱלֹהֶיךָ אֵל
קַנָּא פֹּקֵד עֲוֺן אָבֹת עַל־בָּנִים עַל־	קַנָּא פֹּקֵד עֲוֺן אָבֹת עַל־בָּנִים עַל־
שְׁלֵשִׁים וְעַל־רִבֵּעִים לְשֹׂנְאָי וְעָשֶׂה	6 שִׁלֵּשִׁים וְעַל־רִבֵּעִים לְשֹׂנְאָי : וְעֹשֶׂה
חֶסֶד לַאֲלָפִים לְאֹהֲבַי וּלְשֹׁמְרֵי	חֶסֶד לַאֲלָפִים לְאֹהֲבַי וּלְשֹׁמְרֵי
מִצְוֹתָי :	מִצְוֺתָי :

In Vers 3 hat לֹא־ ein מקף und zugleich einen Accent. Die getrennte Zeichensetzung belehrt uns, daß das מקף nur für den טעם תחתון, das מונח für טעם עליון Gültigkeit hat.

Das נ in פָּנָי hat ein קמץ und ein פתח; ersteres ist durch die Pausa im טעם תחתון begründet.

Vers 4. Mit dem Wörtchen לֹא verhält es sich wie im dritten Vers.

Da im טעם עליון die Worte תַעֲשֶׂה לְךָ durch מקף verbunden sind, erhält das לְ ein דחיק, (s. Note 226) was im טעם תחתון nicht erforderlich ist. פֶסֶל ׳ וְכָל־תְּמוּנָה sind inhaltlich getrennt, (s. Raschi's Commentar). Im טעם תחתון hat פסל daher einen tren=nenden Accent; im טעם עליון aber ein מונח, weshalb das da=rauf folgende פסיק nothwendig wird.

Die Worte בַּשָּׁמַיִם ׳ מִמַּעַל im טעם עליון sind ebenfalls nach der Accentenlehre (s. § 70 I) durch ein פסיק zu trennen. Im תחתון ist dies überflüssig, weil auf בשמים ein פשטא steht.

In בָּאָרֶץ מִתַּחַת hat die ת im טעם עליון regelrecht ein פתח; im טעם תחתון aber ein קמץ wegen des אתנחתא. (בָּאָרֶץ מִתָּחַת).

§ 104. **Fortſetzung**.

Das dritte, vierte und fünfte Gebot.

Das dritte Gebot bietet keine Momente zur Erörterung, da es im 7. Vers ausſchließlich enthalten iſt.

Beim vierten Gebot werden durch den טעם עליון nur einige Abänderungen nöthig, welche aus der nachſtehenden geſonderten Zeichenſetzung erſichtlich ſind:

טעם עליון	טעם תחתון	
זָכוֹר אֶת־יוֹם הַשַּׁבָּת לְקַדְּשׁוֹ שֵׁשֶׁת	זָכוֹר אֶת־יוֹם הַשַּׁבָּת לְקַדְּשׁוֹ שֵׁשֶׁת	8 9
יָמִים תַּעֲבֹד וְעָשִׂיתָ כָּל־מְלַאכְתֶּךָ	יָמִים תַּעֲבֹד וְעָשִׂיתָ כָּל־מְלַאכְתֶּךָ	
וְיוֹם הַשְּׁבִיעִי שַׁבָּת לַה׳ אֱלֹהֶיךָ	וְיוֹם הַשְּׁבִיעִי שַׁבָּת לַה׳ אֱלֹהֶיךָ	10
לֹא־תַעֲשֶׂה כָל־מְלָאכָה אַתָּה וּבִנְךָ	לֹא־תַעֲשֶׂה כָל־מְלָאכָה אַתָּה וּבִנְךָ	
וּבִתֶּךָ עַבְדְּךָ וַאֲמָתְךָ וּבְהֶמְתְּךָ וְגֵרְךָ	וּבִתֶּךָ עַבְדְּךָ וַאֲמָתְךָ וּבְהֶמְתֶּךָ וְגֵרְךָ	
אֲשֶׁר בִּשְׁעָרֶיךָ כִּי שֵׁשֶׁת־יָמִים עָשָׂה	אֲשֶׁר בִּשְׁעָרֶיךָ כִּי שֵׁשֶׁת־יָמִים עָשָׂה	11
ה׳ אֶת־הַשָּׁמַיִם וְאֶת־הָאָרֶץ אֶת־	ה׳ אֶת־הַשָּׁמַיִם וְאֶת־הָאָרֶץ אֶת־	
הַיָּם וְאֶת־כָּל־אֲשֶׁר־בָּם וַיָּנַח בַּיּוֹם	הַיָּם וְאֶת־כָּל־אֲשֶׁר־בָּם וַיָּנַח בַּיּוֹם	
הַשְּׁבִיעִי עַל־כֵּן בֵּרַךְ ה׳ אֶת־יוֹם	הַשְּׁבִיעִי עַל־כֵּן בֵּרַךְ ה׳ אֶת־יוֹם	
הַשַּׁבָּת וַיְקַדְּשֵׁהוּ׃	הַשַּׁבָּת וַיְקַדְּשֵׁהוּ׃	

Zunächſt erhält im doppelt accentuirten Text das כ von כָּל־ (Vers 9), ein Dageſch und zugleich ein Raphe-Zeichen. Wie wir aus der getrennten Zeichenſetzung dann ſehen, iſt das Dageſch im טעם תחתון grammatiſch gerechtfertigt, weil das vorangehende וְעָשִׂיתָ einen trennenden Accent hat; und das Raphe im טעם עליון, weil ein מונח vorangeht.

Vers 10. Wie Vers 3. und 4. hat auch hier לֹא־ ein מונח und ein מקף und iſt ebenſo wie dort zu erklären.

Das fünfte Gebot iſt wieder mit Vers 12 identiſch.

———

§ 105. **Fortſetzung**.

Das ſechſte, ſiebte, achte, neunte und zehnte Gebot.

Während das zweite und das vierte Gebot je den Inhalt von 4 Verſen einnehmen, waltet bei dem ſechſten, ſiebten, achten und neunten Gebot das umgekehrte Verhältniß vor, indem ausschließlich der 13. Vers diese vier Gebote vollständig enthält. Das Verhältniß stellt sich in folgender Weise heraus:

טעם עליון   טעם תחתון

13 לֹא תִרְצָח ׃ לֹא תִנְאָף ׃ לֹא תִגְנֹב ׃   לֹא תִרְצָח לֹא תִנְאַף לֹא תִגְנֹב

לֹא־תַעֲנֶה בְרֵעֲךָ ׃   לֹא־תַעֲנֶה בְרֵעֲךָ עֵד שָׁקֶר ׃

Streng genommen gehören die Accente des Verses (13) unter den טעם עליון, und die der betreffenden (4) Gebote sollten eigentlich als טעם תחתון bezeichnet werden. Um jedoch die Ueber= sicht über die Vertheilung nach Geboten und Versen nicht zu stören, ist in allen Pentateuch=Ausgaben die obige Scheidung bei= behalten.

Auch hier haben die Wörter תִּרְצַח, תִּנְאַף, תִּגְנֹב Dagesch und Raphe zugleich. Das Dagesch ist durch den trennenden Accent (טפחא) begründet, welcher bei den Geboten dem Wörtchen לֹא zu= kommt; und das Raphe durch den verbindenden Accent (מונח beziehungsweise מרכא), welcher unter לֹא als Glied des Verses zu setzen ist, wie wir bei der Partikel כל (Vers 9) gesehen haben.

In תִּרְצַח ist übrigens das פתח unter צ gesetzt, weil das Wort (im ט״ת) inmitten des Verses steht; das קמץ קמץ rührt von der Pausa (ס״פ) her. (Vergl. פָּנַי und מִתַּחַת im 2. Gebot).

Bei dem zehnten Gebot endlich fällt die Nothwendigkeit einer doppelten Zeichensetzung wieder weg, weil es genau dem Inhalt des 14. Verses entspricht.

Nachbemerkungen.

1.) Zur Aufklärung aller ausnahmsweisen und auffälligen Punktationen des Dekalogs werden vorstehende Darlegungen im Allgemeinen genügen. Wer ein weiter gehendes Interesse befrie= digen möchte, findet Anregung und Belehrung in den, im תקון סופרים von Rabbi Salomoh Dubno enthaltenen Notizen und in der mehrerwähnten Abhandlung Heidenheims.

2. Doppel=Accente hat auch noch der 22. Vers des 35. Kapitels im I B. M.

וַיְהִ֗י בִּשְׁכֹּ֤ן יִשְׂרָאֵל֙ בָּאָ֣רֶץ הַהִ֔וא וַיֵּ֗לֶךְ רְאוּבֵן֙ וַיִּשְׁכַּ֕ב אֶת־בִּלְהָ֖ה פִּילֶ֣גֶשׁ אָבִ֑יו
וַיִּשְׁמַ֖ע יִשְׂרָאֵ֑ל פ
וַיִּֽהְי֥וּ בְנֵֽי־יַעֲקֹ֖ב שְׁנֵ֥ים עָשָֽׂר׃

Geschieden wird dieser Vers in

טעם תחתון   und   טעם עליון

וַיְהִ֗י בִּשְׁכֹּ֤ן יִשְׂרָאֵל֙ בָּאָ֣רֶץ הַהִ֔וא וַיֵּ֗לֶךְ   וַיְהִ֗י בִּשְׁכֹּ֤ן יִשְׂרָאֵל֙ בָּאָ֣רֶץ הַהִ֔וא וַיֵּ֗לֶךְ
רְאוּבֵן֙ וַיִּשְׁכַּ֕ב אֶת־בִּלְהָ֖ה פִּילֶ֣גֶשׁ אָבִ֑יו   רְאוּבֵן֙ וַיִּשְׁכַּ֕ב אֶת־בִּלְהָ֖ה פִּילֶ֣גֶשׁ אָבִ֑יו
וַיִּשְׁמַ֖ע יִשְׂרָאֵ֑ל׃   וַיִּֽהְי֥וּ בְנֵֽי־יַעֲקֹ֖ב פ וַיִּשְׁמַ֖ע יִשְׂרָאֵ֑ל
שְׁנֵ֥ים עָשָֽׂר׃   וַיִּֽהְי֥וּ בְנֵֽי־יַעֲקֹ֖ב

Da das Ganze nur e i n Vers ist, so ist auch nur der טעם עליון
gerechtfertigt. Wegen Theilung desselben durch eine פתוחה wurde er
jedoch von Vielen als zwei Verse betrachtet und demgemäß mit
dem טעם תחתון accentuirt. Daher wird der טעם עליון in der
Synagoge, der טעם תחתון nur beim Privatgebrauche benutzt.
(Siehe hierüber אור תורה z. St.).

Achtes Kapitel.

Ueber den Gebrauch der Accente als musikalische Zeichen.

§ 106. Zweck und Wesen der Tonzeichen.

Neben ihrer Bedeutung als Interpunktionszeichen und ihrer
Bestimmung, den syntaktischen Zusammenhang der Satztheile und
die Tonverhältnisse herzustellen, hatten schon in früher Zeit die
Accente noch den Zweck, bei gottesdienstlichen Vorträgen als ge=
sangliche Zeichen zu dienen. Der Grund für die Erfindung und
Einführung angemessener Melodien war unzweifelhaft der, die
grammatische und rhetorische Genauigkeit des Vortrags festzustel=
len, welche Absicht in der That auch erreicht wird. — Die mit
den Accenten verbundenen melodischen Figuren entsprechen zwar
keineswegs unsern heutigen Noten, sie bilden vielmehr eine Gruppe
aufeinander folgender Töne, welche stereotypisch mit den Zeichen
verbunden sind. Dennoch scheinen die בעלי הטעמים dabei die Ab=
sicht gehabt zu haben, durch sie auch das Verständniß des Textes

zu heben; ja nach קנה אברם טמקנה ist die Melodie oft maßgebend bei der Wahl der Accente gewesen.[229] — Auf die Zusammengehö=rigkeit einzelner Wörter oder ihre Scheidung hat übrigens die Melodie keinen Einfluß, indem gerade manche verbindenden Ac=cente, wie z. B. טרכא כפולה, דרגא, טהפך vor טונה länger ange=halten werden, als die trennenden. — Ähnlich lehrt Levita השלשלת והתלישא (כלו' הקרני פרה) שהם המלכים הגדולים אינם מפסיקין כל כך כמו המלכים הקטנים הנזכרים והטעם של הנה השלשלת שיש לו קול יותר גבוה מכל המלכים עד שמנגנים יותר כשני פורים וכתלישא הנה הוא פחות מַפְסִיק בענין מכולם. וכן הקרני פרה קולו כפור אחד וכשני תלישות כטעט אין בו הפסקת ענין. (ט"ט פ"ד)

---

§ 107. Schriftliche Wiedergabe der Tonfiguren.

Da den Juden in älteren Zeiten die Kenntniß unseres Noten=systems abging, und sie die Melodien also nicht schriftlich firiren konn=ten, so war die Erhaltung und Fortführung derselben nur auf tra=ditionellem Wege möglich, zu welchem der synagogale Ritus rei=

---

[229] Dies kann sich freilich nur auf die in der Liturgie verwendeten Bibelabschnitte beziehen. S. טמקנה אברם : ד"ה ויש חלוקה אחרת. — Ewald nimmt zwar an, daß sowohl in der rednerischen, wie auch in der dichterischen Accentuation ein musikalischer Vortrag vorgeschrieben sei, und bei den Karäern war dies unzweifelhaft der Fall, s. Jost's Gesch. des Juden=thums II. S. 335. „Aus אפריון 40 erfahren wir, daß die Karaim für die verschiedenen Bücher verschiedene Gesangweisen haben: 1) für die Thora, 2) für die ersten Propheten und Chronik, 3) für die späteren Prophe=ten, 4) für die Psalmen, Sprüchwörter, Koheleth und Hohe Lied, 5) für Daniel, Esra und Nehemiah, 6) für Hiob und dessen Anfang gleich mit Ruth, 7) für Esther.“ Es ist ja möglich, daß die Stelle: הקורא בלא נעימה (Megilla 32) auf einen solchen den Accenten entsprechenden Vortrag der heiligen Schrift im Allgemeinen hinweist, und daß der פיסוק טעמים, welcher nach Nedarim 37 einen wesentlichen Bestand=theil des Bibelunterrichts bildete, die accentmäßige Betonung bedeutet. In=deß lassen diese Stelle auch eine andere Auslegung zu, und in der Gegen=wart werden jedenfalls bei den rabbanitischen Juden nur die im öffentlichen Gottesdienst zur Anwendung kommenden Bibelstücke accentmäßig vorgetragen.

che Gelegenheit gewährte. Noch Elias Levita conſtatirte, daß man über die Reihenfolge der Töne einer Melodie nur durch das Gehör belehrt werden könnte, indem er in dem zweiten Kapitel seines טוב טעם ſich äußert: גם אין בידי לבאר הנגון של כל אחד ואחד כי אי אפשר ללמד זה בשלמות כי אם פנים בפנים בקול היוצא מפי המנגן לאון השומע עכ״ל. Gleichwohl müſſen bereits vor ſeiner Zeit von nichtjüdiſchen Gelehrten Verſuche gemacht worden ſein, dieſe Töne in Noten zu ſetzen, denn er fügt in demſelben Kapitel (S. 5) noch hinzu: וכבר נדפסו בין הגוים נגוני הטעמים כולם בחכמת השיר (230) הנקרא מוסיקה ומי שידע חכמת השיר יודע לנגן אותם כמונו בלי מָשֶׁגֶה: Die Tonformen für die einzelnen Accente laſſen ſich aber leicht aufzeichnen und mögen in den folgenden Paragraphen nach der all- gemein üblichen Weiſe aufgeführt werden.

---

§ 108. **Verſchiedenheit der Singweiſen**.

Die muſikaliſche Ausführung dieſer Tonformen iſt indeſſen keineswegs überall eine gleiche, vielmehr ſind u. a. die Melo- bien der polniſchen, portugieſiſchen und deutſchen Gemeinden von einander verſchieden; und ſelbſt die in Deutſchland üb- lichen und weiterhin verbreiteten Singweiſen, wie ſie für alle Sabbath- und Feiertage, auch Faſt-, Halbfeſt- und Wochentage angenommen ſind, weichen wieder von denen ab, welche nur an gewiſſen Tagen (ראש השנה ויום כפור), oder bei Vorleſung beſtimmter Perikopen aus den Propheten (הפטרות), oder bei einzel- nen Büchern (איכה, אסתר) vorgetragen werden.[231] Da die er-

---

[230] In einer alten lateiniſchen Bibelausgabe hat Herausgeber die ſg. זרקא in Noten geſetzt vorgefunden; allein die Ausführung war mangel- haft und ungenau. Auch hatten alle Noten gleichen Werth (²/₄), weshalb ihre Wiedergabe einen ermüdenden Eindruck hervorbrachte.

[231] Mag indeſſen, wie auch Ewald (S. 244) betont, „die Geſanges- art der Accente, die ſich in der Synagoge bis heute erhalten, mit der Zeit gewechſelt und in verſchiedenen Ländern ſich verſchieden geſtaltet haben," ſo ſteht doch feſt, daß ihr Grundcharakter von dieſer Verſchiedenheit unbe- rührt geblieben, deren Entſtehen entweder einem lokalen Bedürfniß ent- ſprungen iſt, oder die Rückſichtsnahme auf die Bevölkerung verſchiedener Länder zum Motiv hat.

wähnte in Deutschland gebräuchliche Melodie als die verbreitetste und wichtigste anzusehen ist, so nehmen wir sie hier als Basis für die nachfolgenden Auseinandersetzungen.

---

§ 109. **Die einzelnen Tonfiguren.**

Die erwähnte, in den deutschen und vielen außerdeutschen Gemeinden regelmäßig angewendete Melodie der זרקא wird durch= gehends in dur ausgeführt, und nur der Schluß der Parschioth geht in mol aus. Die stärkeren מפסיקים (disjunctivi oder domini) endigen meistens mit einem der Töne des Dreiklangs der Tonika, oder der Dominante; die Töne der משרתים (conjunctivi oder servi) und schwächeren מפסיקים hingegen neigen dem Grundton sich zu und nehmen in der Melodie ein ähnliches Verhältniß ein, wie in der Harmonie die Dissonanzen zu ihrer Auflösung.[232]

Da der Umfang der Melodie sämmtlicher Accente nur zwölf Töne umfaßt, so dürfte für deren Satz F dur als die angemessenste Tonart erscheinen, da sie darin von normal angelegten Stimmen bequem ausgeführt werden kann.

In der im § 10 aufgestellten Reihenfolge der Accente wollen wir auch die einzelnen Tonfiguren derselben[233] nun kennen lernen:

A.) **Die trennenden Accente.**

1.) סוֹף פָּסוּק oder סִלּוּק

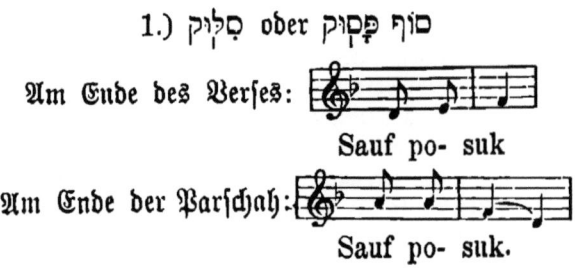

Am Ende des Verses:

Sauf po- suk

Am Ende der Parschah:

Sauf po- suk.

---

232) Vgl. das Verhältniß von אתנחתא zu זרקא ‖ סגול von מונח zu מונח ‖ חביר zu דרגא u. a.

233) Nur פסיק ist ausgenommen, da es kein hörbarer Accent ist.

2.) אֶתְנַחְתָּא׃

Wie סוֹף פָּסוּק

Um beide Schlußaccente zu unterscheiden, fügt man in manchen Gemeinden noch einen tiefern Ton hierzu:

Es- nach- to

Es- nach- to

3.) סֶגּוֹל

Se- gaul

4.) זָקֵף (קָטָן)

So- këf

5.) זָקֵף (גָּדוֹל)

So- këf

ober auch

So- këf

6.) טִפְחָא

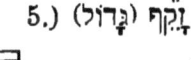

Nach מֵרְכָא

Tip- cho

Tip- cho

Der Auftakt fällt aber bei vielen Wörtern weg.

7.) זַרְקָא

8.) פַּשְׁטָא

9.) יְתִיב

Sar- ko

Pasch- to

Je- siv

Der mit יתיב verbundene Auftakt findet aber keine Anwendung, da alle betreffenden Wörter entweder einsilbig sind oder milel.

10.) תְּבִיר

11.) רְבִיעַ

Im Anschluß an דרגא

T'- wir

Te- wir

Revi- a

12.) פָּזֵּר

ober abwechſelnb

Po- sër

Po- sër

13.) תְּלִישָׁא (גְדוֹלָה)

T'li- scho

14.) (קַדְמָא (nach) אַזְלָא   15.) (אַזְלָא) גֵּרֵשׁ

As- lo   As- lo gë- resch

Die 3 Auftaktnoten fallen weg, wenn b. גֵּרֵשׁ auf der 1. Silbe ruht.

16.) תְּרֵין גְרֵשִׁין (*גְרָשַׁיה)   17.) מוּנַח ׀ (לְגַרְמֵיהּ)

T'rën gë- r'schin   Mu- nach

*) תְּרֵי גְרֵשִׁין wirb ber Accent von ben alten Punktatoren genannt Diese Benennung iſt hier beibehalten worden, weil ber jetzige Name גֵּרְשַׁיִם milël iſt, ber Accent aber nur auf Wörter geſetzt werben kann, welche milra ſinb.

B.) Die verbindenden Accente.

18.) (רְבִיעַ vor מוּנַח   19.) (אֶתְנַחְתָּא vor מוּנַח

Mu- nach   Mu- nach

Andere zufällige Betonungsarten des מונח ſ. § 114.

20.) מֵרְכָא   21.) מַהְפָּךְ

Vor מֵרְכָא wird ס"ם wie מונח vor אתנחתא geſungen.

Mercho   Mah- pach

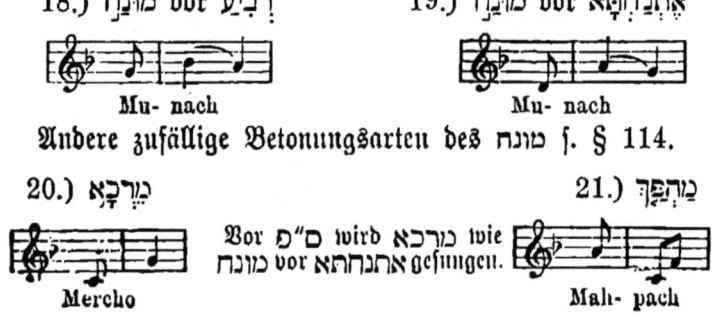

22.) קַרְמָא

Kad- mo

23.) (קְטַנָּה) תְּלִישָׁא

Tli- seno

24.) דַּרְגָּא

Dar- go

C., Seltene Accente.

25.) שַׁלְשֶׁלֶת, (trennend.)

(S. ט"ט IV)

Vorgeschriebene Melodie:

Schal- sche- les

Gebräuchliche Melodie:

Schal- sche- les

26.) קַרְנֵי פָרָה (trennend)

Kar- në po- ro

27.) יָרֵחַ בֶּן יֹומֹו (verbindend)

Jo- rë- ach ben jau- mau

28.) מֵרְכָא כְפוּלָה (verbindend)

Më- re- cho.

Auch bei מרכא כפולה bleibt der erste Ton gewöhnlich un=
ausgeführt.

---

§ 110 Die Verbindung der Einzelaccente zur einheit-
lichen Melodie.

Um einen raschern Ueberblick über die Accente zu gewähren
und sie dem Gedächtniß leichter einzuprägen, sind sie, vermuthlich

von einem berufenen Kenner derselben, in einer solchen Reihen=
folge aufgestellt worden, so daß sämmtliche מפסיקים mit den ihnen
gewöhnlich vorangehenden משרתים ein melodisch abgerundetes Ganzes
darstellen, in welchem das charakteristische Gepräge dieser eigenar=
tigen Tonsetzung ausgedrückt ist, und deren Cantillation die Mitte
hält zwischen dem Recitativ und dem figurirten Gesang. Nur ist
hierbei zu bemerken, daß, um einzelne, durch die Tonverbindungen
entstehende Härten auszugleichen, und den Fluß des Vortrags zu
fördern, einige Tonfiguren kleine Veränderungen erleiden, die
aber den Charakter des Ganzen nicht beeinträchtigen.

In den meisten deutschen Pentateuch=Ausgaben ist folgende
Ordnung eingehalten:

234) Richtiger: munach sokëf. 235) S. o. die Bemerkung zu תרין גרשין
286) S. Note 233.

§ 111. **Muſikaliſcher Charakter.**

Nicht leicht war die Aufgabe, eine für alle Bibelverſe paſſende Melodie zu erfinden, die geeignet iſt, trotz unabänderlicher Formen, in einfachen Weiſen eine ſowohl für den Sänger wie für den Hörer ermüdende Einförmigkeit zu vermeiden, was bei ſo oftmaliger Wiederkehr der feſtſtehenden Tonweiſen faſt unausführbar erſcheint. Dieſe Aufgabe hat der unbekannte Componiſt der וְרקא mit Meiſterſchaft gelöſt, indem er den Accenten bald den Ausdruck der Ruhe, bald der fortſchreitenden Bewegung verlieh und dadurch eine angemeſſene Abwechslung erzielte. Bemerken wir dies ſchon bei der Durchſicht der im § 110 uns vorliegenden abgerundeten Melodie der Grundform, ſo können wir uns noch deutlicher davon überzeugen, wenn wir einen kleinen, aus mehreren längeren und kürzeren Verſen beſtehenden, zuſammenhängenden Abſchnitt, — wovon der Schluß des § 114 eine Probe enthält, — prüfen und aufmerkſam anhören. Und hierin beſteht der eigentliche muſikaliſche Charakter der Sarko-Melodie. Derſelbe kommt zum Ausdruck durch den vorherrſchenden jambiſchen Rhythmus, in welchem der Geſang fortſchreitet, und der an vielen Stellen durch eine eingeflochtene Triolenbewegung mit dem daktyliſchen Rhythmus wechſelt, ſodaß den Vortrag hierdurch eine gewiſſe Friſche und Lebendigkeit durchzieht.

---

§ 112. **Entſtehung weiterer Tonfiguren.**

Da die Verſchiedenheit der im Bibeltext enthaltenen Wort- und Satzverbindungen nothwendiger Weiſe auch eine ſtets wechſelnde Accentenfolge erfordert, ſo müſſen auch neue Tonverbindungen entſtehen, die aus nach einander folgenden מפסיקים und den nöthig werdenden entſprechenden משרתים beſtehen, und die deshalb in dem § 110 nicht vorkommen konnten.

Ehe wir dergleichen Accentverbindung vorführen, muß daran erinnert werden, daß wir bereits § 45 eine ſolche, — freilich nur von der Silbenbildung des betreffenden Wortes abhängende, — Accentverbindung kennen gelernt haben, nämlich קַדְמָא־זְקֵף. Dieſe beiden Accente ſtehen, wie wir bereits wiſſen, ſtets auf einem

Worte, welches nicht unter 4 Silben zählt, und worin die dritte vor der betonten Silbe eine zusammengesetzte ist.[237] Die gesangliche Ausführung derselben ist die folgende:

Kad- mo so- këf.

und es werden nachstehende Wörter; לְזַרְעֶךָ (I M. 12,27), מִשְׁלָכוֹת (II M. 36,22), וּבַת־כֹּהֵן (III M. 22,12) כָּל־מַכֵּה־נֶפֶשׁ[238] (IV M. 35,30) וְהִשְׁתַּחֲוִיתָ (V M. 26,10) וּמָרְדֳּכַי (Esther 3,2) demgemäß wie folgt betont:

1.) Lê- sar- a- cho
2.) Mê- schul- lo- waus
3.) U- was kau- hën
4.) Kol mak- kë ne- fesch
5.) We- hisch- ta chawi- so
6.) U- mor- de- chai.

---

[237] Daß in der Accentenlehre auch ein Schwa mobile als Silbe gezählt wird, ist bereits § 44 ad 2 u. a. a. O. gesagt; ebenso daß mehrere durch ein מַקֵּף verbundene Wörter als ein Wort gelten (§ 25).

[238] Der Niedertakt scheint überall auf die dritte Silbe vor der betonten zu gehören, auch da, wo das קַדְמָא früher steht; denn dieser Accent dient keineswegs dazu die Betonung anzugeben, da hierzu vielmehr das מַהְגְּ bestimmt ist. Wörter wie אֶת־הַכִּיּוֹרוֹת (I K. 7,40) וּמְהַלְוִיִּם (II Chr. 34,13) u. dgl. scheinen daher daher zwei Auftakte erhalten zu müssen

Es hakki- jau- raus
U- më- hal- wi- jim.

Ferner dürften in Rücksicht hierauf die abweichenden Ansichten der Punktatoren wie bei einigen Wörtern das קַדְמָא zu setzen sei, ob הַנִּסְתָּרוֹת oder הַנִּסְתָּרֹת (III M. 11,14), וְאֶת־הַדָּאָה oder וְאֶת־הָדָאָה (V M. 29,28), כָּל־הַיָּמִים oder כָּל־הַיָּמִים u. dgl. mehr ihren Grund haben. (S. עֵין הַקּוֹרֵא z. St. u. oben § 45 Schluß).

§ 113. **Fortſetzung**.

Die neuen Tonfiguren, welche in Folge veränderter Accen=
tenverbindungen entſtehen, können nur bei ſolchen פסיקים vor=
kommen, denen ein משרת oder mehrere vorangehen. Dies kanu
bei den meiſten der Fall ſein, nämlich bei:

a., אתנחתא b., זרקא c., סגול d., רביע e., פשטא f., זקף קטן g., טפחא
h., סוף פסוק i., פזר k., תלישא גדולה l., אולא m., גרש n., חביר o., גרשים.

Zunächſt ſeien hier der Reihenfolge nach die möglichen Fälle und
dann ihre muſikaliſche Ausführung angegeben.

a., זרקא.

Mit einem משרת: I M. 1,28 אֶת רֹאש בְּנֵי־יִשְׂרָאֵל II M. 30,12 וַיְבָרֶךְ אוֹתָם
Mit zwei משרתים: III M. 11.35 אֲשֶׁר־יִפֹּל מִנִּבְלָתָם ׳ עָלָיו
IV 5,15 וְהֵבִיא הָאִישׁ אֶת־אִשְׁתּוֹ V 31.14 הֵן קָרְבוּ יָמֶיךָ

Die Melodie bleibt auch unverändert, wenn vor beide noch
eine תלישא קטנה geſetzt iſt.

b., סגול.

Mit einem משרת IV M. 3,36 מִשְׁמֶרֶת בְּנֵי מְרָרִי
Mit zwei משרתים V M. 9,28 אֲשֶׁר הוֹצֵאתָנוּ מִשָּׁם

c., רביע.

Die Melodie der משרתים vor רביע bleibt unverändert.

d., פשטא.

Mit e i n e m משרת. — Steht nur e i n משרת vor פשטא, nämlich
מהפך oder מרכא, ſo bleibt die Melodie beider unverändert; denn
auch מרכא hält ſeine gedehnte Betonung bei und iſt nicht gleich
מהפך, wie einige Vorſänger irrig annehmen. (S. v. § 89, wo
die uns hierüber belehrende Stelle des הקורא הוריות S. 9b citirt
iſt). Mit zwei משרתים I M. 22,17 הַרְבָּה אַרְבֶּה אֶת־זַרְעֲךָ
II M. 16,1 בַּחֲמִשָּׁה עָשָׂר יוֹם.

(Die Melodie bleibt, auch wenn noch eine תלישא קטנה vor=
engeht. V M. 29,17 אֲשֶׁר לְבָבוֹ פֹנֶה הַיּוֹם)

Tritt ſtatt des קדמא ein מונח vor den erſten משרת, ſo iſt
die Melodie von der anderer מונחים verſchieden, wie in folgenden
Stellen

III M. 5,3 אוֹ כִי יִגַּע IV M. 28,14 וְאֵת עֹלַת חֹדֶשׁ

וקף קטן ‎., e

Mit einem משרת I M. 21,5   בְּאֵר הַמַּיִם

Wo solche Fälle sich unmittelbar nach einander wiederholen, hat der zweite Fall eine eigne Melodie.

II M. 32,6   מִמָּחֳרָת וַיַּעֲלוּ עֹלֹת   III M. 5,1   קֹל אָלָה וְהוּא עֵד

Mit zwei משרתים IV M. 18,8   V M. 1,23 הִנֵּה נָתַתִּי לְךָ   שְׁנַיִם עָשָׂר אֲנָשִׁים

אתנחתא ‎., g   טפחא ‎, f

Auch die משרתים dieser beiden Accente behalten ihre Melodie bei

פור ‎., h

מונח, der einzige משרת dieses Accent, hat die gewöhnliche Melodie, ob er ein mal oder mehrere Mal ihm vorangeht

I M. 47,26   וַיָּשֶׂם אֹתָהּ יוֹסֵף

תלישא גדולה (וקטנה) ‎., i

Mit einem משרת II M. 31,1   אֲשֶׁר נִשְׁבַּעְתִּי

Mit zwei משרתים III M. 20,17   בַּת־אָבִיו אוֹ בַת־אִמּוֹ

Auch der תלישא קטנה kann ein מונח vorangehen: IV M. 28,14

חֲצִי הַהִין

גרשים ‎., m אולא ‎., l גרש ‎., k

Die Melodie der genannten Accenten vorangehenden משרתים, nämlich מונח beziehungsweise קדמא, bleibt unverändert.

תביר ‎. n

Mit einem משרת. Wie תביר nach דרגא ausgeführt wird, ist § 109 A bereits angegeben; verändert wird die Melodie, wenn ihm ein טרכא vorangeht.

V M. 1,7   בָּעֲרָבָה בָהָר   I M. 6,9   אִישׁ צַדִּיק

Mit zwei משרתים II M. 12,6   עַד אַרְבָּעָה עָשָׂר

das. 12,32   גַּם־צֹאנְכֶם גַּם־בְּקַרְכֶם קְחוּ

III M. 4,35   וּכִפֶּר עָלָיו הַכֹּהֵן. Andere vorgesetzte משרתים (wie תלישא קטנה und מונח) kommen hierbei nicht in Betracht.

סוף פסוק (סלוק) ‎., o

Außer dem normal ihm zukommenden טרכא hat סלוק keinen weitern משרת.

———

§ 114. Gesangliche Ausführung

der im vorigen § enthaltenen Beispiele.

נַּם   וְכִפֶּר

sor.   Gam zaun'- chem gam b'karchein kechu W'chip-

per   o- low   hakkauhën.

Anmerkung 1. Zu einigen Stellen im Pentateuch, die vom Vorsänger lebhafter und mit gehobener Stimme vorgetragen zu werden pflegen, (II M. 15, 1—22. שירת הים; IV M. 10,14—28 פרשת דגלים; IV M. 33,5ff. פרשת המסעות), sind besondere, ange= messene Melodien gebräuchlich. Da dieselben aber ein nur unter geordnetes Interesse bieten und mehr dem Geschmack des Vor= tragenden überlassen sind, so kann von einer Besprechung derselben hier abgesehen werden.

Anmerkung 2. Zur Befestigung eines correkten und ge= läufigen Vortrags diene Anfängern der hier angefügte Abschnitt aus III M. 5, 1—10, worin alle Accente der ורקא=Melodie, so= wie auch einige in derselben nicht enthaltenen Tonfiguren vor= kommen. Die Rücksicht auf die Silbenzahl erfordert jedoch zu= weilen eine Abweichung vom Tempo.

Pentateuch=Abschnitt aus III M. K. 3, V. 1—9.

Vers 1. וְנֶפֶשׁ

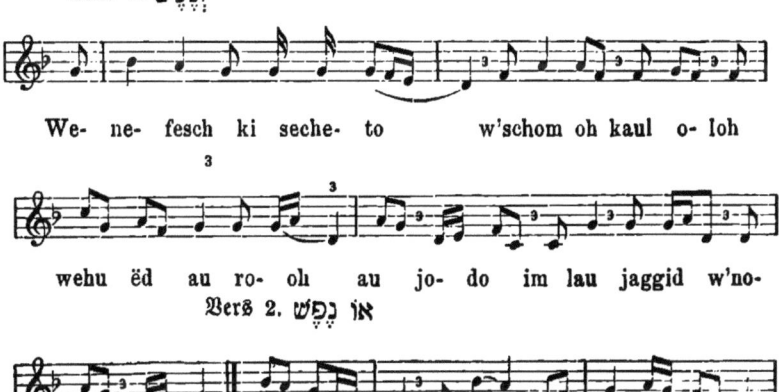

We- ne- fesch ki seche- to   w'schom oh kaul o- loh

wehu ёd au ro- oh   au jo- do im lau jaggid w'no-

Vers 2. אוֹ נֶפֶשׁ

so awaunau.   Au ne- tesch ascher tig- ga

b'chol do-wor to- më   au   w'niw- las chajoh t'më- oh

au b'niwlas b'hëmoh t'më- oh   au b'niwlas scherez to-më wne-

Vers 3. אוֹ כִּי

elam mimmennu   w'hu to- më w'o= schëm.   Au

ohi jigga b'tummas odom   l'chaul tumosau ascher jit- mo

woh w'ne- elam   mim- mennu w'hu jo- da   w'oschëm.

Vers 4. אוֹ

a tempo

rit.

Au ne- fesch ki sischo- wa l'wattë wis-fo-

sa- jim l'ho- ra   au l'hë- tiw

l'chaul ascher j'wat- të ho- dom bischwu-

oh w'ne- elam mim- mennu w'hu jo-da w'o-schcw l'a-chas më-ë- leh.

scher lachatos rischau- noh u- umo- lak es rau-

Vers 9 וְהִזָּה

schau mimmmul orpau we- lau jaw- dil. W̜his- soh mid-

dam hachattos al kir hammis- bë- ach w'hanuisch- or bad-

dom jim- mo- zë el je- saud hammis- bë- ach chattos hu.

u. f. w.

Buchdruckerei von M. Slobohky, Frankfurt a. M.